Die Indianer der alten Zeiten lebten in einer anderen Welt, die nichts mit der des Weißen Mannes zu tun hatte; ihr Kosmos war wesentlich vielschichtiger und facettenreicher. Sie vermuteten eine unsichtbare Kraft und eine Vielzahl von Geistern hinter allen rätselhaften, nicht erklärbaren Erscheinungen der Natur.

Wakinyan, der Donnervogel, flog während eines Gewitters über die Prärie und ließ den Boden unter den Tipis erzittern. Yumni, der Wirbelwind, tobte sich auf den Ebenen aus und zeigte seine zahme Seite nur, wenn er einem Krieger bei der Brautschau half. Hanwi, die Mondfrau, verlieh der Nacht ihren silbernen Glanz. Das unendliche Universum, die Welt, in der sie lebten, und das ferne Reich jenseits der Bäume am Rande der Welt zeigte sich als unfassbares Phänomen, kaum greifbar für den Verstand der Menschen, die von der Weisheit und Gnade der Geister abhängig waren.

Wakan Tanka, der Große Geist oder besser Großes Geheimnis, ist die Macht, die über allem steht und die Erde die Mutter aller Indianer. Alle Dinge sind lebendig, die Bäume, die Felsen, das Gras, die Geister sind überall. Die Indianer fühlten sich als Teil der beseelten Natur, empfanden das Leben als heiligen Kreis.

„Indianer – Mythen und Legenden" entführt in die faszinierende Welt der Apachen und Cheyenne, der Sioux und Lakota. 170 Abbildungen ziehen in den Bann und laden ein, die Welt der Indianer in einem neuen Licht zu betrachten.

Stürtz

Fotograf
Christian Heeb zählt mit über achtzig erschienenen Bildbänden zu den erfolgreichsten Reisefotografen der Welt.

Autor
Thomas Jeier lebt als freier Autor bei München und „on the road" in den USA und Kanada. Großen Erfolg hat er unter anderem mit seinen historischen Romanen und Jugendbüchern, die oft um das Thema „Indianer" kreisen.

Schutzumschlag vorne:
Merevel Yelik ist ein junger Crow-Indianer aus Montana. Die Crow lebten einst auf den westlichen Prärien. „Apsaalooke" nannten sie sich selbst, die „Kinder des Vogels mit dem großen Schnabel". Erst die Weißen, die ihre Sprache nicht verstanden, machten Crow (Krähen) daraus.

Kleine Bilder, von links nach rechts:
Chief Delvis Heath Jr. vom Warm Springs Tribe in Oregon posiert in der Kleidung eines Prärieindianers.
Das Tipi, das traditionelle kegelförmige Zelt der nordamerikanischen Indianer, besteht aus einem Stangengestell und einer Plane in Halbkreisform.
Mya Spoonhunter, eine Blackfeet-Indianerin, nimmt an den North American Indian Days in Browning teil.

Schutzumschlag hinten:
Besorgt blickten die indianischen Krieger von Felsen wie dem Scott's Bluff in Nebraska auf die nach Westen strömenden Planwagenzüge hinab.

Stürtz

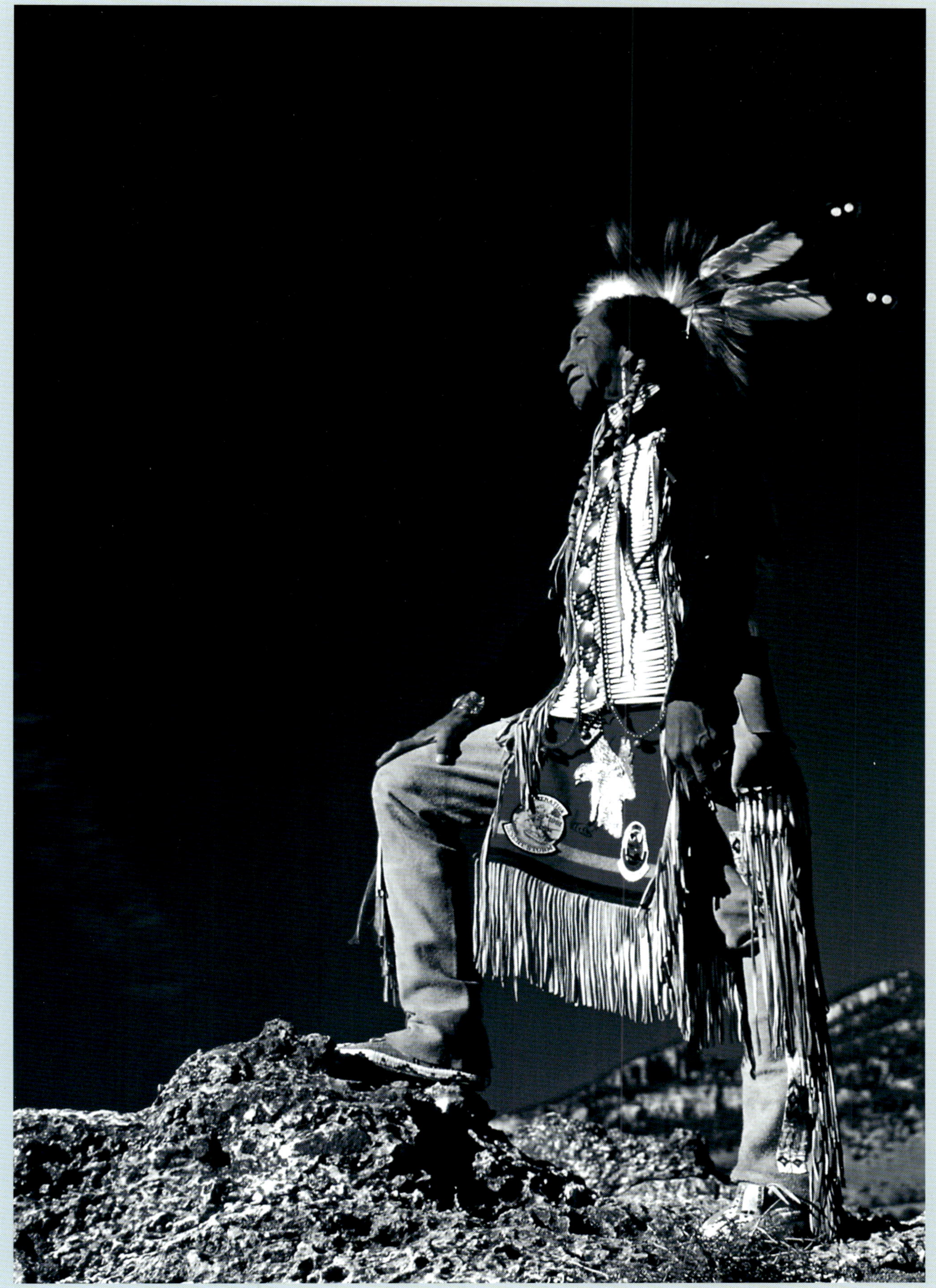

Indianer

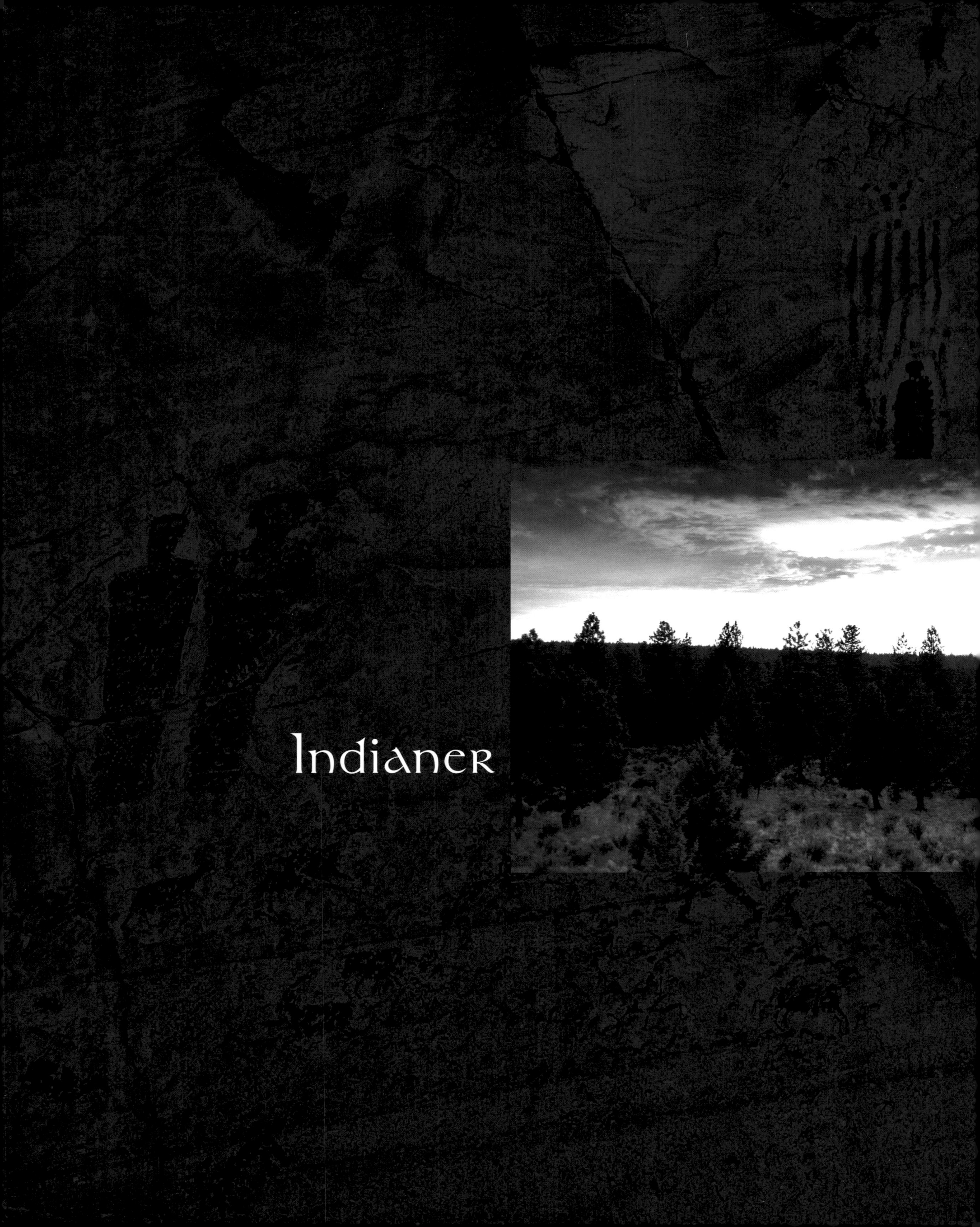

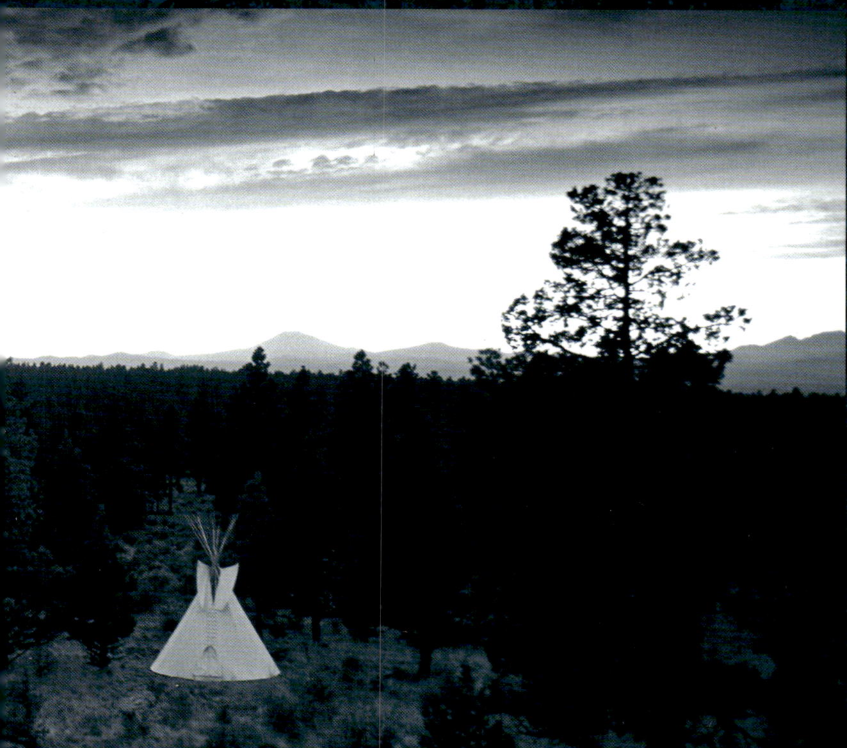

Mythen und Legenden

Bilder von
Christian Heeb

Texte von
Thomas Jeier

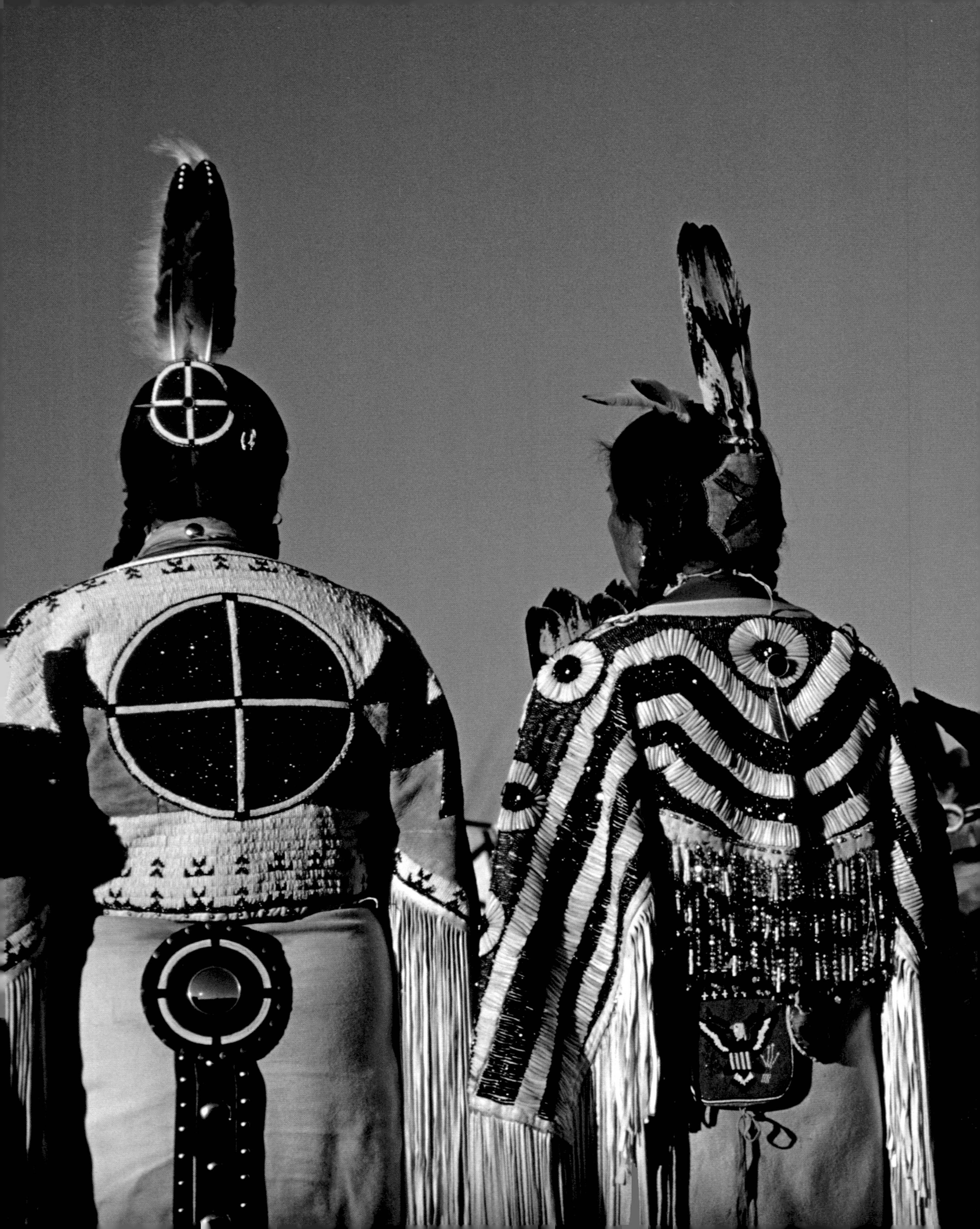

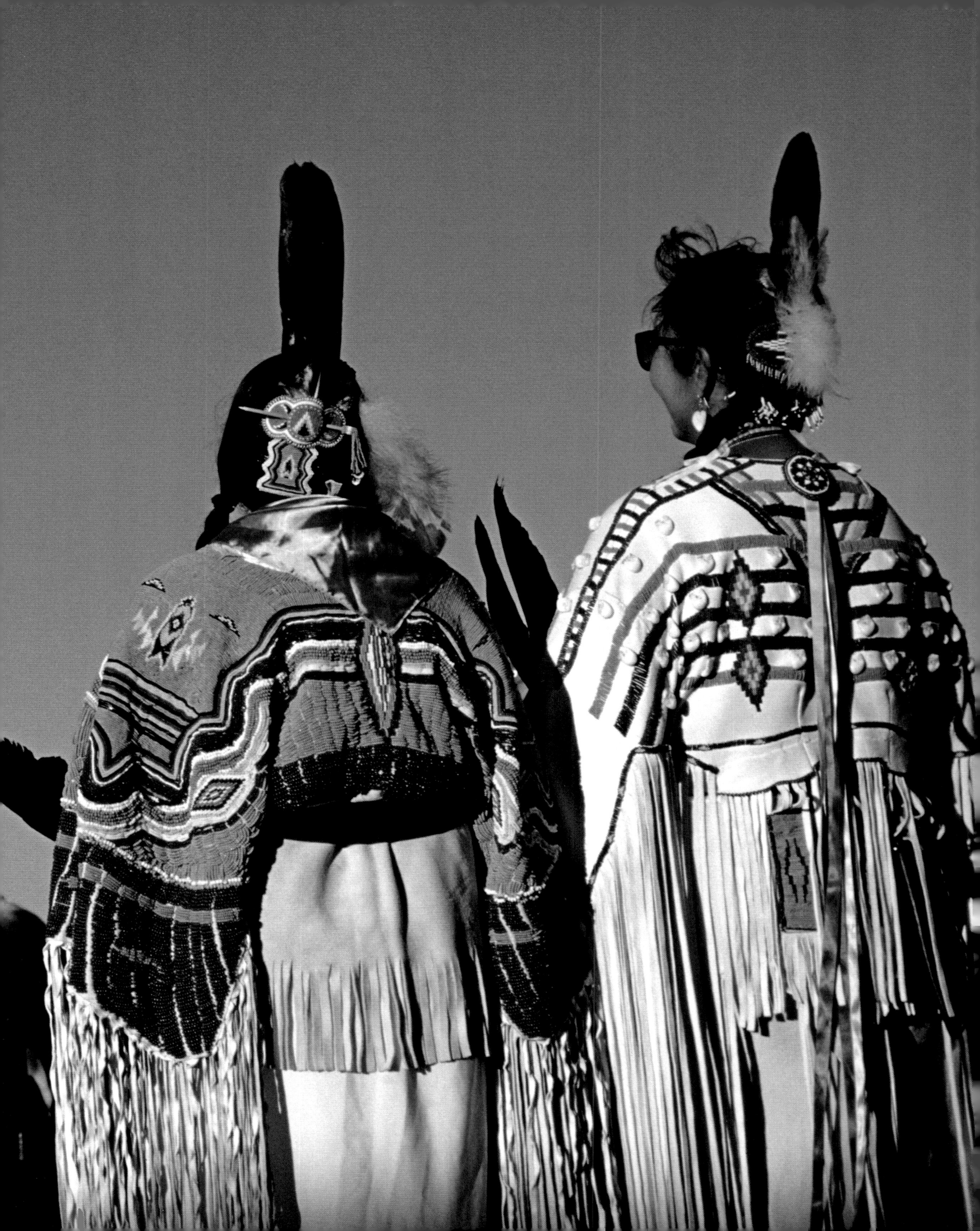

Inhalt

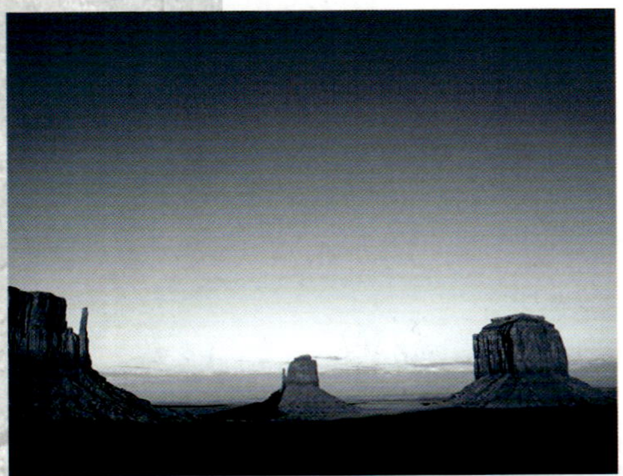

Erste Seite:
Ron Hawks, ein spiritueller Führer der Lakota-Indianer, betet zu Wakan Tanka, dem Großen Geheimnis seines Volkes. Weise Männer wie er stehen auch heute noch mit den geheimnisvollen Kräften des Universums in Verbindung.

Seite 2/3:
Im Tipi, dem kegelförmigen Büffelhautzelt der Prärieindianer, zieht der Rauch der heiligen Pfeife nach oben. Durch die Rauchklappe steigt er mit den Gebeten, Liedern und Träumen des Bewohners zum Großen Geheimnis empor.

Seite 4/5:
Beim Traditional Dance achten die tanzenden Frauen darauf, dass die langen Fransen ihrer Wildlederbekleidung im Takt der Trommeln mitschwingen. Ihre anmutigen Schritte erinnern an die Tänze ihrer Vorfahren im 19. Jahrhundert.

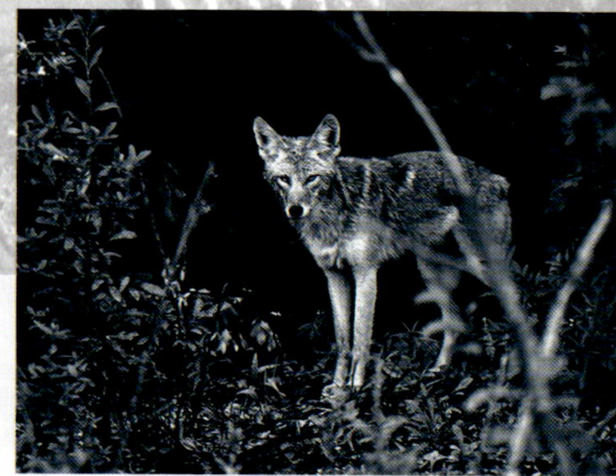

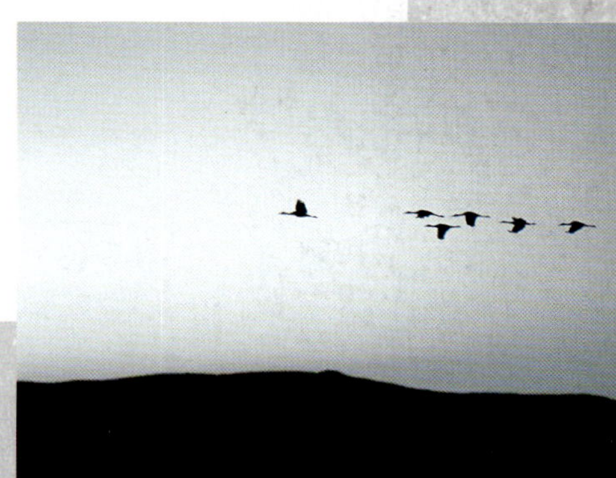

Seite 8/9:
Hoch über den Saguaro-Kakteen im Apachenland wandert der Mond über den Himmel.
Der Himmelskörper gehörte zu den geheimnisvollen Kräften, die von den Indianern mit Geistern in Verbindung gebracht wurden.

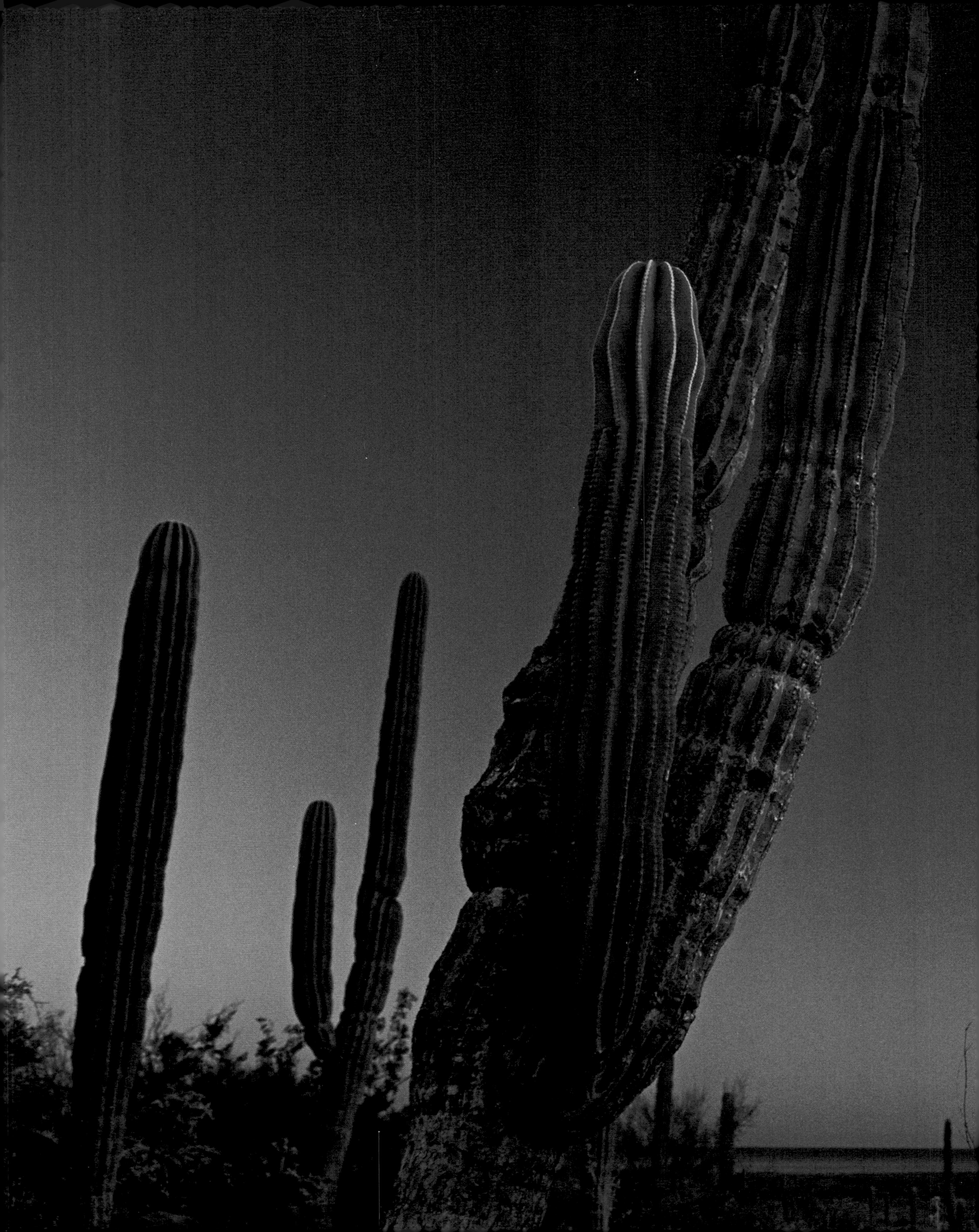

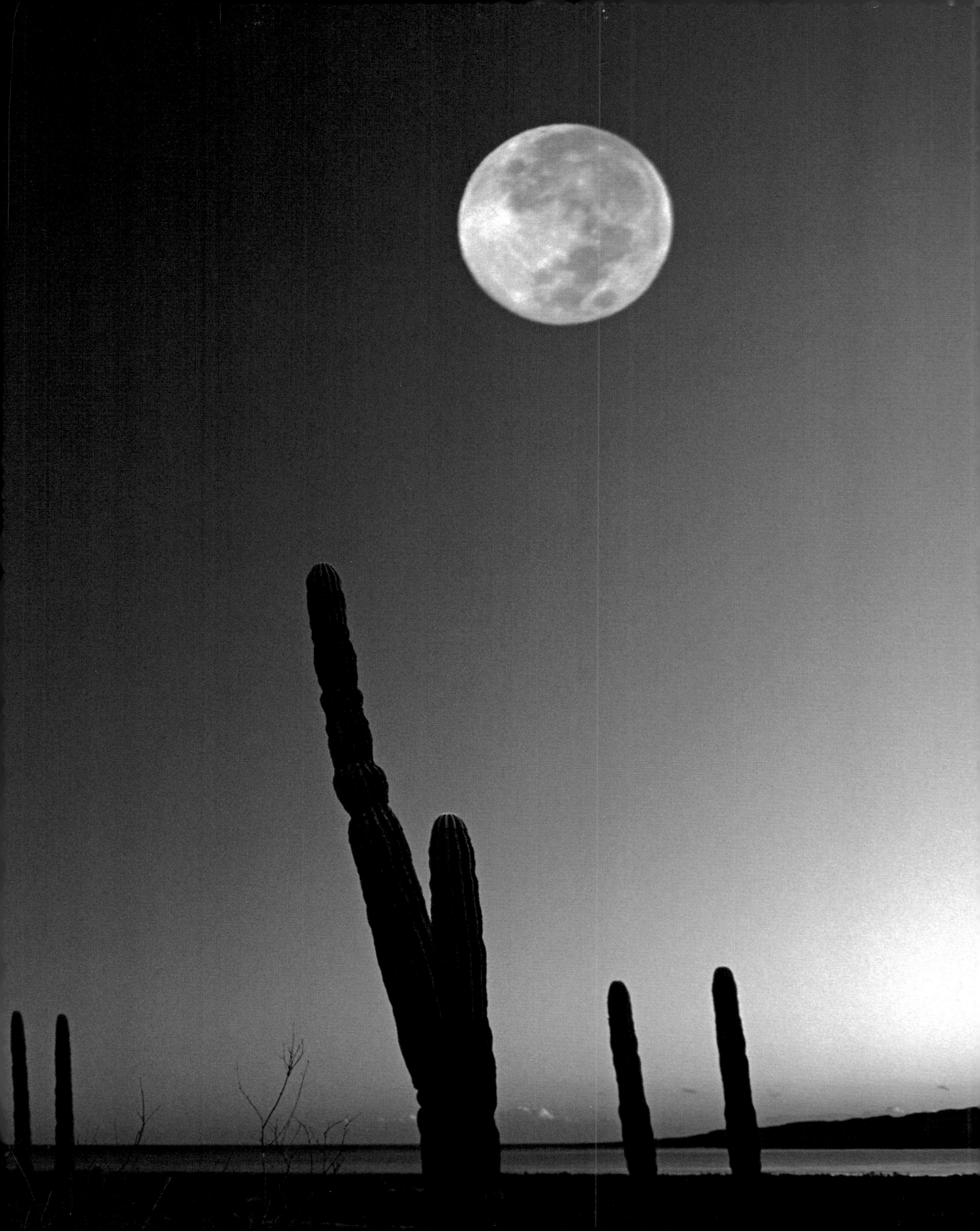

Das Leben ist ein Kreis – die Welt der Indianer

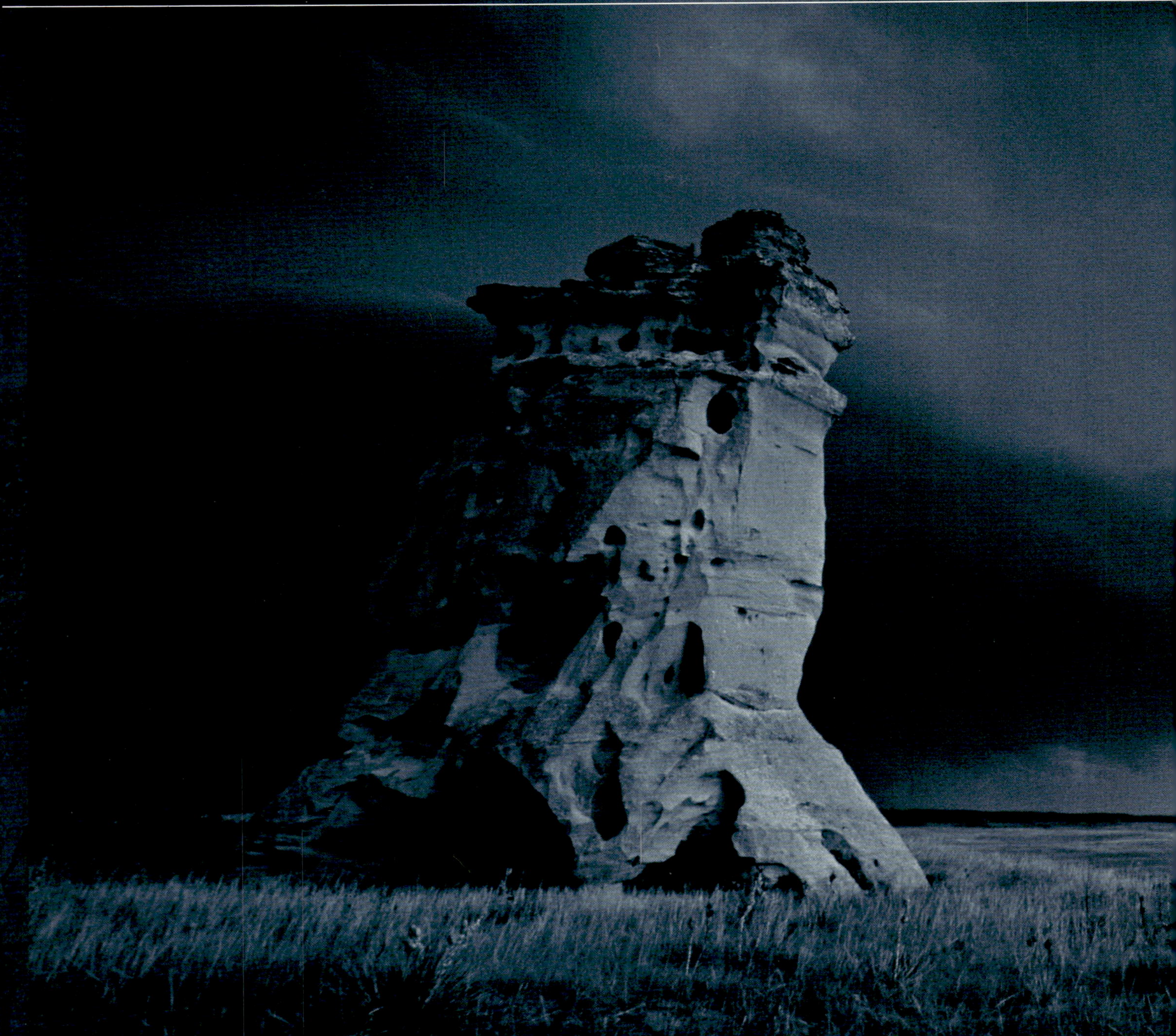

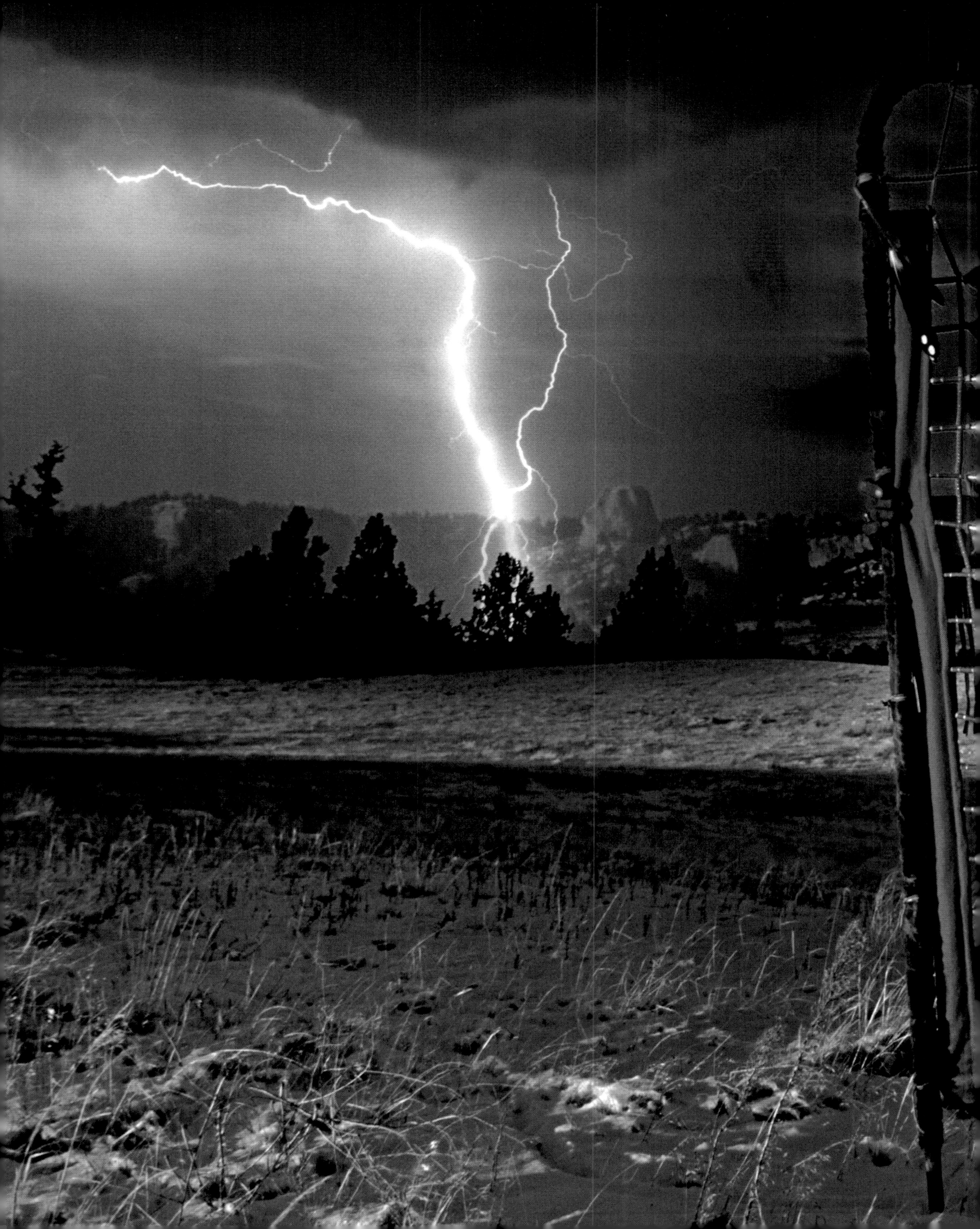

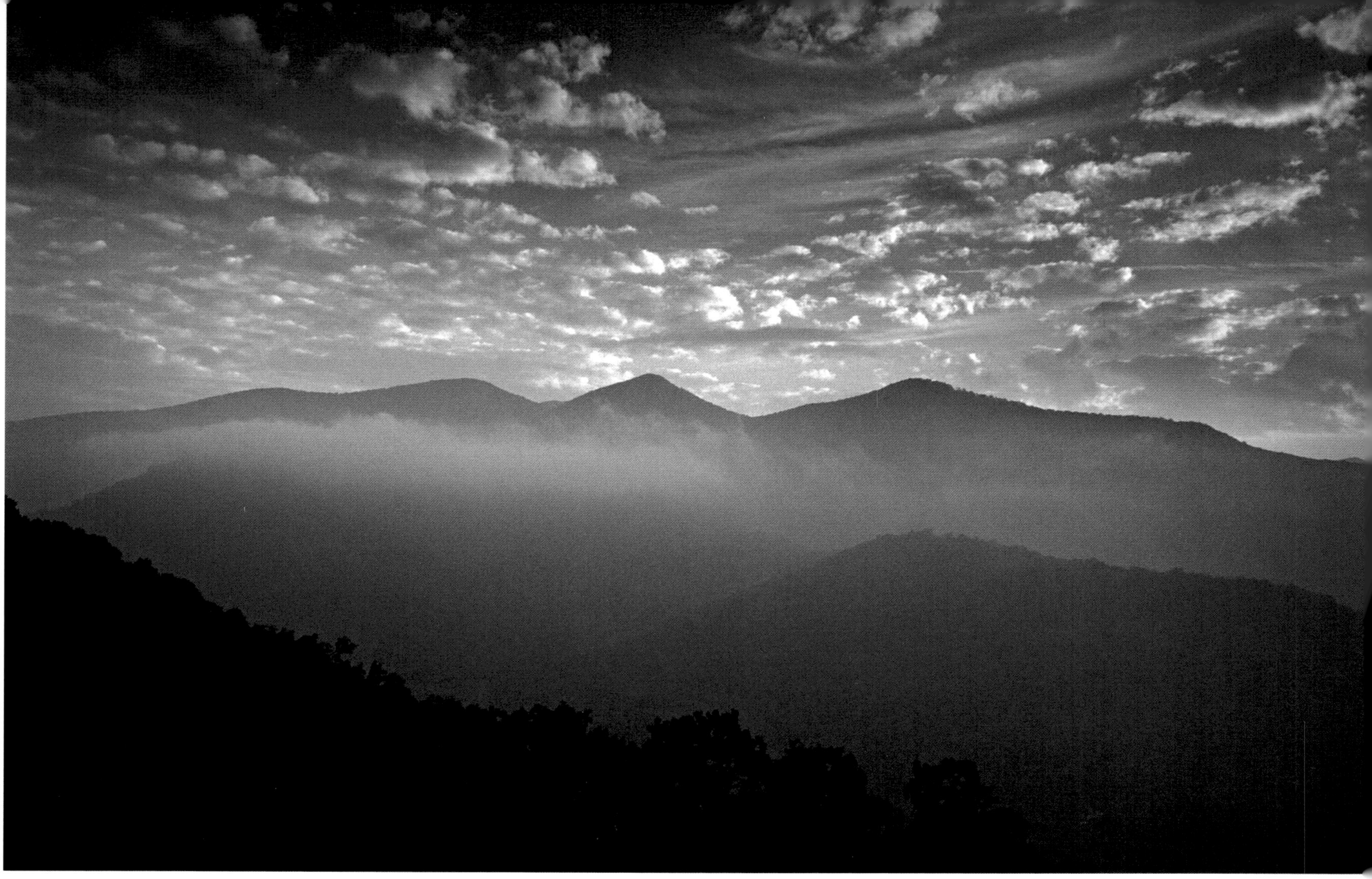

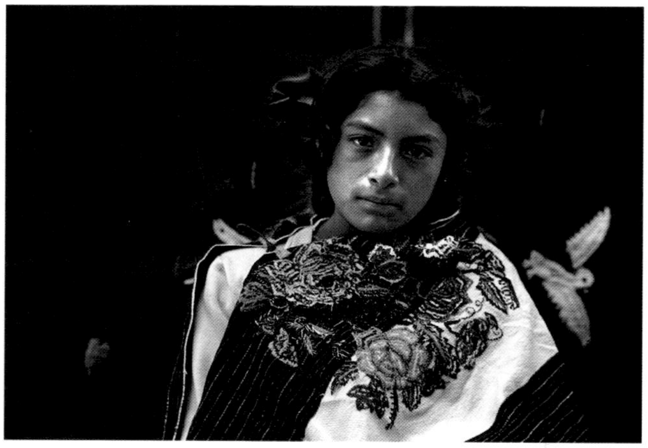

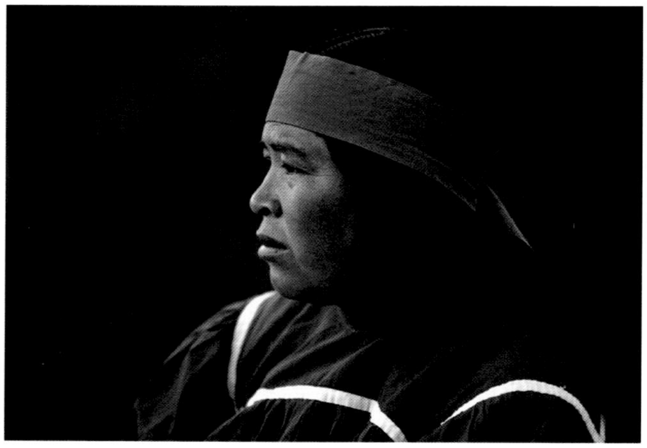

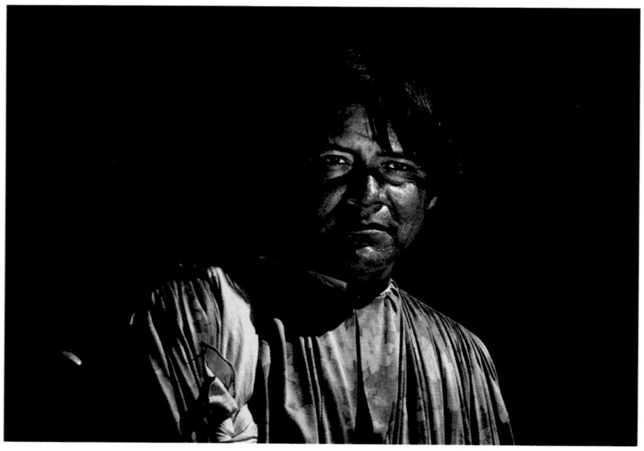

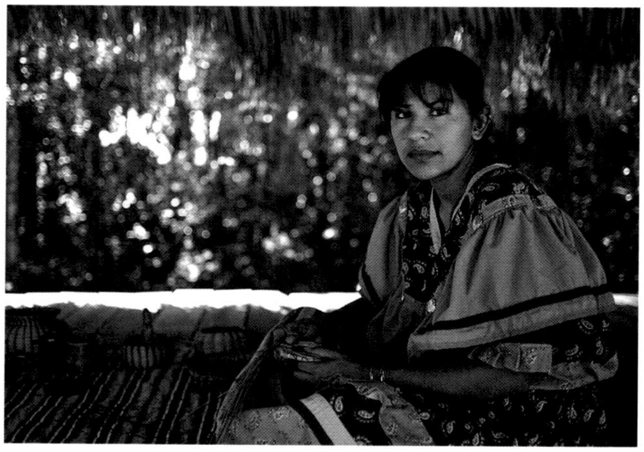

Oben:
„Die Indianer betrachten Amerika als ihr Land. Keine anderen Amerikaner können der Erde so viel Respekt entgegenbringen wie der Indianer seiner ‚Mutter Erde'."
Josephine C. Mills (Shoshone)

Bilder links:
Frauen waren keine Sklavinnen und wurden mit größtem Respekt behandelt. Bei den prähistorischen Indianern scheint es keine Rangunterschiede zwischen Männern und Frauen gegeben zu haben. Die Männer gingen auf die Jagd, die Frauen bestellten den Haushalt. Einige Nachfahren der Seminolen leben noch immer in den Sümpfen von Florida. In Naturparks und Freilichtmuseen erhalten sie ihre Kultur am Leben und erzählen von der Zeit vor der Ankunft der Weißen.

Seite 32/33:
„Unter der Erde sind viele Bodenschätze, und auf der Erde stehen dichte Fichtenwälder. Wenn wir dieses Land aufgeben, trennen wir uns von den letzten Werten, die wir oder der Weiße Mann besitzen."
White Ghost (Sioux)

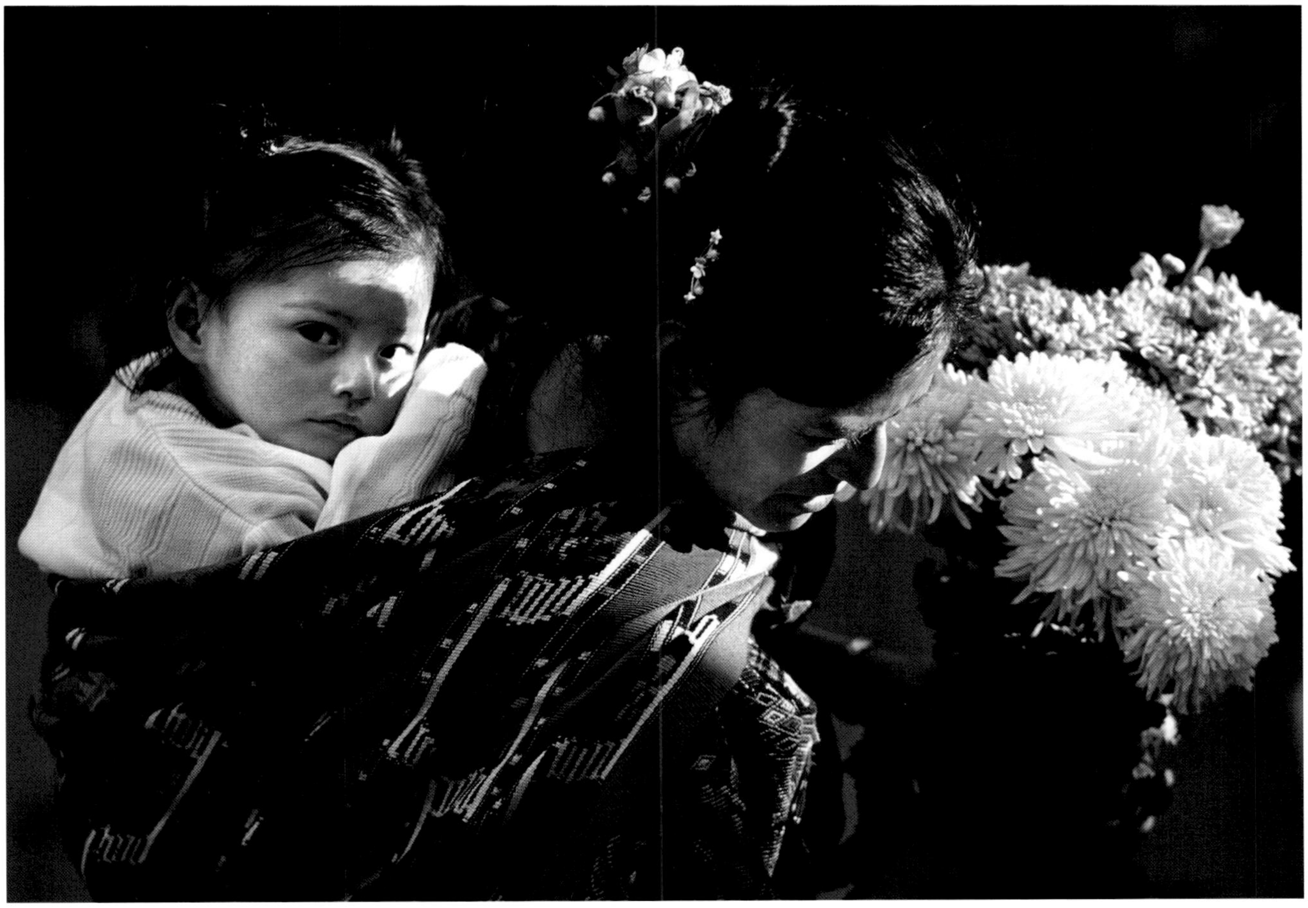

Rechts:
Ihr gemeinsamer Glaube hält vor allem die Indianervölker in New Mexico und jenseits der Grenze zusammen. Selbst alltägliche Handlungen sind bei ihnen durch die Religion begründet.

Unten:
Die Anasazi lebten in Felsenhäusern wie dem Cliff Palace im Mesa Verde National Park. Ihren Göttern huldigten sie in kreisrunden Kivas, den Zeremonienräumen aller Bewohner. Ihre Blütezeit endete um 1300 n. Chr.

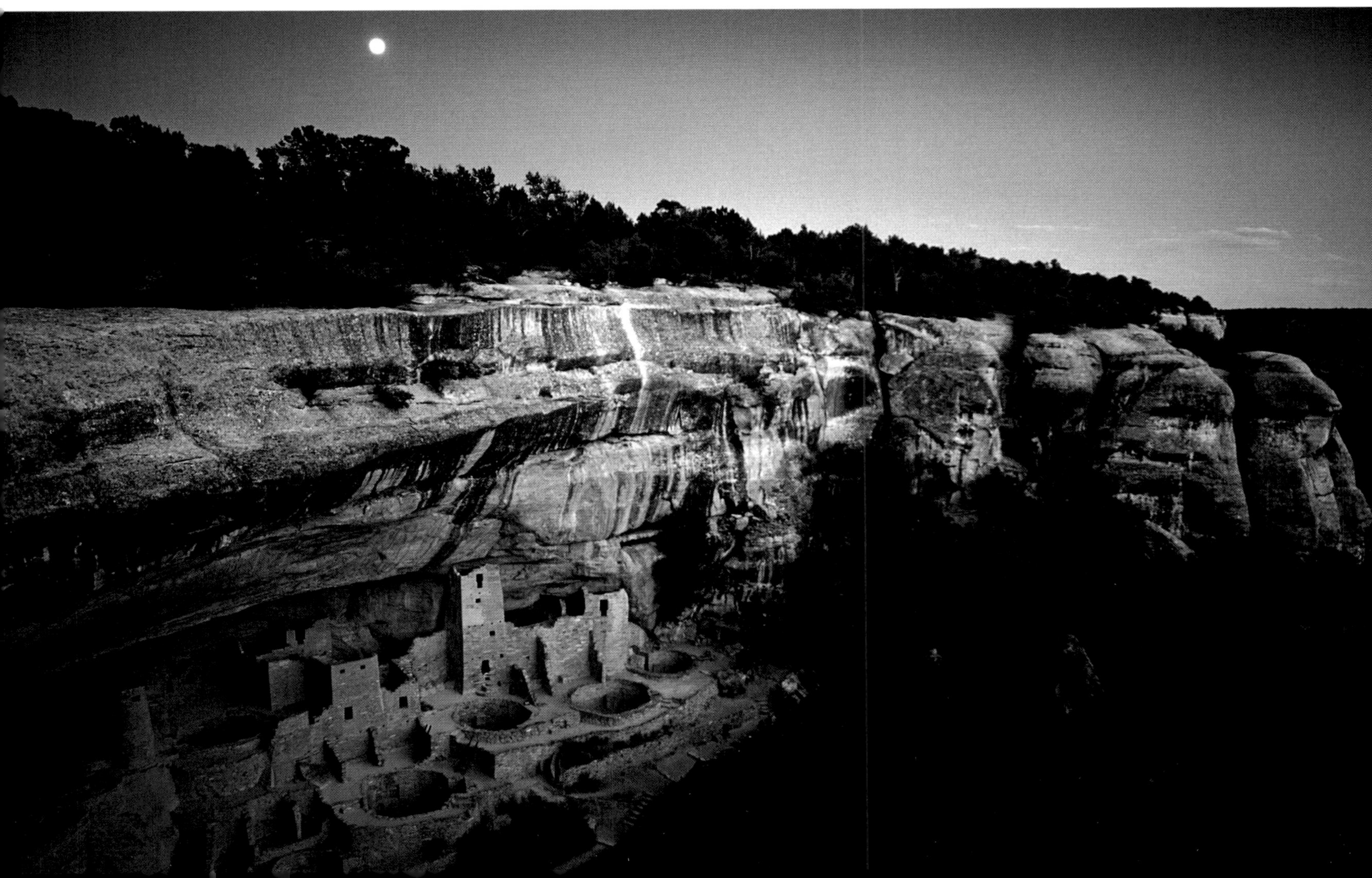

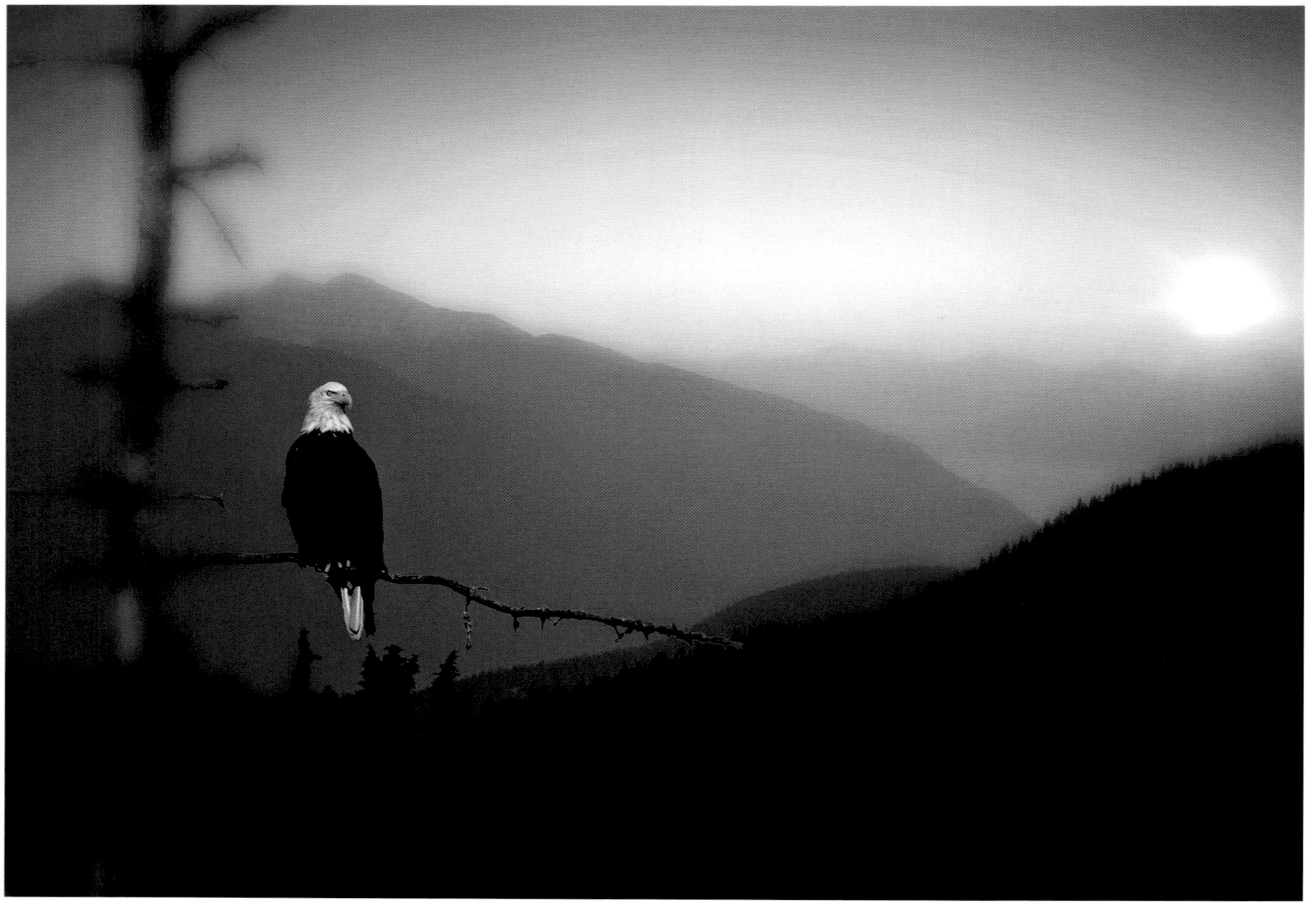

Links:
„Der Große Geist gab diese große Insel seinen roten Kindern. Die Weißen schuf er auf der anderen Seite des Großen Wassers. Aber die Weißen sind nicht zufrieden und wollen uns vertreiben.“
Tecumseh (Shawnee)

Unten:
„Dieser ganze Kontinent war ein Paradies. Wir kannten keinen Dollar, keinen Kaffee und keinen Whiskey. Wir lebten gut. Dann kam der Weiße Mann, und damit begann unser Untergang.“
Ben Black Elk (Sioux)

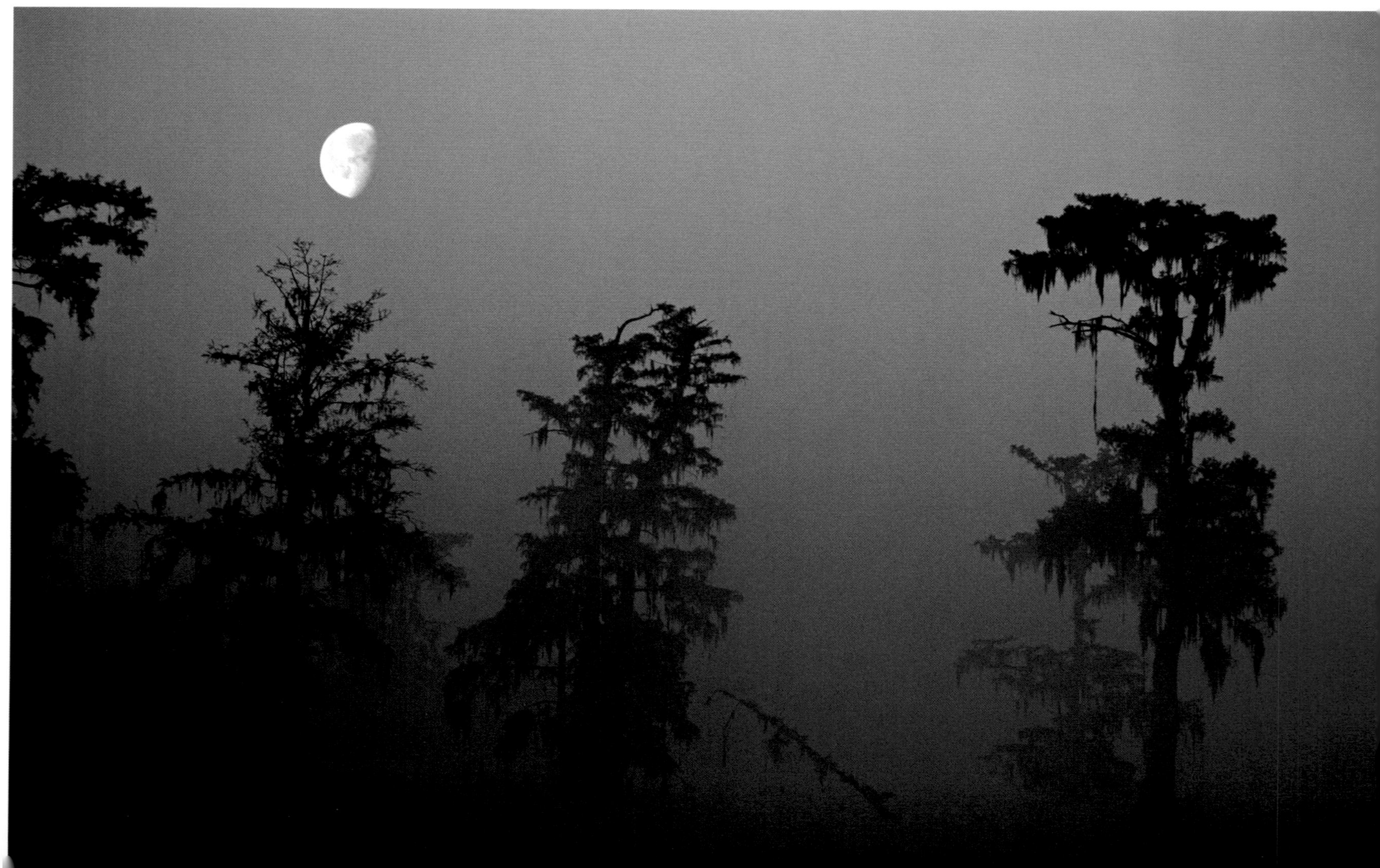

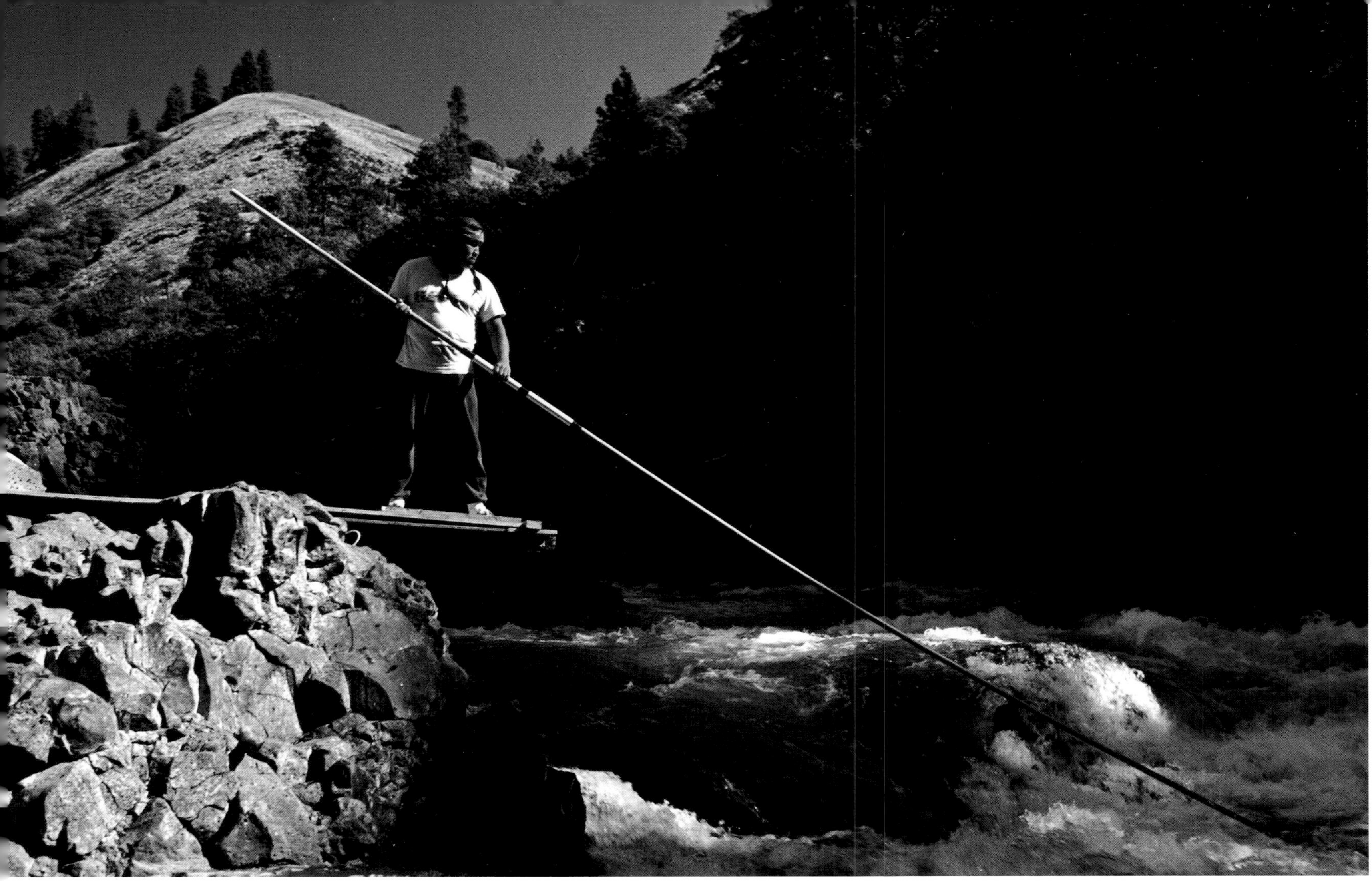

Oben:
„Der Große Geist schuf uns und gab uns Wild und Fische zum Leben. Die Fische und das Wild gehören zu meinem Leben. Vor jeder Jagd danke ich dem Schöpfer, dass er uns dies alles geschenkt hat."
Meneinock (Yakima)

Rechts:
Der Bison war ein heiliges Tier. Er gab den Indianern alles, was sie zum Leben brauchten: das warme Fell und die Haut, die zu weichem Leder verarbeitet wurde, die Knochen zur Herstellung von Waffen und Werkzeugen sowie das Fleisch.

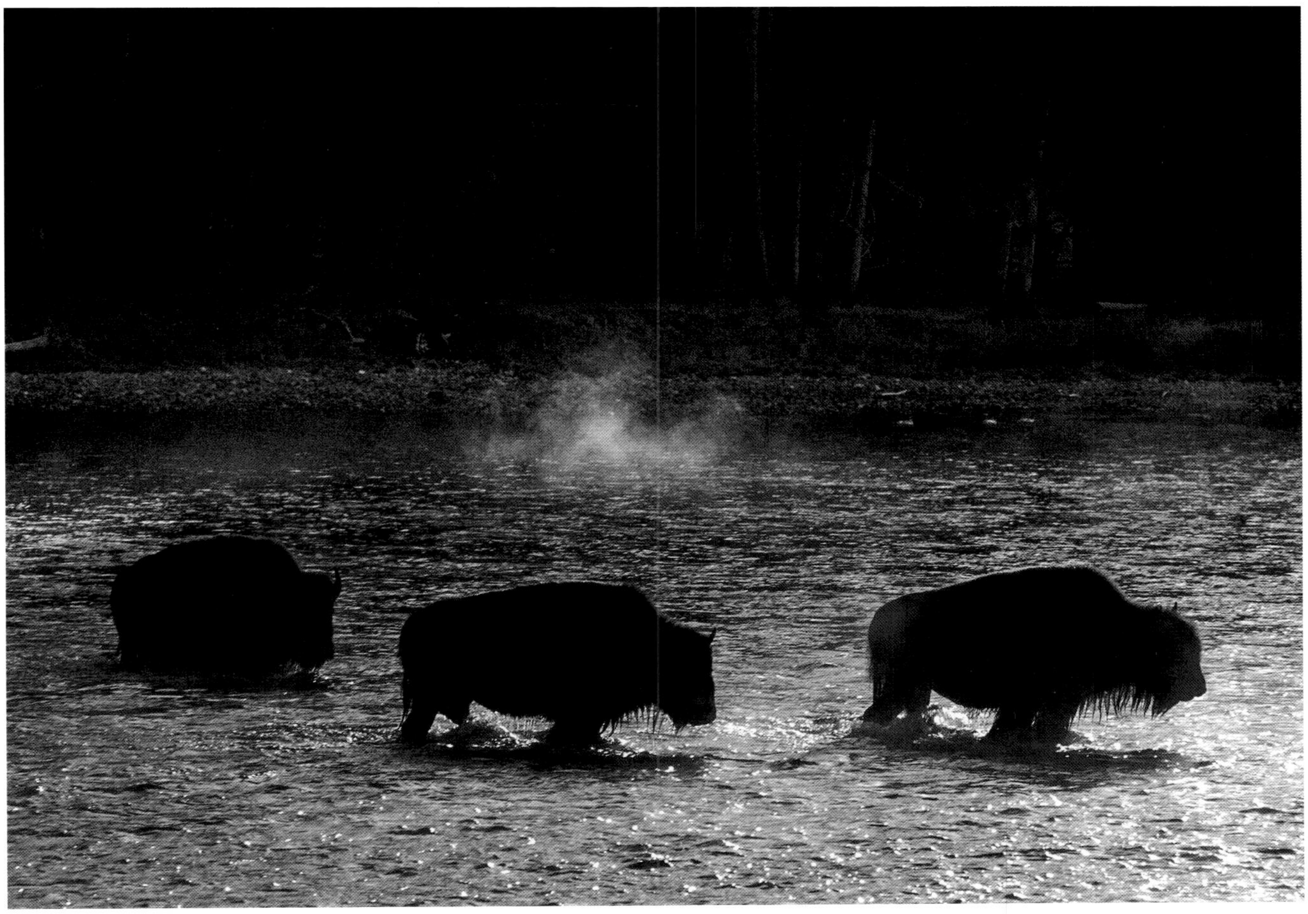

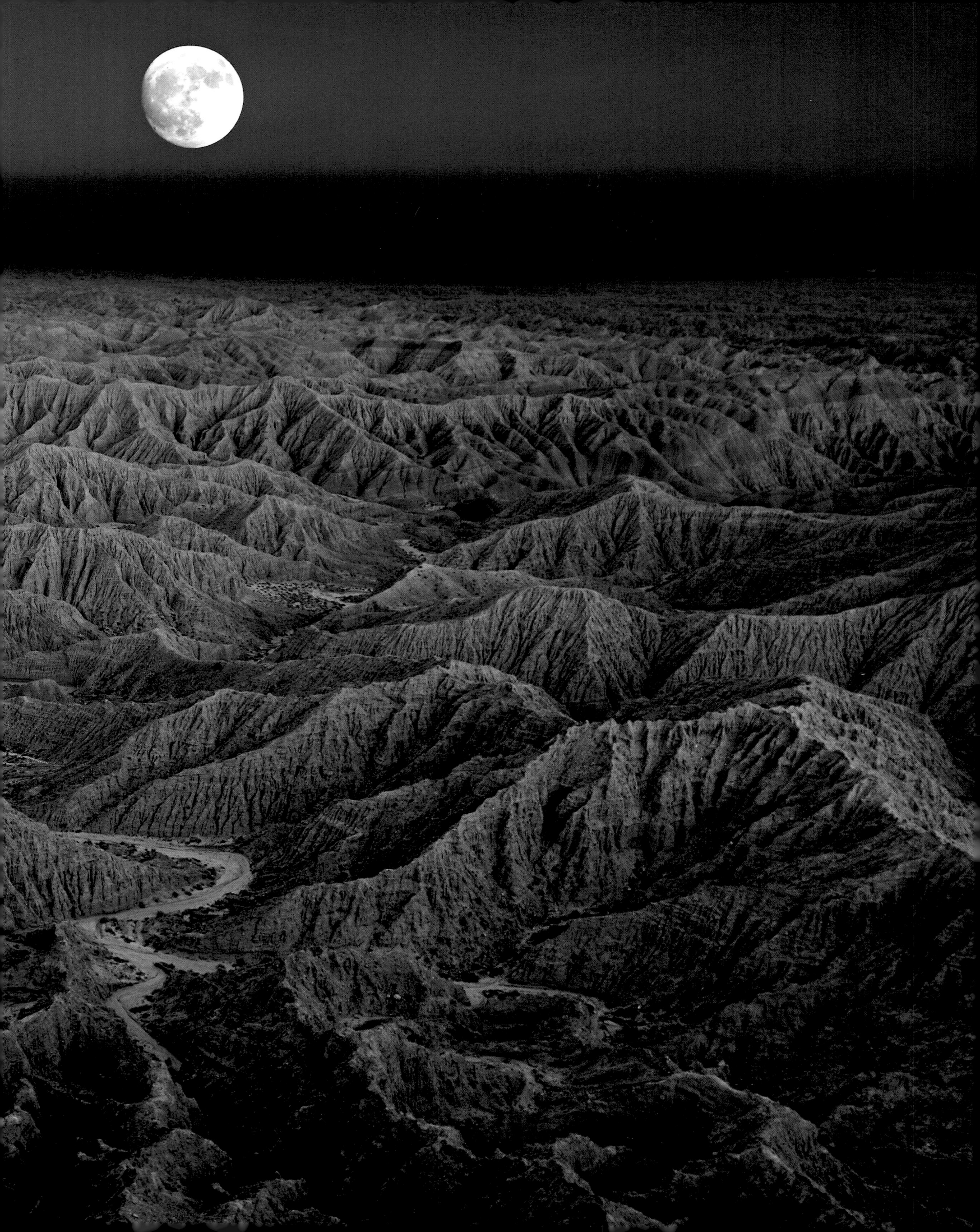

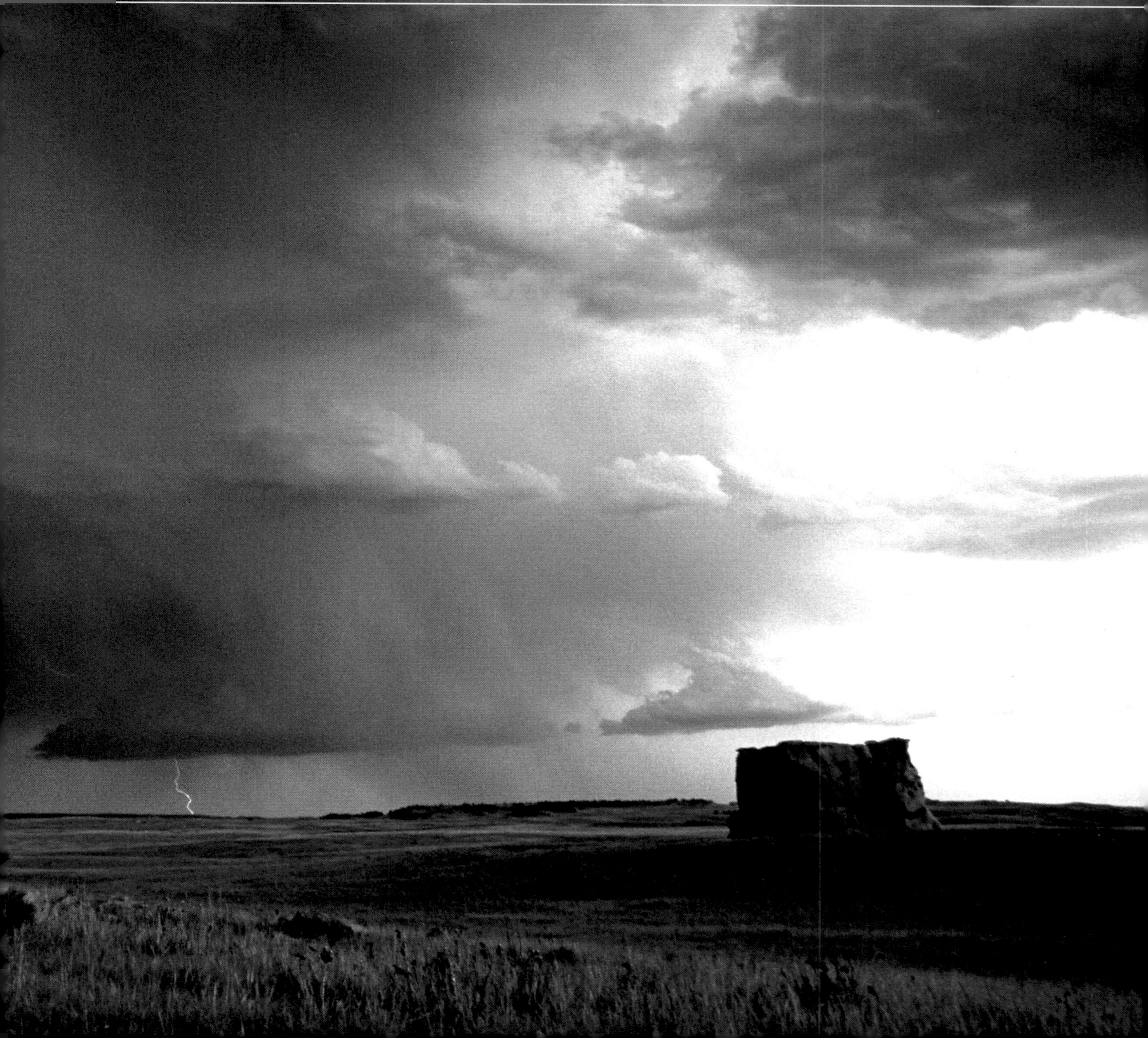

Das Leben ist ein Kreis – die Welt der Indianer

Seite 10/11: Wenn der riesige Donnervogel mit seinen Flügeln schlägt und brennende Pfeile auf die Prärie schleudert, tobt ein Gewitter über den Ebenen. Selbst tapfere Krieger zeigten große Ehrfurcht vor den tobenden Naturgewalten.

Eagle-Flies-At-Dawn beschwört die Geister in allen vier Himmelsrichtungen. Seine Gebete erheben sich in den schwülen Sommerwind und verklingen über den dunklen Fichten. Er hat sein Gesicht mit roter Farbe bemalt. Von dem Berg, den die Indianer „Mato Paha", „Berg des schlafenden Bären", und die Weißen „Bear Butte" nennen, sieht er die Black Hills, die heiligen Berge seines Volkes. Vier Tage und vier Nächte fastet er auf der einsamen Bergkuppe. Er spricht mit den Geistern und trifft „Wakan Tanka", das „Große Geheimnis". Er spürt den heiligen Atem aus den vier Richtungen und die Berührung durch Sonne und Mond.

Der „Berg des schlafenden Bären", der sich in der Nähe von Sturgis erhebt, entstand vor vielen Wintern, als ein mächtiger Bär von Unkche-ghila, dem geheimnisvollen Riesen, überfallen wurde und nach tagelangem Kampf blutend in die Prärie floh. Er stürzte tot zu Boden, und über seinem Rücken fiel die Erde zusammen und türmte sich zu einem Berg auf. Er ist bis zum heutigen Tag ein Wallfahrtsort der Lakota und Cheyenne geblieben. Beinahe trotzig reckt er seinen bewaldeten Gipfel in den Himmel, als sichtbares Zeichen für die Existenz einer anderen Wirklichkeit voller Mythen und Geheimnisse, die sich die Indianer bis heute bewahrt haben.

Wir Menschen in der „zivilisierten Welt" wissen schon lange, dass die Erde eine Kugel ist, und kennen die Entfernungen zwischen den Himmelskörpern. Wir haben den Mond betreten und sein Gestein unter dem Mikroskop betrachtet. Wir wissen, warum es stürmt und regnet, und sind uns im Klaren darüber, dass Erdbeben und Wirbelstürme keine Strafe Gottes, sondern das Ergebnis bestimmter Konstellationen sind. Unsere Ärzte heilen viele Krankheiten und besiegen durch Organverpflanzungen und den Einsatz von Maschinen mitunter den Tod. Innerhalb weniger Jahrhunderte haben wir das Geheimnis des Menschen und seiner Existenz bis ins Allerletzte geklärt, so glauben wir wenigstens, und selbst die wenigen unerklärbaren Dinge erscheinen uns nicht länger geheimnisvoll oder mythisch verklärt, weil es nach unseren Erfahrungen für alles eine logische Erklärung geben muss. Wir leben in einer realen Welt und erkennen sie als einzige Wirklichkeit an.

Tipi Camp von Charly Juchler, einem Schweizer, der interessierte Touristen ins Land der Lakota führt und ihnen die Begegnung mit indianischen Künstlern in der Nähe von Rapid City ermöglicht. Er lebt seit vielen Jahren nahe der Pine Ridge Reservation in South Dakota.

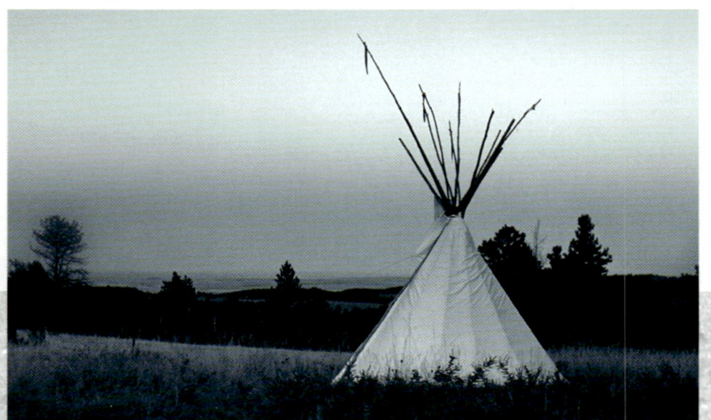

Die Indianer lebten in einer anderen Welt, einem Kosmos, der wesentlich vielschichtiger und facettenreicher als die beschränkte Wahrnehmung des Weißen Mannes war. Sie vermuteten eine unsichtbare Kraft und eine Vielzahl von Geistern hinter allen rätselhaften, nicht erklärbaren Erscheinungen der Natur. Wakinyan, der Donnervogel der Lakota, flog während eines Gewitters über die Prärie und ließ den Boden unter den Tipis erzittern. Yumni, der Wirbelwind, tobte sich auf den Ebenen aus und zeigte seine zahme Seite nur, wenn er einem Krieger bei der Brautschau half. Hanwi, die Mondfrau, verlieh der Nacht ihren silbernen Glanz. Das unendliche Universum, die Welt, in der sie lebten, und das ferne Reich jenseits der Bäume am Rande der Welt, zeigte sich als unfassbares Phänomen, kaum greifbar für den Verstand der Völker, die von der Weisheit und Gnade der Geister abhängig waren.

Die Lakota hatten sogar ein Wort für diese Ohnmacht: „Wakan war alles, das schwer zu verstehen war", berichtete Good Seat, ein Oglala-Indianer. „Ein Felsen war manchmal wakan. Alles konnte wakan sein. Wenn jemand etwas tat, das der andere nicht verstand, war es wakan. Wie die Welt entstand, war wakan. Wie die Sonne entstand, war wakan. Wenn die Männer zu den Tieren sprachen, war das wakan. Der Ort, an dem die Geister leben, ist wakan." Und Little Wound, ebenfalls ein Oglala, ließ seinen Übersetzer notieren: „Nahrung kann wakan sein, weil sie das Leben erhält. Medizin kann wakan sein, weil sie das Leben im Körper hält. Die Lieder und Zeremonien unseres Volkes sind wakan. Kleine Kinder sind wakan, weil sie nicht sprechen können. Ein sehr alter Mann und eine sehr alte Frau sind wakan, weil sie viel wissen."

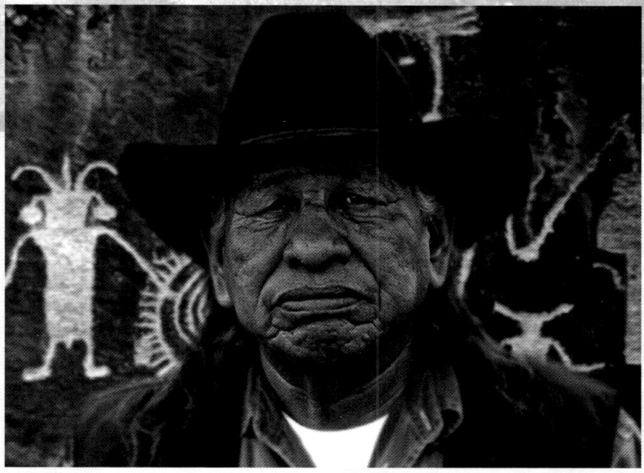

Geheimnisvolle Felszeichnungen wie hier im Dinosaur National Monument erinnern an prähistorische Indianer, die lange vor den Lakota und Cheyenne im amerikanischen Westen lebten und – in Ermangelung von Pferden – vom Ackerbau lebten.

„Großer Geist" ist eine Übersetzung des Weißen Mannes, so plakativ und falsch wie „Medizinmann". „Großes Geheimnis" wäre die bessere Übersetzung für „Wakan Tanka" (bei den Lakota), „Maheo" (bei den Cheyenne), „Manitu" (bei den Waldland-Indianern) oder „Yusn" (bei den Apachen). Jedes Indianervolk hatte seine eigene Bezeichnung für die geheimnisvolle Kraft, den „Schöpfer aller Dinge". „Der Indianer betete gern",

Die Indianer betrachteten die Erde als ihre Mutter. Alle Dinge sind lebendig, sagten sie, die Bäume, die Felsen, das Gras, sogar die Steine am Wegesrand. Wenn wir sie zerstören, töten wir uns selbst, denn wir sind ein Teil dieser Erde.

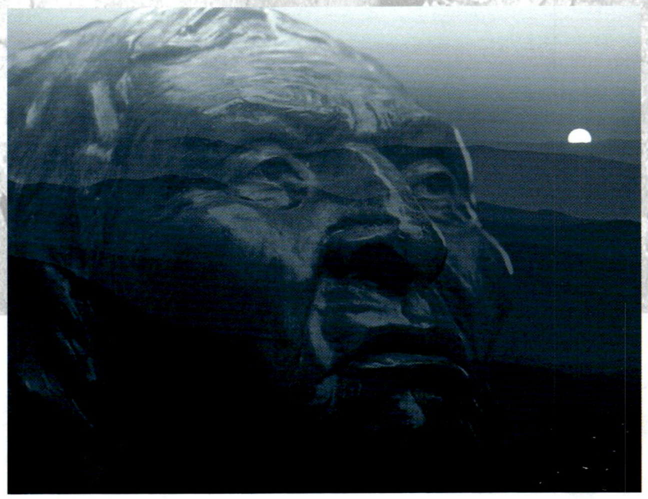

berichtet Luther Standing Bear, ein Sioux-Indianer. „Von der Geburt bis zum Tod ehrte er seine Umgebung. Er war dankbar dafür, aus dem Schoß der Mutter Erde gekommen zu sein, und es gab keinen Ort, der ihm zu gering erschienen wäre. Zwischen ihm und dem Großen Geheimnis war nichts. Der Kontakt war direkt und persönlich, und der Segen von Wakan Tanka ergoss sich über ihn wie Regen vom Himmel. Wakan Tanka war nicht in Bewegung und niemals weit entfernt, und er unterdrückte das Böse nicht. Er bestrafte weder die Tiere noch die Menschen. Er war kein strafender Gott. Die Frage, ob eine böse Macht das Gute unterdrücken könnte, stellte sich nicht. Es gab nur eine Macht, die über allem stand, und die war gut."

„Die Erde ist unsere Mutter", erklärt mir Eagle-Flies-At-Dawn, nachdem er vom Gipfel des heiligen Berges zurückkehrt. „Alle Dinge sind lebendig, die Bäume, die Felsen, das Gras, sogar das Holz des Tisches, an dem wir sitzen. Wenn ich durch einen Wald laufe, höre ich die Bäume sprechen. Wenn ich einen Felsen betrachte, spüre ich seine Gedanken. Die Geister sind überall. Wakan Tanka ist überall. Wir sind ein Teil der Natur, das vergessen die meisten Weißen. Die Erde ist unsere Mutter. Wenn wir sie zerstören, töten wir uns selbst." Die Indianer haben niemals versucht, sich die Erde untertan zu machen. Sie würden niemals den Boden aufreißen, um nach Bodenschätzen zu suchen, oder Bäume für eine Straße fällen. Ihre Religion basiert auf einer großen Angst vor den Elementen und den Geistern, die für jeden Windhauch und jeden Regentropfen verantwortlich sind. Sie müssen versöhnt werden, um Unheil von den Menschen abzuwenden.

Chief Luther Standing Bear, ein Häuptling der Sioux, der zu Beginn des 20. Jahrhunderts mit „Buffalo Bill's Wild West Show" auf Tournee war, berichtete von der Liebe seines Volkes zur Natur: „Der Lakota war ein Naturliebhaber. Er liebte die Erde und alle Dinge auf der Erde. Seine Zuneigung wuchs mit dem Alter. Die alten Menschen liebten die Erde regelrecht, und sie setzten sich auf den Boden, um der mütterlichen Kraft möglichst nahe zu sein. Es tat gut, die Erde mit der nackten Haut zu berühren, und die alten Menschen zogen gern ihre Mokassins aus und liefen barfuß über die heilige Erde. Ihre Tipis waren auf

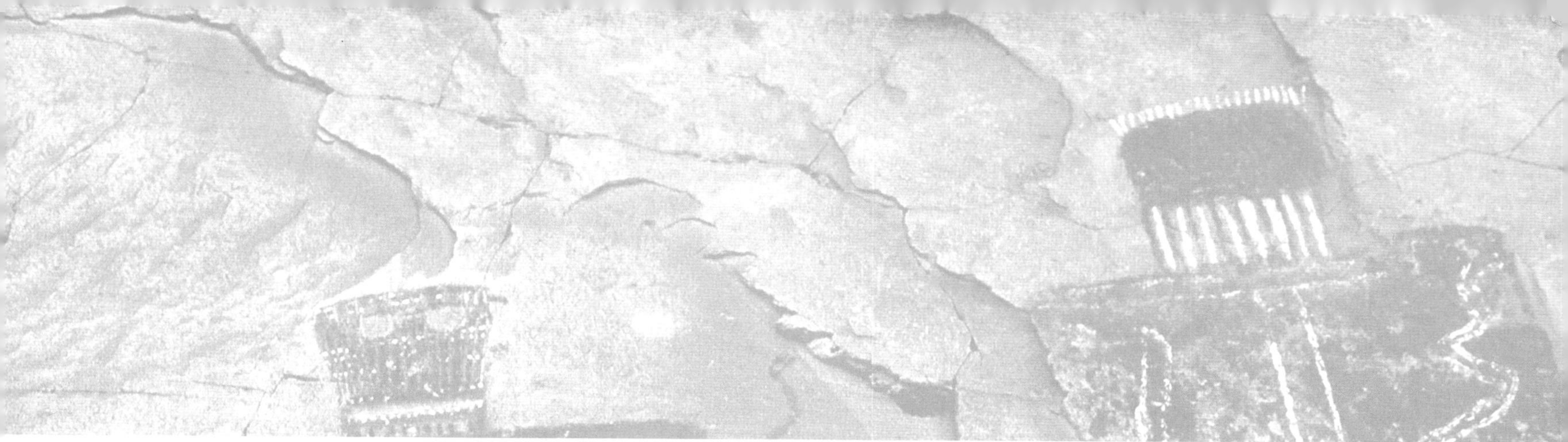

dem Boden errichtet, und ihre Altäre waren aus Erde gebaut. Sogar die Vögel ruhten sich auf dem Boden aus, denn dort endeten alle Dinge, die wuchsen und lebten. Der Erdboden besänftigte, stärkte, reinigte und heilte. Darum setzt sich ein alter Indianer noch immer auf den Boden und nicht auf einen Stuhl, wo er den lebensspendenden Kräften fern ist. Wenn er auf dem Boden sitzt oder liegt, kann er besser nachdenken und intensiver fühlen. Er kann die Geheimnisse des Lebens besser erkennen und ist den anderen Lebewesen näher."

In den Indianersprachen gibt es kein Wort für „Religion". Die Indianer leben in einem Universum, das die reale und spirituelle Welt zu einem unteilbaren Ganzen vereint und mit dem Christentum kaum vergleichbar ist. John Lame Deer berichtet: „Wir Indianer leben in einer Welt der Symbole, in der die Geister oder Seelen und die gewöhnliche Welt eins sind. Für euch sind Symbole nur Worte, die gesprochen oder in ein Buch geschrieben werden. Für uns sind sie Teil der Natur und von uns selbst – Erde, Sonne, Wind und Regen, Steine, Bäume, Tiere, sogar winzige Wesen wie Ameisen oder Heuschrecken. Wir versuchen, sie nicht mit dem Verstand, sondern mit dem Herzen zu begreifen, und wir brauchen nur einen kleinen Hinweis, um ihre Bedeutung zu erkennen." Indianer entschuldigen sich bei einem Tier, das sie erlegt haben: „Ich danke dir, dass du für mich gestorben bist, um mir Nahrung zu geben." Sie bedanken sich bei der Sonne, die jeden Morgen zurückkehrt und die Natur zu neuem Leben erweckt. Und sie verneigen sich vor der Erde, die ihnen alles gibt, was sie zum Leben brauchen. „Ich brauche keine Kirche, um mit Wakan Tanka und den Geistern zu sprechen", sagt Eagle-Flies-At-Dawn. „Meine Kirche liegt in den Wäldern und auf der Prärie, auf dem Gipfel des heiligen Berges, den wir Mato Paha nennen. Ich rauche die heilige Pfeife und danke der Natur für ihre Gaben."

„Das Leben ist ein heiliger Kreis", sagen die Indianer, „es gibt keinen Anfang und kein Ende." Die Trommel ist rund, der Tipikreis ist rund, das

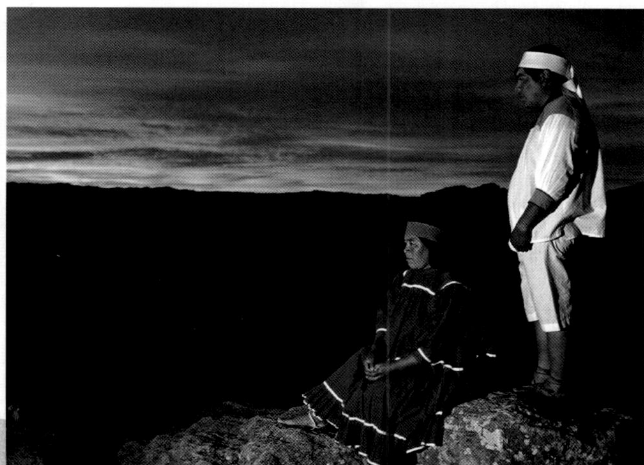

Indianer brauchten keine Kirche. Sie beteten in der Natur, dankten dem Schöpfer aller Dinge täglich für das Geschenk, die Wunder der Schöpfung bestaunen zu können. Mit Gesängen und Opfern bedankten sie sich bei den übernatürlichen Mächten.

Bevor der Große Geist die Erde schuf, war überall Wasser. In zahlreichen indianischen Schöpfungsgeschichten gelang es einem mythischen Wesen wie dem Kojoten, die Erde zu erschaffen, aus der Menschen und andere Lebewesen emporstiegen.

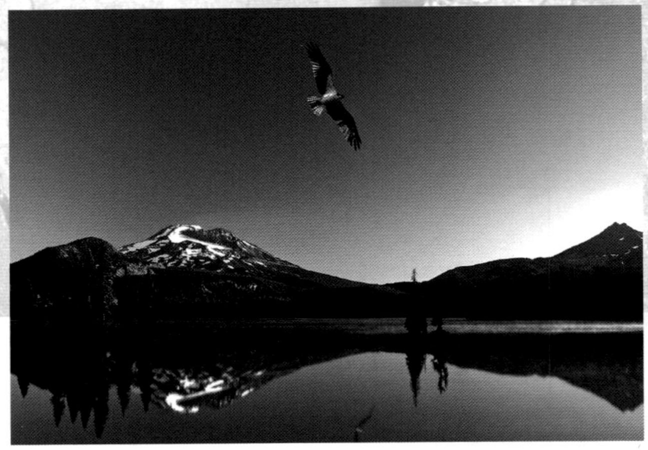

Medizinrad im nördlichen Wyoming ist rund. Der Kreis symbolisiert die Unendlichkeit des Universums, und er steht für die Harmonie und das Gleichgewicht im Kosmos. Nichts darf diesen Kreis zerstören. Die Ordnung muss gewahrt bleiben, um die bösen Geister vom Dorf fernzuhalten. Durch Gebete, Tänze und Gesänge versuchten die Indianer, die Geister zu besänftigen, in aufwändigen Zeremonien beschworen sie den Himmel, die Erde und die vier heiligen Richtungen, die Sonne und den Mond. Auch heute noch: „Die Weißen haben den Kreis des Lebens zerstört", sagt Eagle-Flies-At-Dawn, „und nur, wenn wir tanzen und beten, wird er wieder zusammenwachsen." Tänze und Lieder sind keine bloße Unterhaltung, auch beim Pow-wow nicht, sind Teil des spirituellen Lebens, das im Gleichgewicht gehalten werden muss.

Jenny Leading Cloud, ebenfalls eine Sioux-Indianerin, betont: „Wir vergleichen die Erde und das Universum mit einem niemals endenden Kreis, und in diesem Kreis ist der Mensch eines von vielen Lebewesen. Der Büffel und der Kojote sind unsere Brüder, die Vögel unsere Vettern. Wir beenden unsere Gebete mit den Worten ‚alle meine Verwandten', und damit ist alles gemeint, was wächst, kriecht, läuft, hüpft und fliegt." In zahlreichen Märchen und Legenden nehmen die Tiere menschliche Gestalt an, ist kaum noch zu erkennen, wer Mensch, Tier, Baum oder Stein ist. Weil der Schöpfer aller Dinge keinen Unterschied zwischen diesen Wesen macht, und jedes dieser Wesen über eine Seele verfügt.

Das Streben nach Harmonie förderte Tugenden, die auch im Christentum geschätzt werden: Tapferkeit, Standhaftigkeit, Großzügigkeit und Weisheit, aber auch Selbstlosigkeit, Treue und die Fähigkeit zu vergeben – für ein Naturvolk unabdingbar, um in der Wildnis überleben zu können. Anders als im Christentum teilte sich die Welt nicht in Gut und Böse, sie war entweder im Gleichgewicht oder in großer Gefahr. Eigenschaften wie Selbstsucht und Geiz hatten in einer Gesellschaft, die bis in das unbedeutendste Ritual von Spiritualität durchdrungen war, nichts zu suchen, hätten das Überleben der Gemeinschaft in Frage gestellt. Kinder wuchsen in der Geborgenheit des gesamten Clans auf, orientierten sich am Vorbild der Erwachsenen und wurden niemals bestraft. Nach einer erfolgreichen Jagd teilte man mit den Alten und Schwachen. Wer von einem siegreichen

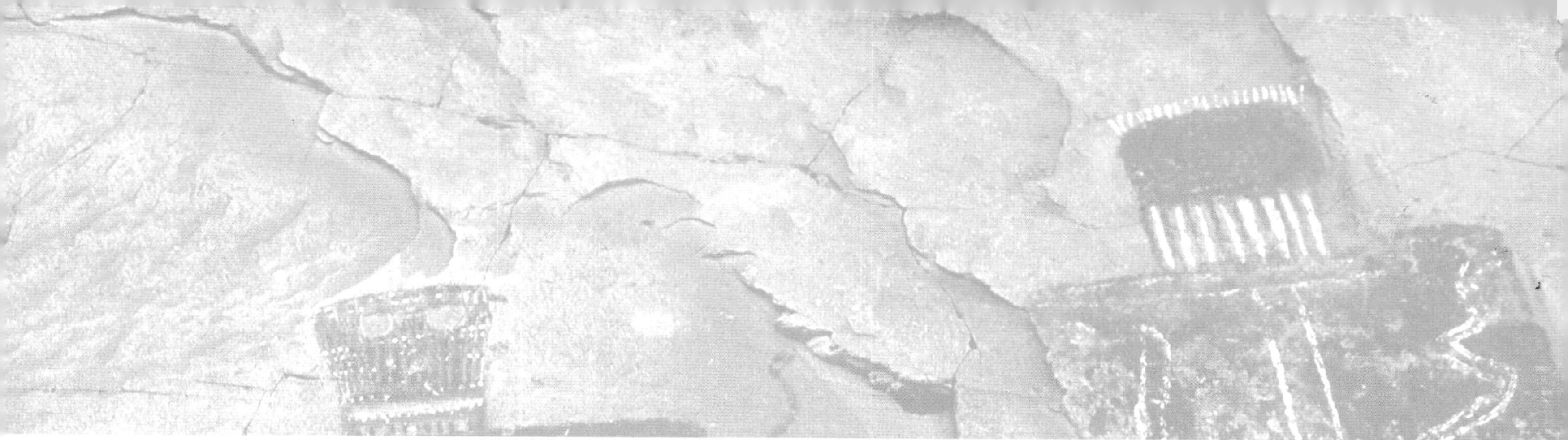

Kriegszug zurückkehrte, drückte seine Freude aus, indem er wertvollen Besitz verschenkte. Give-Away-Dances gehören heute noch zu jedem Pow-wow. George Catlin, der bekannte Maler und Reisende, der viele Wochen bei den Indianern weilte, schrieb in seinem Buch: „Ich liebe ein Volk, das auch ohne Gesetze ehrenhaft sein kann und ohne Gefängnisse und Armenhäuser auskommt. Ich liebe ein Volk, das sich an die Zehn Gebote hält, ohne sie jemals gelesen oder in einer Predigt gehört zu haben, ein Volk, das frei von religiöser Abneigung ist."

„Die westliche Kultur kennt keine Werte und zerstört den Charakter eines Menschen", behauptet Albert Red Bear, ein Lakota-Indianer aus Pine Ridge. „Der Weg ist sehr bequem, aber während wir ihn gegangen sind, haben wir unsere Identität verloren. Wir brauchen keine anderen Kulturen. Wir haben alles, was wir zum Leben brauchen, sogar einen Himmel, in den wir gehen können, wenn Wakan Tanka uns auf die andere Seite ruft. Die Lakota haben ihre Gebote nie gebrochen. Sie leben im Einklang mit Mutter Erde und respektieren alle lebendigen Dinge. Die Menschen hatten die Wahl zwischen Geld und Religion, und wir haben uns für die Religion entschieden. Bei den Weißen war es umgekehrt. Sie verehren das Geld und haben sogar ihren eigenen Gott getötet. Das würden wir niemals tun. Wir verehren den Großen Geist!"

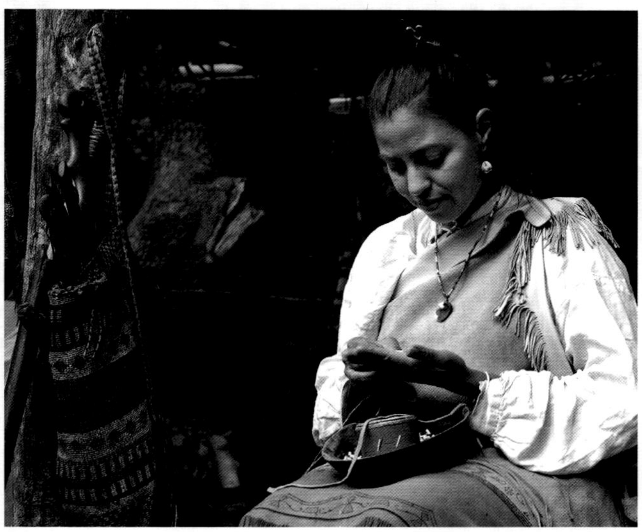

Das Leben ist ein großer Kreis, der nicht zerstört werden darf, glaubten die Indianer. Auch beim Herstellen von Gebrauchsgegenständen und in ihrer Kunst strebten sie nach Harmonie und Vollkommenheit.

Im Bund mit Wakan Tanka

Sitting Bull war kein Häuptling. Er war ein geistiger Führer seines Volkes, ein Denker und Medizinmann, der gewitzten Strategen wie Gall und Crazy Horse das Schlachtfeld überließ und bescheiden im Hintergrund blieb, wenn am Rosebud oder Little Bighorn gekämpft wurde. Augenzeugen berichten von einem Krieger, der einsam auf einem Hügel abseits des Schlachtfeldes stand und zum Großen Geist betete. Er feuerte die Krieger an, wenn die Zeichen günstig für einen Sieg standen, und er rief sie zurück, wenn sich der Himmel für die Sioux verdunkelte und alles auf eine Niederlage hindeutete. Er verfügte über das Wissen und den Zauber und die Macht, den Großen Geist günstig zu stimmen. Nur ihm gelang es, die Sioux einer glücklichen Zukunft entgegenzuführen.

Tatanka Yotanka, wie ihn seine Stammesbrüder nannten, besaß diese Eigenschaften, aber er war nicht der Halbgott, den viele Krieger in ihm sahen. Er war ein kluger und intelligenter Mann, ein weitsichtiger Stratege, der früher als alle anderen Krieger erkannte, welche Gefahr die weißen Siedler bedeuteten und welche Konsequenz das Sterben der Bisons für die Indianer hatte. Er war ein geborener Führer, der sich schon als kleiner Junge durch seinen Mut ausgezeichnet hatte, und er strahlte ein Charisma aus, das die Indianer beeindruckte und die weißen Soldaten nach Beendigung der Indianerkriege dazu zwang, ihn zu töten, weil auch im Reservat noch eine unwiderstehliche Kraft von ihm ausging. Er war ein „heiliger Mann“, der mit Wakan Tanka im Bunde war.

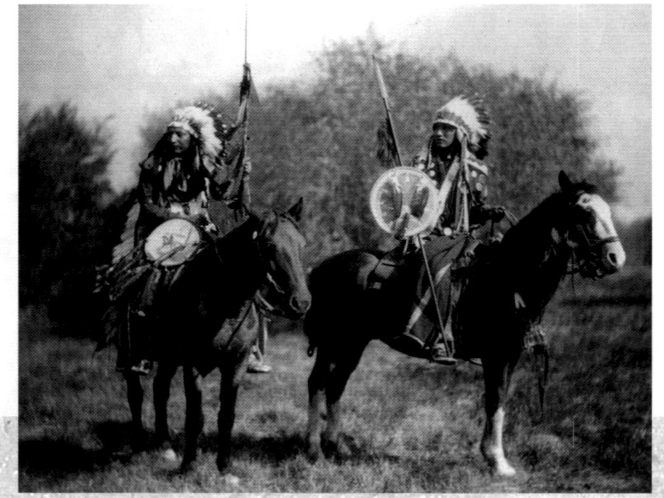

Am 25. Juni 1876 kämpften die vereinigten Sioux, Cheyenne und Arapaho am Little Bighorn gegen Lieutenant Colonel George Armstrong Custer und seine Soldaten und feierten einen großen Sieg. Crazy Horse führte die Krieger in die Schlacht.

In einer indianischen Gesellschaft, die großen Respekt vor dem Individuum hatte und die Freiheit und den Willen jedes einzelnen Kriegers über die Meinung einer Mehrheit stellte, waren seine Fähigkeiten weniger mit denen eines weißen Offiziers zu vergleichen, dem jeder Soldat vorbehaltlos gehorchen muss. Sitting Bull war Zivilist. Er respektierte die Meinung seiner Untergebenen, ließ sich in Diskussionen ein und war überzeugenden Argumenten gegenüber aufgeschlossen. Aber er wusste seine Fähigkeiten auch so einzusetzen, dass seinen Stammesbrüdern gar nichts anderes übrig blieb, als ihm zu folgen. Sie spürten, dass er die Gabe besaß, mit den Geistern zu sprechen und Visionen und Träume zu erleben, die ihm die Kraft gaben, sein Volk in die Zukunft zu führen.

Er war sechsundzwanzig Jahre alt, als er mit einem Kriegertrupp ins Land der feindlichen Crows ritt und seinem Volk deutlich machte, dass er der auserwählte Führer war. Er musste keine hundert Schlachten schlagen, um seinen Mut zu beweisen. Er war der Verbündete des heiligen Bisons (Tatanka), der für die Krieger-Tugenden Mut, Kraft und Ausdauer stand, und er verfügte über jene geheimnisvollen Kräfte, die nur wirklich bedeutenden Menschen zu eigen sind. Er war überzeugt von seinen Fähigkeiten, von seinem Mut und seiner Stärke, als er auf den Kriegspfad ritt.

Sitting Bull hatte beschlossen, den Crow einige Pferde zu stehlen. Sein erster Coup, weil er wusste, dass ein Kriegszug gegen diese Feinde besonders gefährlich war und ihm großes Ansehen bringen würde. Die Sioux waren seit über hundert Jahren auf dem Kriegspfad, hatten nie das beschauliche Leben geführt, wie es uns manche Autoren glauben machen wollen. Der Krieg war ein Teil ihres Lebens, und sie hatten die Gefahr und den Tod als ständige Begleiter akzeptiert. Ein Kriegszug, bei dem es darum ging, den verhassten Crow einige Pferde abzujagen, wurde als willkommene Abwechslung des täglichen Lebens betrachtet, und Sitting Bull erhielt bereits vor dem Aufbruch ein gewisses Ansehen, als er seinen Kriegern aufregende Tage im Feindesland versprach.

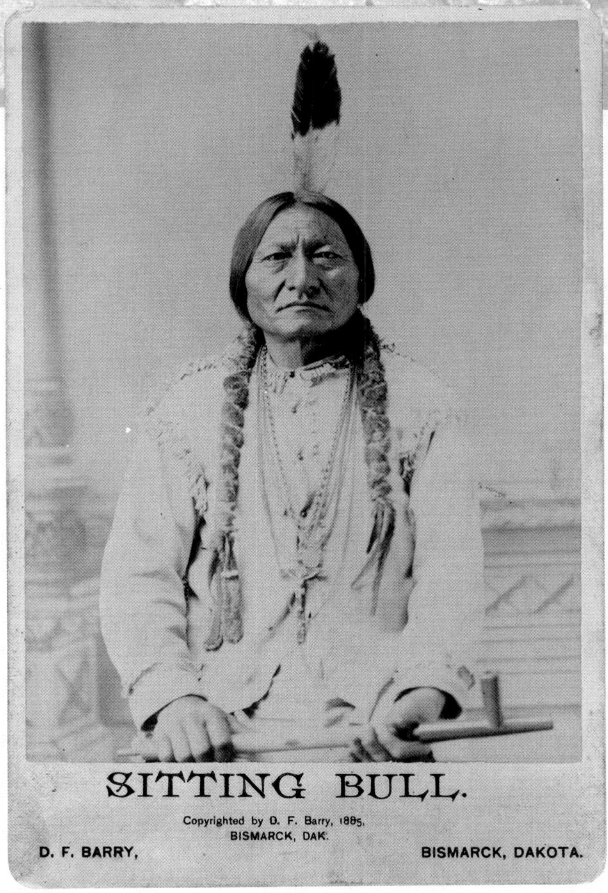

Sitting Bull, weniger ein Häuptling als ein geistiger Führer seines Volkes, sah die Schlacht am Little Bighorn in einer Vision voraus. Tote Soldaten würden vom Himmel regnen. Während des Kampfes betete der geistige Führer in den Bergen.

Sein zweiter Coup gelang ihm im Lager der Crow, als er seinen Mut und sein kriegerisches Geschick unter Beweis stellte und den Crow die gesamte Herde abnahm. Die feindlichen Indianer entdeckten den Verlust erst am nächsten Morgen und machten sich wutentbrannt an die Verfolgung. Obwohl sie zu Fuß waren, gelang es ihnen, die Sioux einzuholen, da Sitting Bull und seine Krieger durch die ungewöhnlich große Herde in ihrem Rückzug behindert und zu einer langsameren Gangart gezwungen wurden.

Es spricht allerdings viel dafür, dass Sitting Bull es bewusst auf eine Konfrontation angelegt hatte: sein dritter Coup. Denn kaum ein anderer wäre wohl bereit gewesen, sich seine Führungsposition durch einen einzigen Geniestreich zu verdienen. Sitting Bull war dazu entschlossen. Er wollte keine zehn, fünfzehn Jahre mehr warten, bis die anderen Krieger seinen Mut anerkannten und ihn zum Anführer der angesehenen Kriegergesellschaften machten. Er glaubte seine Tapferkeit lange genug unter Beweis gestellt zu haben. Also griff er zu einer List. Er wusste, dass sich jeder andere beim Anblick der Crow zum Kampf gestellt hätte oder in die nahen Berge geflohen wäre. Um seine Stammesbrüder so nachhaltig zu beeindrucken, dass sie ihn zum Anführer wählten, musste er etwas Außergewöhnliches vollbringen. Weg von der Norm, weg von dem, was jeder von ihm erwartete. Er wusste, dass er ein erstklassiger Schütze war. Er kannte die viel gepriesene Weisheit, dass man das Geschehen kontrollieren und das Überraschungsmoment auf seiner Seite haben muss, um Erfolg zu haben.

Spanische Eroberer brachten die ersten Pferde nach Amerika. Besonders die Comanchen, aber auch Sioux, Cheyenne und Crow wurden zu hervorragenden Reitern und bewerteten ihren Besitz vor allem nach der Anzahl der Reittiere.

Sitting Bull ließ anhalten und stellte sich den Crow. Damit hatten die feindlichen Indianer gerechnet, aber dann geschah etwas, das sie in ungläubigem Staunen verharren ließ. Sitting Bull sprang vom Rücken seines Pferdes. Eine tollkühne Tat, wenn man bedenkt, dass er damit einen entscheidenden Vorteil einbüßte. Er nahm sein Gewehr und rannte auf den Anführer der Crow zu, der sich herausgefordert sah, seine verdutzten Krieger davon abhielt, auf Sitting Bull zu schießen, und selber auf den Sioux zulief.

Damit widersprach Sitting Bull allen Gepflogenheiten, die bei einem Kampf zwischen Indianern ansonsten streng eingehalten wurden. Wenn er es tatsächlich auf einen Zweikampf anlegte, wie der Häuptling der Crow offensichtlich vermutete, wäre dem Kampf ein Palaver vorausgegangen, bei

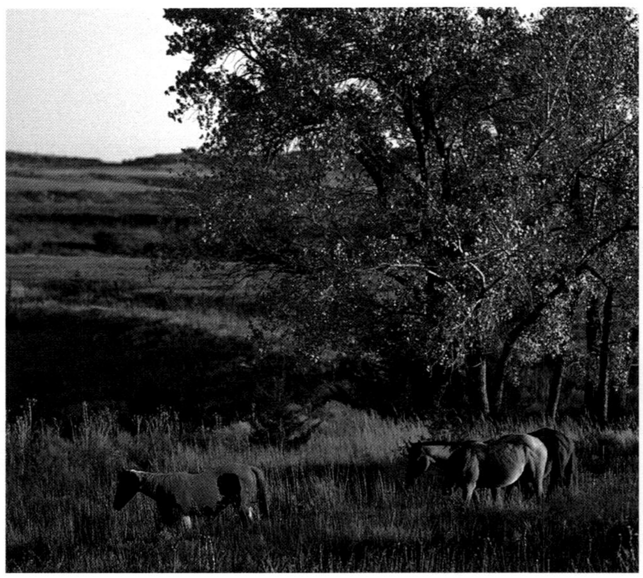

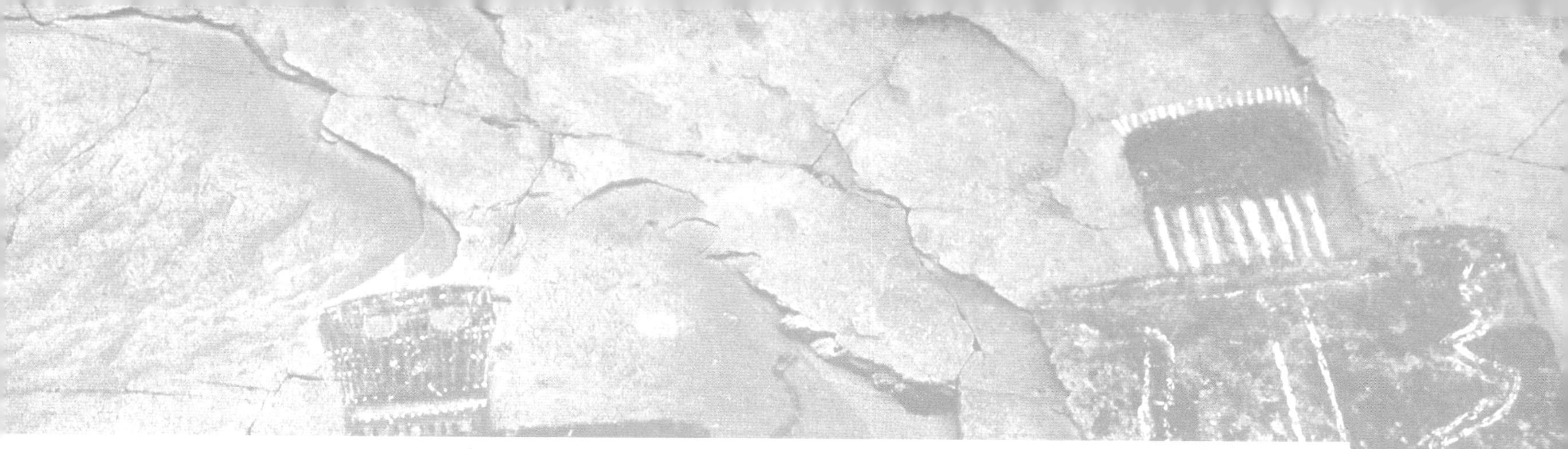

dem man einander verhöhnt und beschimpft hätte, bis einer der beiden Anführer den anderen zum Duell gefordert hätte. So aber rannte Sitting Bull los, und als jeder annahm, er würde sich auf den Häuptling stürzen und einen blutigen Zweikampf beginnen, hielt er plötzlich an, kniete nieder und entsicherte in aller Ruhe sein Gewehr. Der Crow schoss vor lauter Überraschung in den Himmel, dann drückte Sitting Bull ab und fällte den Feind mit dem ersten Schuss. Daraufhin zogen sich die Crow zurück, und Sitting Bull ritt mit seinen Kriegern und den erbeuteten Pferden im Triumphzug ins Lager zurück. Wakan Tanka war auch bei dieser tollkühnen Tat auf seiner Seite gewesen.

Im Dorf wurden er und seine Krieger gebührend empfangen. Die Sioux jubelten ihm zu, und noch viele Monate lang sprach man von seinem außerordentlichen Mut und seiner Treffsicherheit. Die jungen Krieger blickten bewundernd zu ihm auf. Er wurde zum Anführer der Midnight Strong Hearts gewählt, einer Kriegergesellschaft von besonders tapferen Männern. Seine ungewöhnliche Tat hatte die anderen Sioux von seiner Weisheit und seinem Mut überzeugt. Und es hatte gezeigt, dass auch ein Schamane über mehr Einfluss verfügte, wenn er ein mutiger Krieger war.

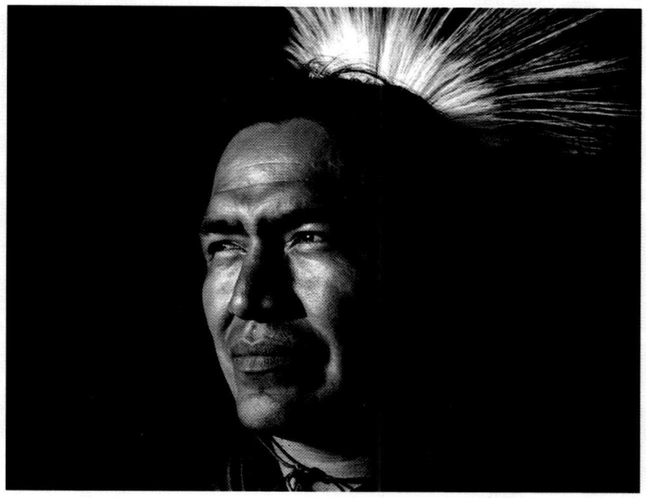

Die Sioux und Cheyenne wurden von den Chippewa nach Westen vertrieben. Die Erzfeinde beider Stämme handelten bereits um 1650 mit den Franzosen und waren früher in den Besitz von Feuerwaffen gekommen.

Das Wissen der Schamanen

Nur ein Mann oder eine Frau mit übernatürlichen Fähigkeiten und der Gabe, sich in eine kontrollierte Ekstase zu versetzen, verstand es, mit den Geistern in Kontakt zu treten und sein Volk vor großem Unglück zu bewahren. Diese Person wird in wissenschaftlichen Werken „Schamane" und in der Umgangssprache und in Jugendbüchern und Romanen „Medizinmann" genannt. Bei den Indianern war er als „Heiliger Mann" oder „Mann mit besonderen Fähigkeiten" bekannt. Er fungierte als Vermittler zwischen den Menschen und den geheimnisvollen Kräften des Universums und bemühte sich nach besten Kräften, die Geister zu versöhnen. Er war Priester, Arzt, Dichter, Sänger, Politiker, Unterhalter und Zauberer in einer Person und wurde von allen Stammesmitgliedern respektiert.

Bei zahlreichen Völkern wurde das Amt des Schamanen durch Vererbung weitergegeben, häufiger erkannte ein Krieger in Träumen und auf einer „Vision Quest", dass er besondere Fähigkeiten besaß. Das geheime Wissen von Schamanen, Magiern und Medizinmännern war erlernbar, erforderte allerdings eine lange und entbehrungsreiche Ausbildung und die Bereitschaft des Schülers, auf weltliche Dinge zu verzichten und für den Rest des Lebens im Zwielicht entrückter Welten und Geisterreiche zu wandeln. Am Anfang jeder Berufung stand eine Reise ins Geisterreich. Der angehende Schamane erlebte sie unvorbereitet, indem er krank wurde, am Rand des Todes dahinsiechte und in Trance geriet, oder er folgte den Anweisungen seines Lehrmeisters und bereitete sich durch langes Fasten darauf vor. Halluzinogene spielten in den nordamerikanischen Indianerkulturen eine untergeordnete Rolle.

Die Aufgaben des Schamanen waren vielfältig und im mystischen, priesterlichen und politischen Bereich angesiedelt. Als geistiger Führer des Volkes oder Stammes sorgte er für ein gutes Verhältnis zu den Geistern, die jederzeit ihren Zorn an den Menschen auslassen konnten. Er unternahm regelmäßige Reisen in die andere Wirklichkeit und sprach mit den geheimnisvollen Wesen, die das Schicksal der Menschen bestimmen. Er beschwor und vergötterte sie und versuchte durch Opfer, Gesänge und Tänze ihr Wohlwollen zu gewinnen. Als Heiler kümmerte sich ein Schamane um das leibliche Wohl der Menschen, das genauso wie die politische Lage und alle anderen Dinge von den guten und bösen Geistern kontrolliert wurde. Als politischer Führer eines Volkes konnte er über Krieg und Frieden entscheiden, er führte Rachefeldzüge gegen einen anderen Stamm, der

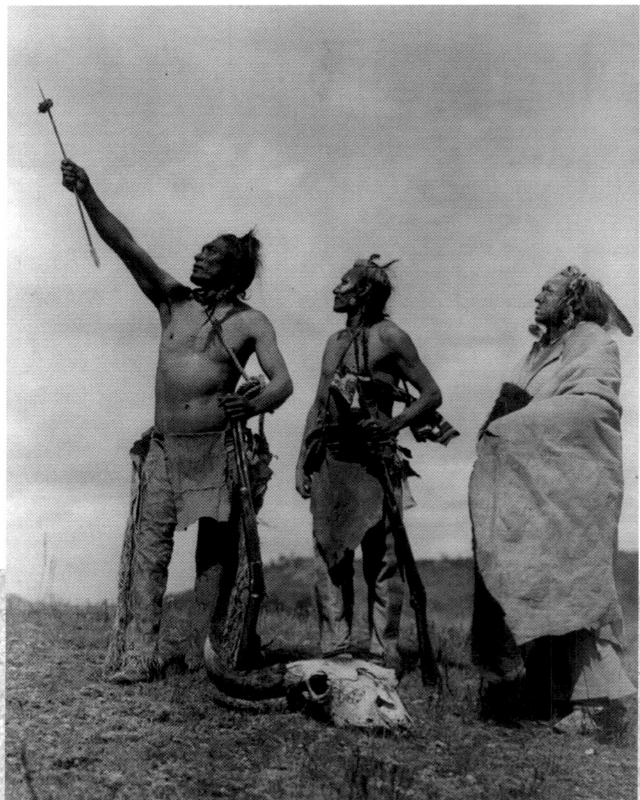

Die Lakota lebten in ständiger Furcht vor der Geisterwelt. Wakan Tanka, dem Großen Geheimnis, waren zahlreiche Gottheiten und Geisterwesen untergeordnet, die den Alltag der Sioux auf nachhaltige Weise bestimmten.

die bösen Geister zu seinem eigenen Stamm geschickt hatte, und er schickte Krieger gegen ein feindliches Dorf, weil sein Schutzgeist es verlangt hatte. Er bat die Geister um eine gute Jagd, er tanzte und betete für eine gute Ernte, und hielt immer dann Zwiesprache mit der anderen Wirklichkeit, wenn das eigene Volk von Sorgen oder Problemen bedrückt wurde. Als Seher und Visionär blickte ein Schamane in die Zukunft, er zeigte Perspektiven auf und geleitete den Stamm in ein sicheres Morgen. Als Dichter und Sänger sorgte er bei manchen Stämmen für Unterhaltung, er erzählte Geschichten aus der Vergangenheit des Volkes, war Zeremonienmeister bei ausgelassenen Feiern und Festen und sorgte für Kurzweil und Ablenkung.

Die Fähigkeit, mit den Geistern zu kommunizieren und über Leben und Tod zu entscheiden, verhalf den Schamanen zu einer einzigartigen Stellung und Bedeutung innerhalb ihres Volkes. Keine andere Gruppe, nicht einmal die Anführer, wurden so respektiert oder gefürchtet. Die Schamanen gehörten einer Elitegruppe an, die nach ihren eigenen Regeln lebte und sehr wohl wusste, dass ihr Volk ohne ihre Hilfe dem sicheren Untergang ausgeliefert wäre. Einen eventuellen Misserfolg schoben sie meist den bösen Geistern in die Schuhe, obwohl es auch vorkam, dass ein erfolgloser Schamane von seinem Volk verstoßen oder getötet wurde.

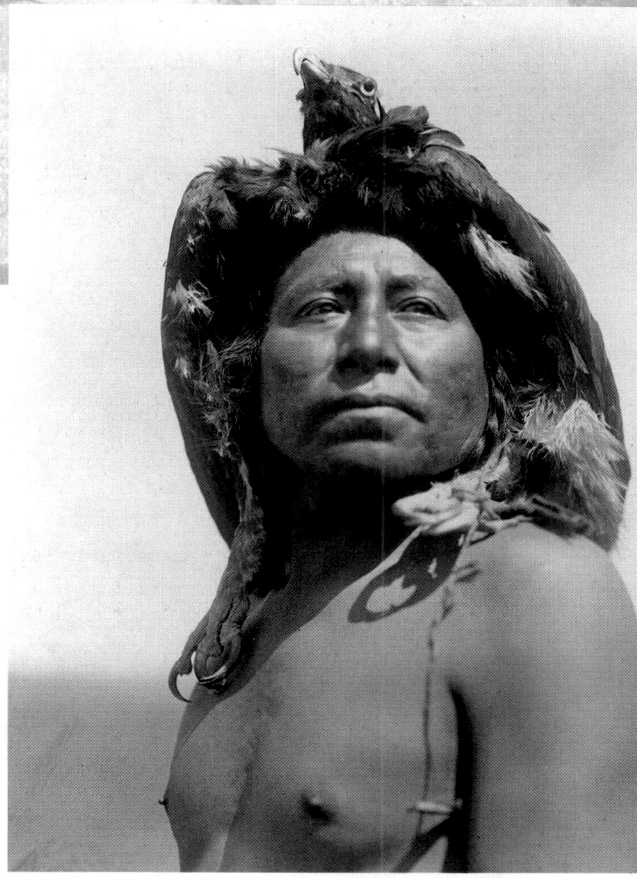

Nur ein Krieger mit übernatürlichen Fähigkeiten konnte Schamane oder Medizinmann werden. Er vermittelte zwischen den Menschen und den geheimnisvollen Kräften des Universums und versuchte, die Geister durch seine Gebete zu versöhnen.

Die Macht der Träume

Träume hatten bei den Indianern eine besondere Bedeutung, spiegelten eine andere Wirklichkeit, die gleichberechtigt neben der erlebten Realität stand, in vielen Fällen sogar wichtiger war. Ohne es zu wissen, folgten die Indianer damit der Lehre des griechischen Philosophen Plato, der die sichtbare Welt schon im 4. Jahrhundert vor Christus als „eine mindere Form der Wirklichkeit" darstellte und das Beispiel eines angeketteten Gefangenen brachte, der in den Schatten an der Zellenwand die eigentliche Bedeutung seines Daseins erkannte. In seinen Träumen und Visionen holte sich ein Krieger die Kraft, um im alltäglichen Leben zu bestehen.

Plenty Coups, ein Häuptling der Crow-Indianer, berichtet von einem Traum, in dem er von einer geheimnisvollen Person zu einer alleinstehenden Hütte geführt wurde: „Es brannte kein Feuer, aber es war dennoch hell. Ich sah, dass dort Männer saßen, die ich nicht kannte. Sie saßen im Halbkreis um das Zentrum herum, auf jeder Seite zwei Reihen. Jeder Mann war ein alter Krieger. Ich konnte das an ihren Gesichtern und ihrem Benehmen erkennen.

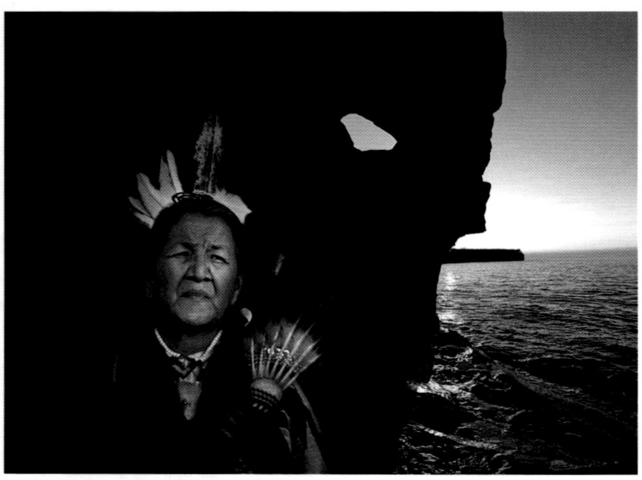

Schon die Gesellschaft der prähistorischen Indianer im ersten Jahrtausend n. Chr. war in Clans organisiert, die durch die Familie der Mutter bestimmt wurden. Jeder Clan besaß eigene Felder und einen eigenen Zeremonienraum.

‚Warum hast du diesen jungen Mann in unsere Hütte gebracht?', sagte einer zu meinem Begleiter. ‚Wir wollen ihn nicht. Er ist nicht von unserer Art und hat deshalb keinen Platz unter uns verdient.' Die Worte kamen aus dem Süden, und mein Herz begann zu sinken.

Ich drehte mich, um zu sehen, wer auf der Südseite saß, und begann mich zu fürchten. Da waren der Wind, die bösen Stürme, der Donner, der Mond und viele Sterne, alle mächtig und jeder von ihnen tapferer und stärker als ein Mensch.

‚Komm, Plenty Coups, setz dich zu uns!' Diese Stimme war freundlich und kam aus dem Norden. ‚Nimm dies', sagte die Person im Norden und gab mir mehrere schöne Federn eines Adlers.

Ich sah in die Augen des Mannes. Er war ein Zwerg, ein Anführer der Kleinen Menschen, die bei dem Medizinfelsen wohnen, wo wir die steinernen Pfeilspitzen herstellen.

‚Er wird ein Anführer sein', sagte der Zwergenhäuptling. ‚Ich kann ihm nichts geben. Er besitzt schon die Kräfte, die man benutzen muss, um groß zu werden. Lasst ihn seine Sinne kultivieren, lasst ihn die Macht gebrauchen, die ihm der Schöpfer gegeben hat, und er wird weit gehen. Der Unterschied zwischen den Menschen resultiert aus dem Gebrauch oder Missbrauch der Kräfte, die ihnen der Schöpfer gegeben hat.'

Dann sagte er zu mir: ‚Plenty Coups, wir, die Zwerge, die Kleinen Leute, haben dich adoptiert und werden dich durch die Welt begleiten. Wir können dir keinen Medizinbeutel geben, diese Dinge sind einem Krieger oft genug im Weg. Stattdessen werden wir dir einige Ratschläge geben. Höre uns zu!

In dir und allen Menschen stecken natürliche Kräfte. Du hast einen Willen. Lerne ihn anzuwenden. Lass ihn für dich arbeiten. Schärfe deine Sinne, wie du dein Messer schärfst. Erinnere dich daran, dass der Wolf besser riechen kann, weil er gelernt hat, dass er von seiner Nase abhängt. Sie verrät ihm jedes Geheimnis, das der Wind herumträgt, weil er sie ständig benutzt und sie für sich arbeiten lässt. Wir können dir gar nichts geben. Du besitzt schon alles, was man braucht, um groß zu werden. Benutze deine Kräfte. Lass sie für dich arbeiten, dann wirst du Häuptling werden.'

Als ich erwachte, schwitzte ich. Während ich in den frühen Morgenhimmel blickte, der im Norden heller wurde, ging ich in Gedanken noch einmal alles durch. Ich sah ein und verstand, dass ich alles aus eigener Kraft schaffen musste, dass ich die Dinge tun musste, die ich gerne tat. Und ich wusste, dass ich mein Ziel erreichen konnte, wenn ich die Kräfte gebrauchte, die mir der Schöpfer gegeben hatte. Ich hatte einen Willen und würde ihn gebrauchen, ich würde ihn für mich arbeiten lassen, wie es mir die Kleinen Leute geraten hatten. Ich war sehr glücklich, als ich dort lag und in den Himmel blickte. Mein Herz begann wie ein Vogel zu singen, und ich ging zurück ins Dorf. Keiner brauchte mir die Bedeutung meines Traumes zu erklären. Ich nahm ein Schwitzbad und ruhte in der Hütte meines Vaters. Ich kannte mich jetzt selbst."

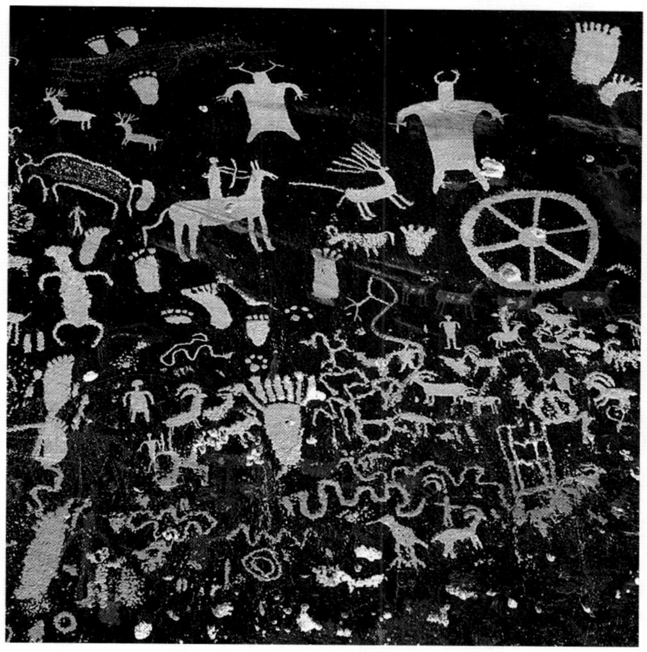

Die Bilder auf dem Newspaper Rock in Utah reichen über zweitausend Jahre zurück und berichten vom abenteuerlichen Leben der prähistorischen Anasazi, der Navajo mit ihren Schafherden und der weißen Siedler im 19. Jahrhundert.

Seite 26/27:
„Die Erde ist ein Teil meines Körpers, und ich werde sie niemals aufgeben. Solange diese Erde besteht, möchte ich nicht mehr darüber sprechen. Das ist alles, was ich zu sagen habe."
Toohulhulsote (Smohalla)

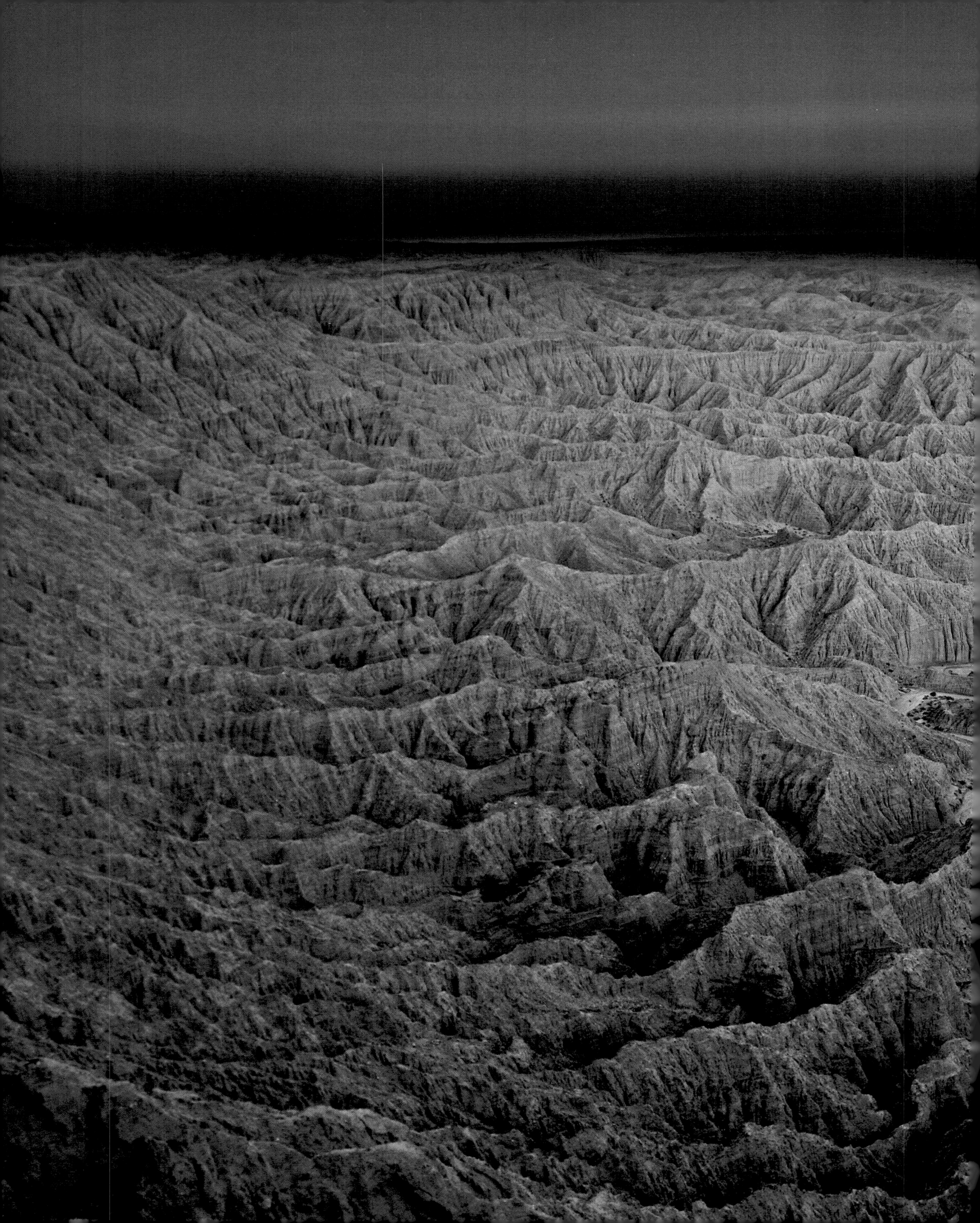

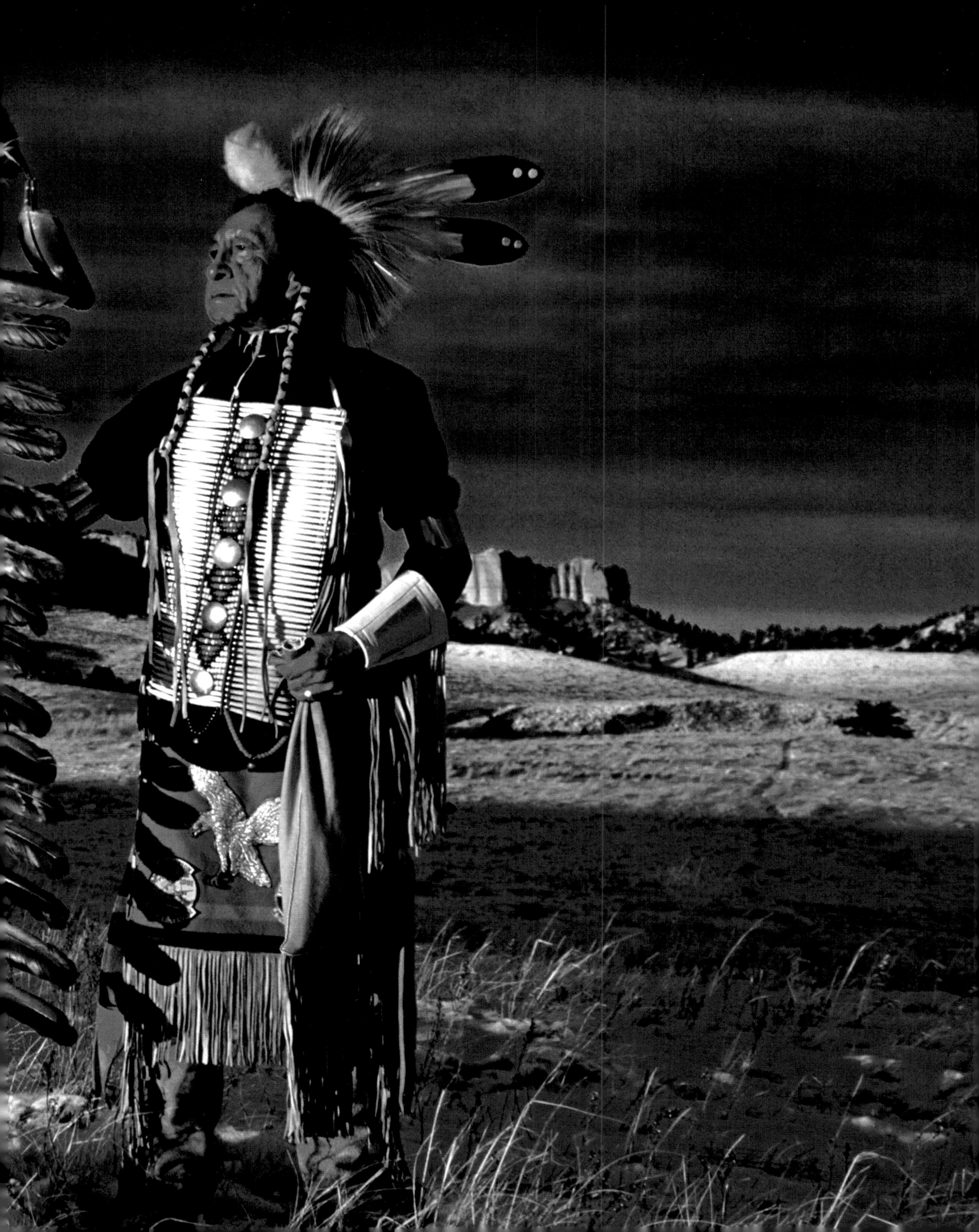

Unten:
Chief Delvis Heath Jr. vom Warm Springs Tribe in Oregon posiert in der Kleidung eines Häuptlings der Prärieindianer und erzählt von den großen Zeiten, als riesige Büffelherden über die Prärie zogen.

Rechts:
„Gestern sah ich die Sonne zu letzten Mal untergehen. Ich sah zum letzten Mal ihr Licht durch die Bäume scheinen. Ich sah zum letzten Mal das Land und das Wasser. Ich bin sehr traurig."
Menewa (Creek)

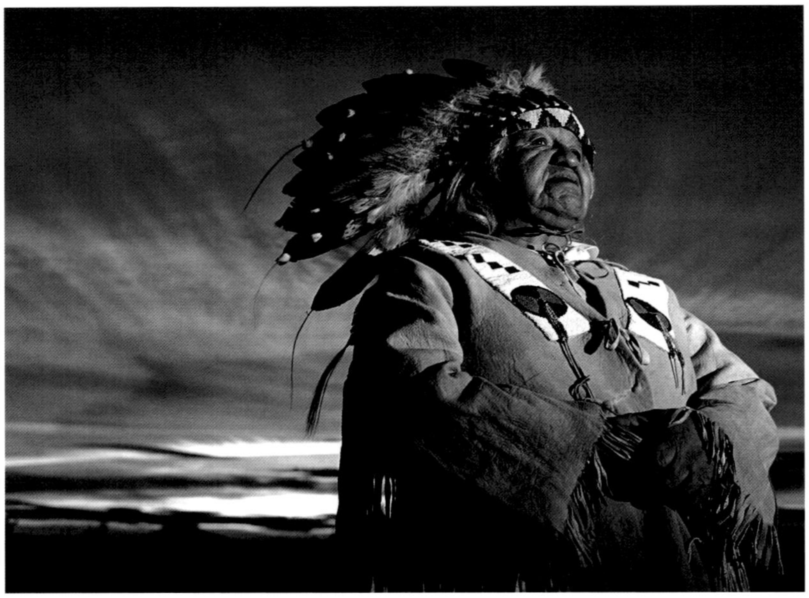

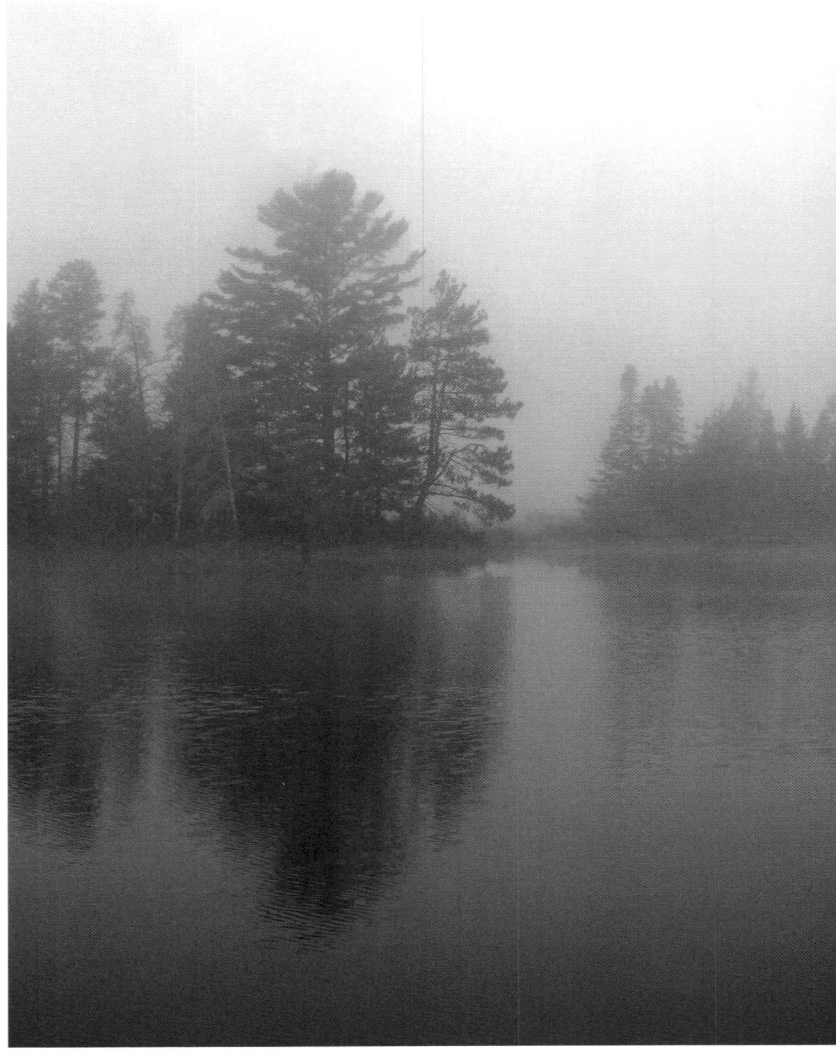

Rechts:
„Ich war sehr verletzt, als ich beobachten musste, wie die großen Wälder, in denen meine Vorfahren lebten und starben, der Zivilisation zum Opfer fielen. Früher lauschte ich den Vögeln, jetzt höre ich andere Stimmen."
Simon Pakoon (Potawatomi)

Rechts Mitte:
„In diesem Land gibt es viele Fichten und Eichen, die sehr wertvoll für den Weißen Mann sind. Er schickt das Holz in fremde Länder und verdient sehr viel Geld damit."
Doublehead (Creek)

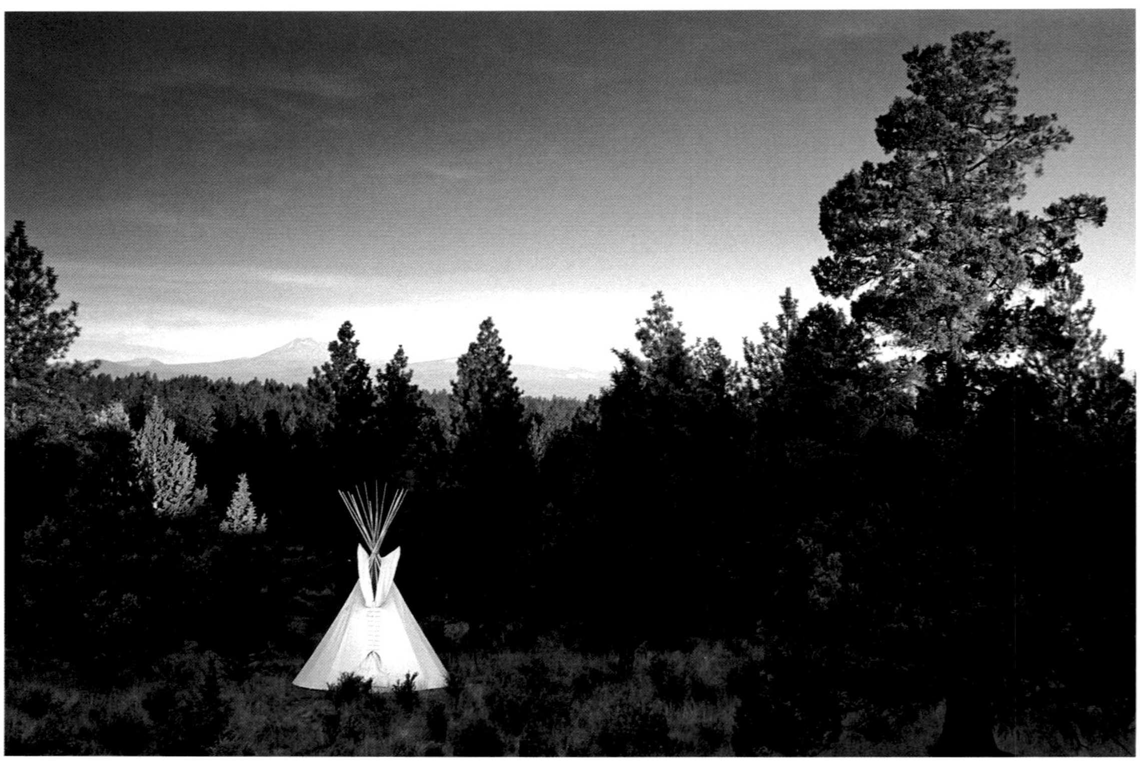

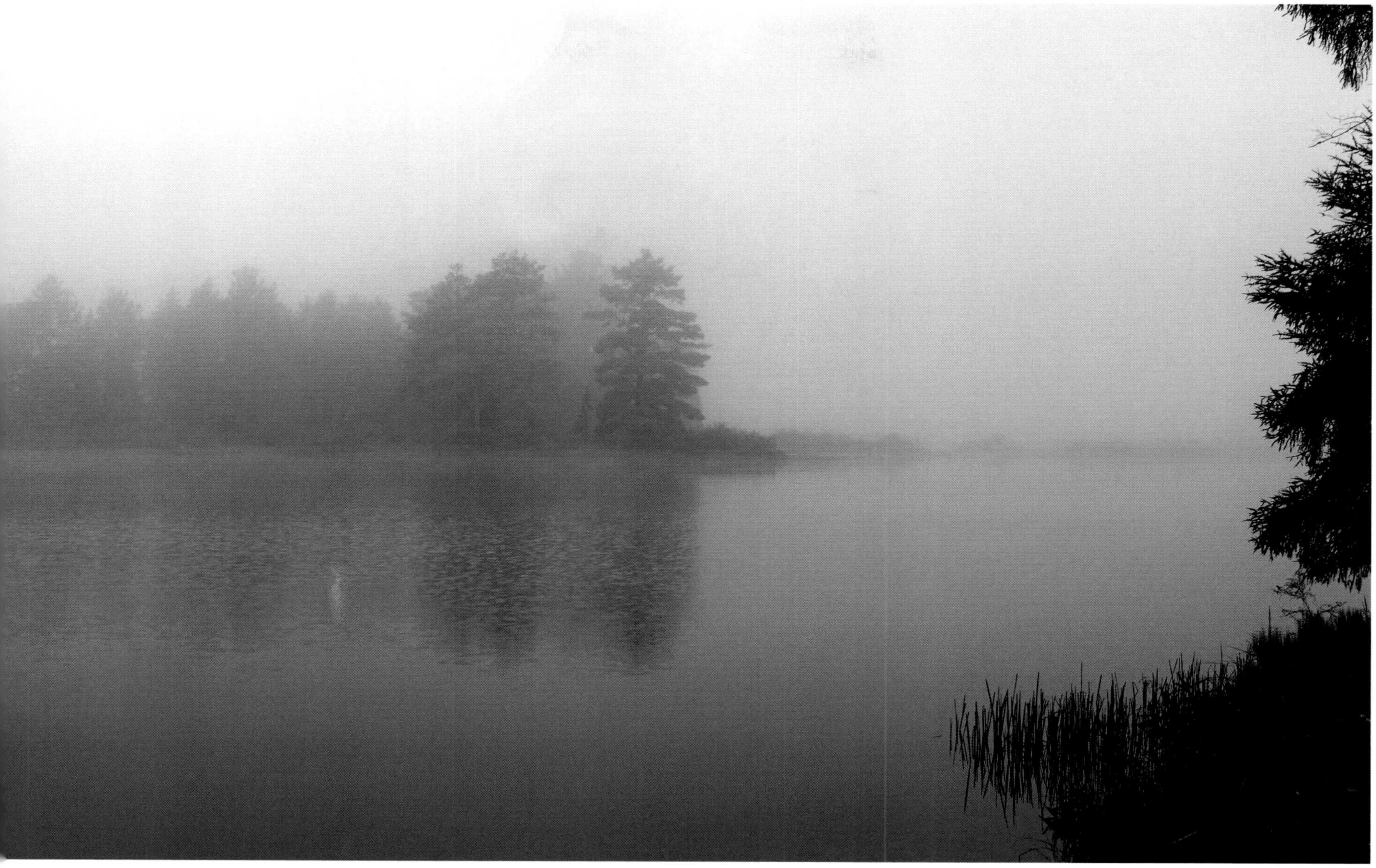

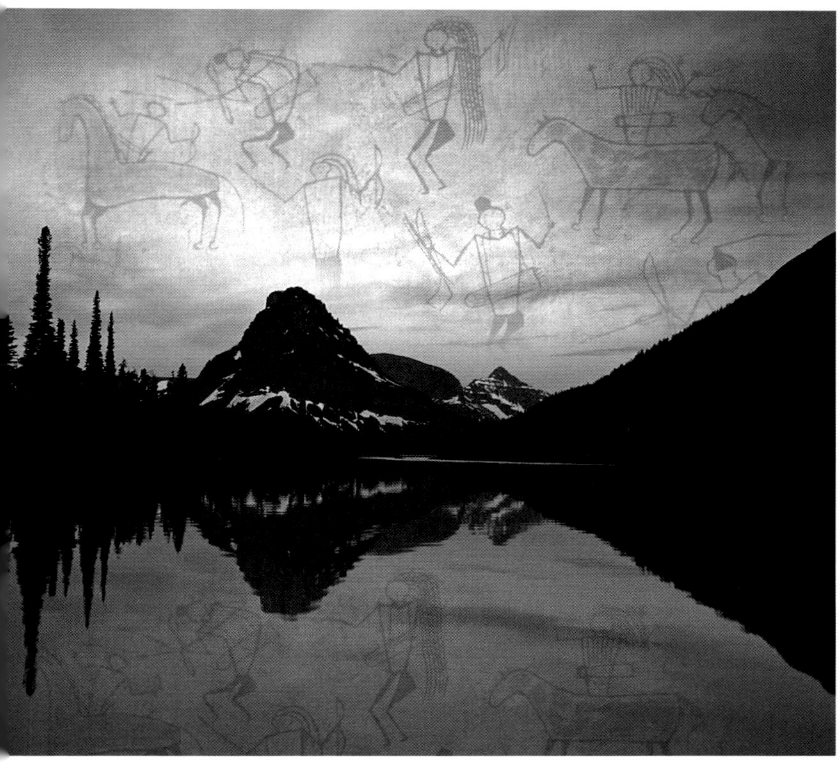

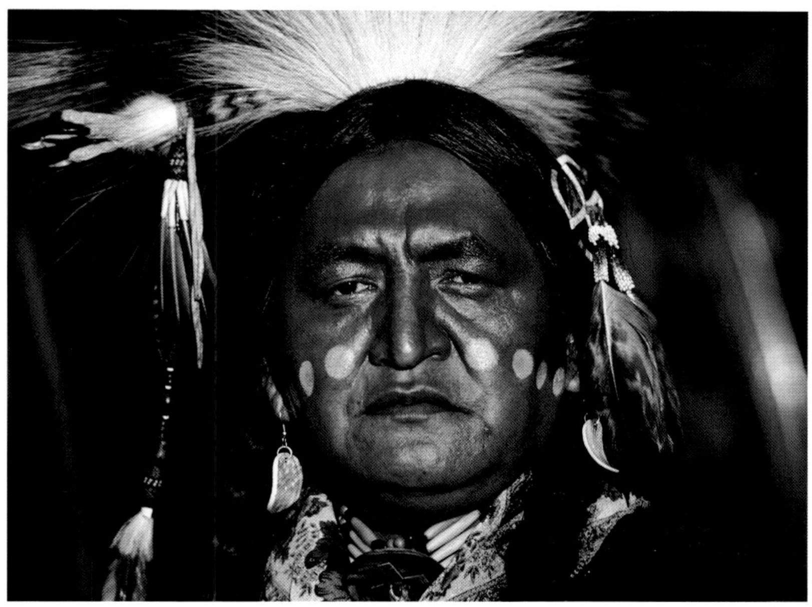

Oben:
„Du befiehlst mir, die Erde zu pflügen. Soll ich ein Messer nehmen und den Busen meiner Mutter zerschneiden? Du befiehlst mir, nach Steinen zu graben. Soll ich unter ihrer Haut nach Knochen graben?“
Smohalla (Wanagum)

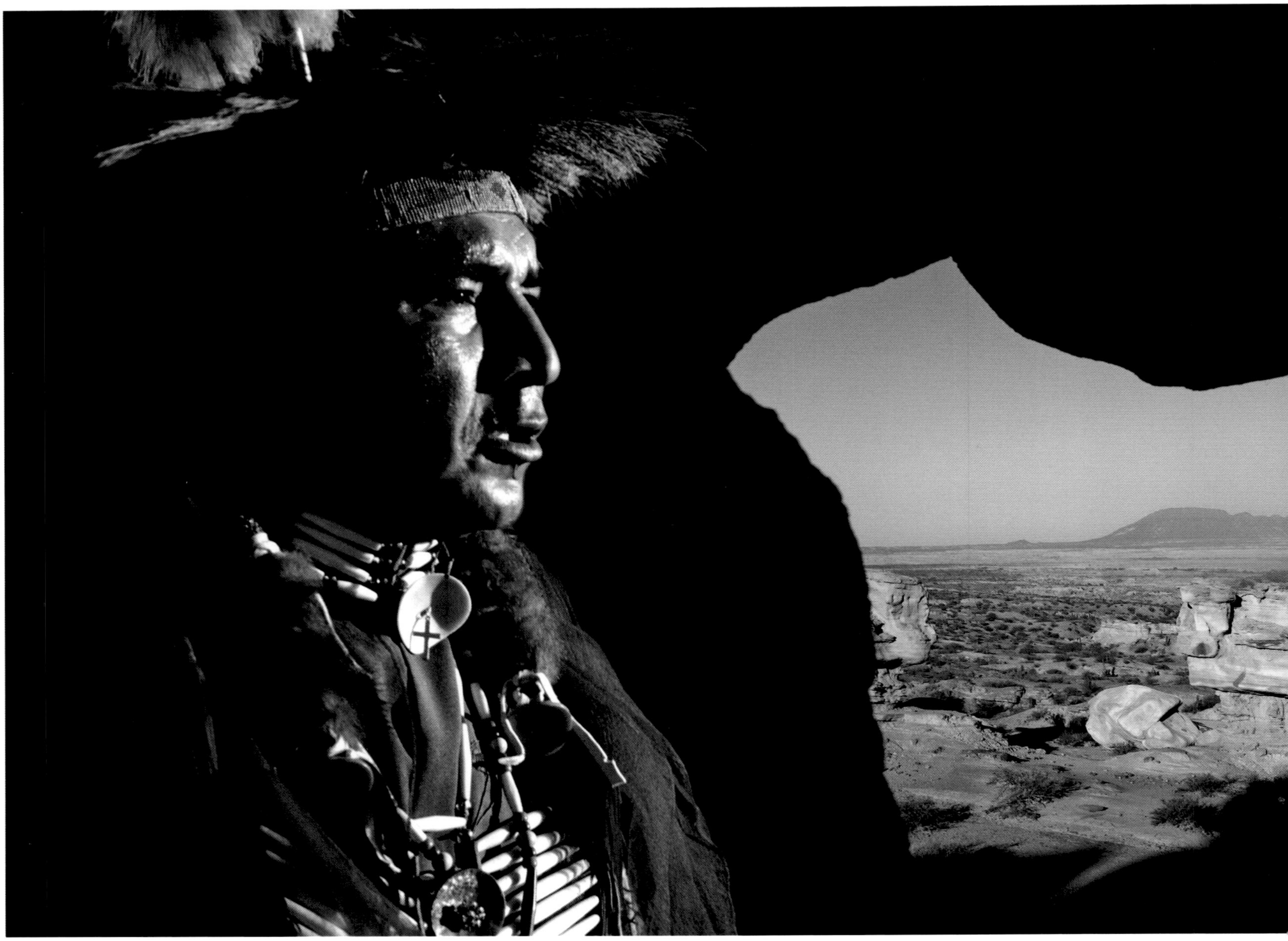

Oben:
Der Legende nach arbeiteten sich die Navajo durch drei Welten zu unserer vierten Glitzerwelt empor. Die „Heiligen Leute“, ein mythisches Volk, lehrten sie, im Einklang mit der Natur zu leben und markierten ihre Welt durch vier Berge.

Rechts:
Die Prärieindianer kannten keine Schrift. Sie dokumentierten ihre Vergangenheit in mündlich weitergegebenen Geschichten und Liedern und auf bemalten Büffelhäuten, von denen einige in Museen überlebten.

Rechts Mitte:
Die prähistorischen Anasazi sollen mit mexikanischen Hochkulturen in Verbindung gestanden und sogar einen Kalender entwickelt haben, der sich nach dem Stand der Sonne richtete.

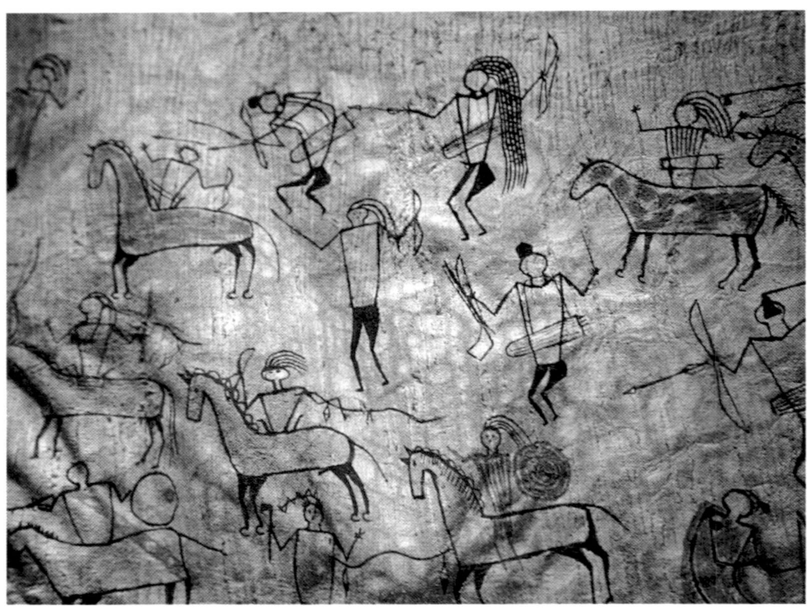

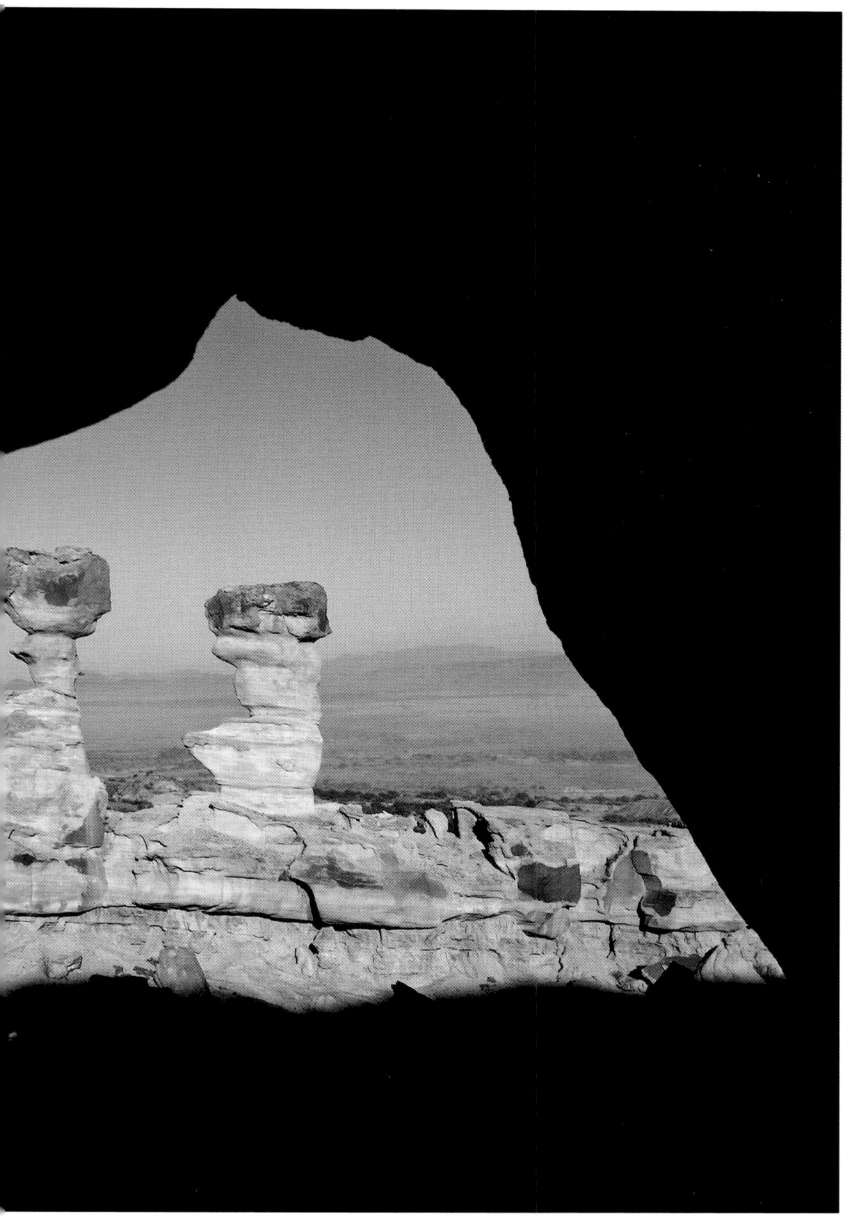

Unten:
In den Black Hills entsteht eine überlebensgroße Felsskulptur des Lakota-Kriegerhäuptlings Crazy Horse. Aus Furcht vor den Geistern ließ sich der scheue Anführer niemals fotografieren oder malen.

Ganz unten:
Breite Straßen führten durch den Chaco Canyon und andere Schluchten und verbanden die Dörfer untereinander und mit den Siedlungen hoch entwickelter Völker im mexikanischen Hochland.

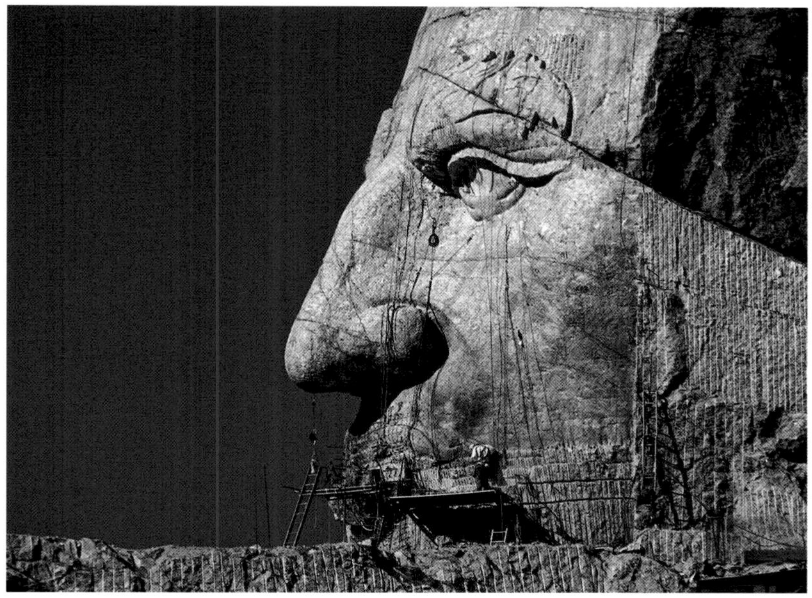

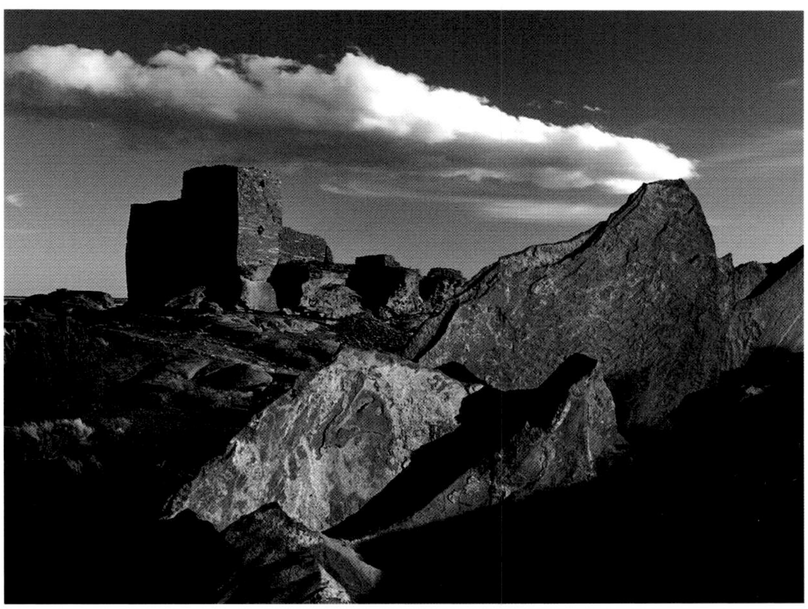

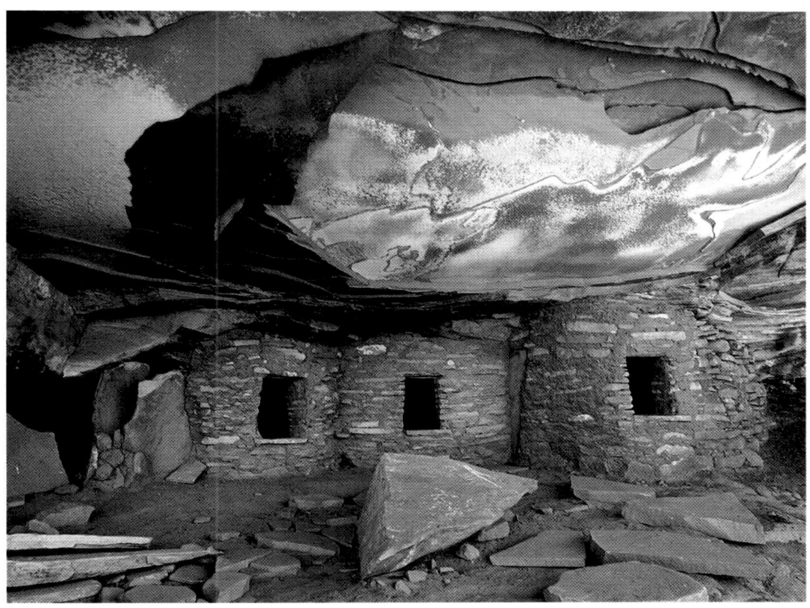

An kalten Abenden zogen sich die indianischen Familien in ihre Tipis zurück. Am wärmenden Feuer lauschten sie den Geschichten und Liedern des Geschichtenerzählers, meist ein weiser Mann des Volkes.

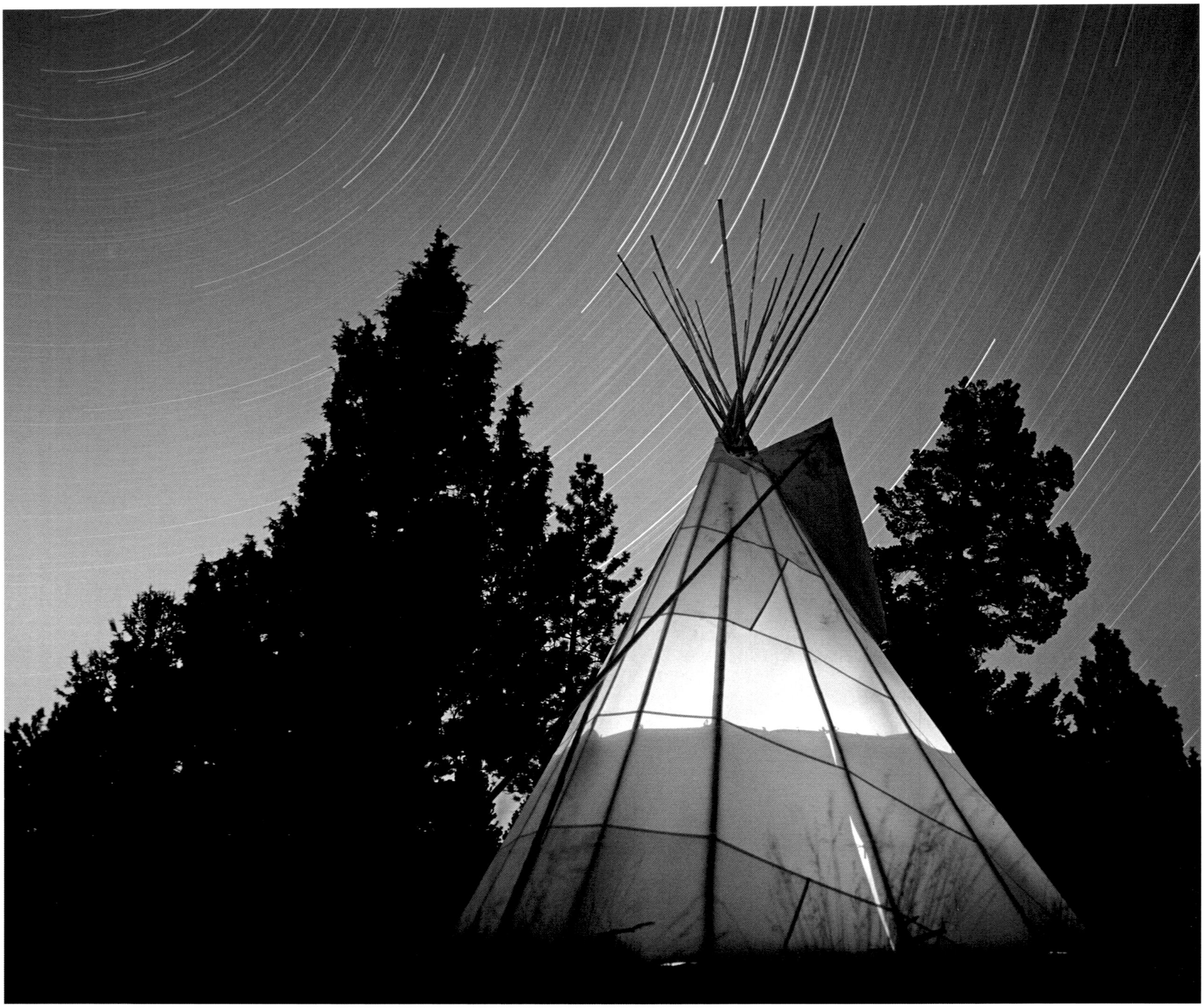

Nur im Krieg konnte man zum Mann werden, nur ein tapferer Krieger wurde von den Frauen geschätzt. Nichts war schlimmer als Feigheit. Kühnheit und Wagemut gehörten zu den höchsten Tugenden.

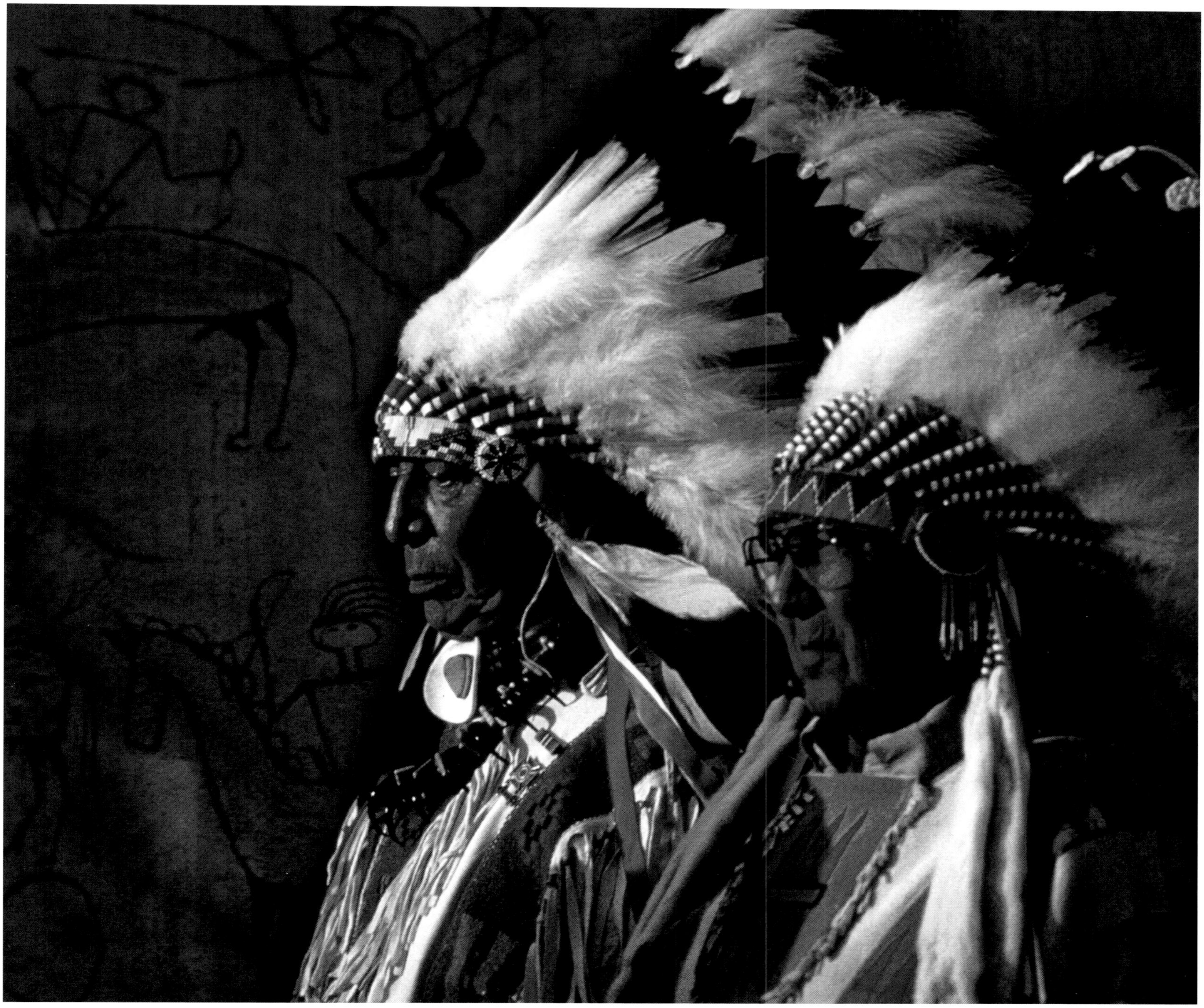

Mother Earth –
die Erde ist unsere Mutter

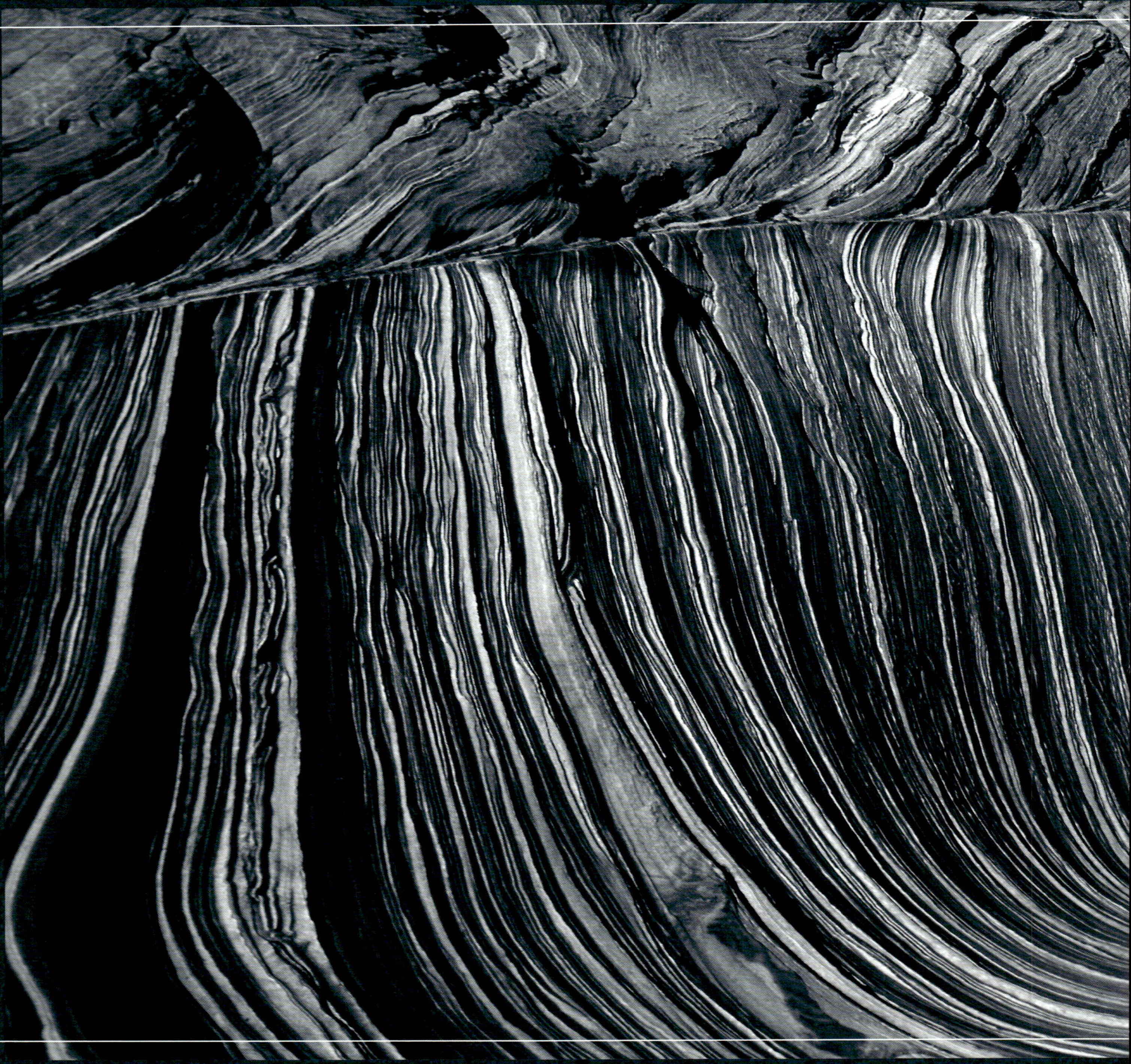

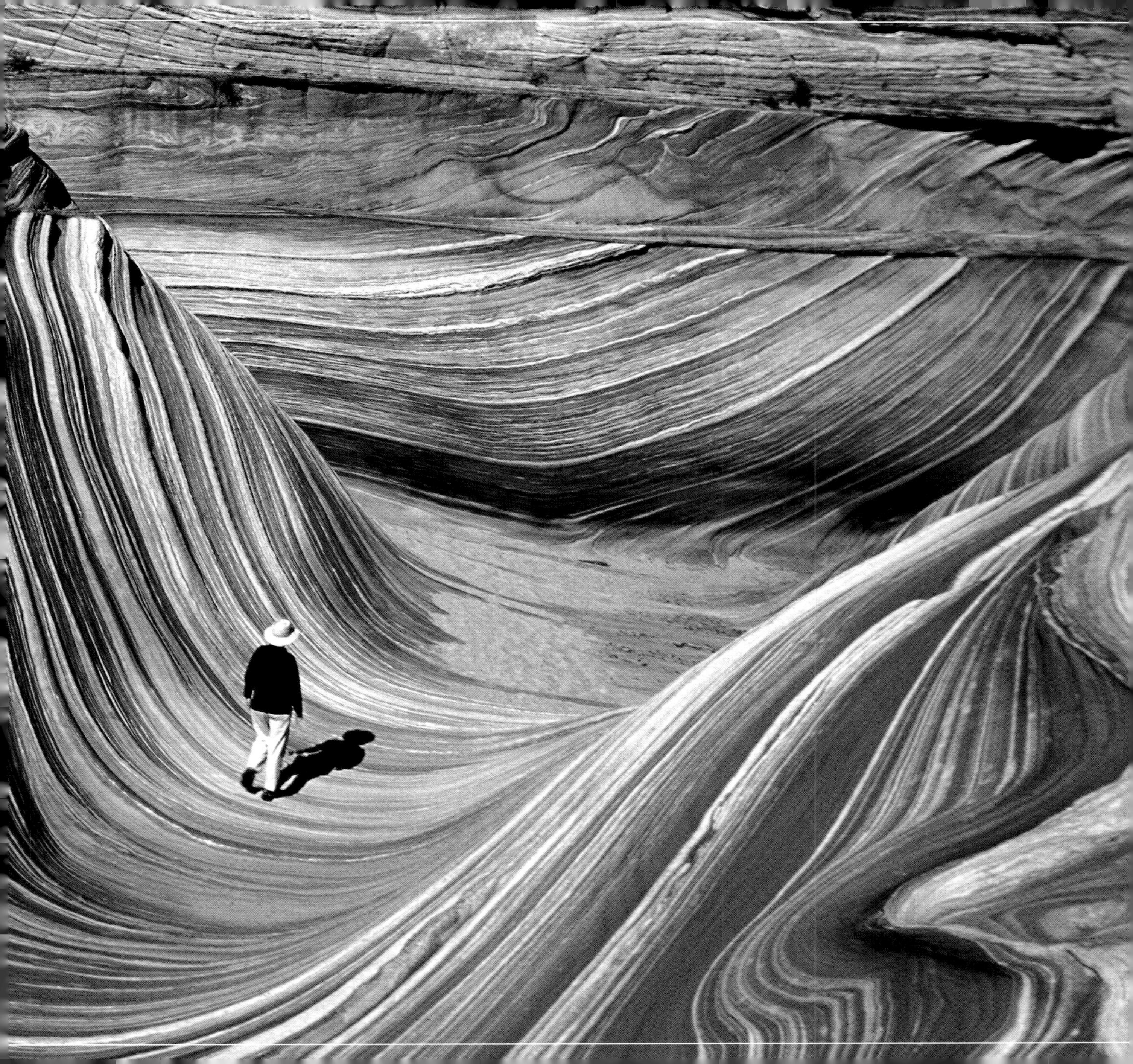

Mother Earth – die Erde ist unsere Mutter

Ich verkünde hiermit, dass ich nicht beabsichtige, irgendeinen Teil meines Landes zu verkaufen. Ich werde den Weißen auch nicht erlauben, die Eichen am Fluss zu fällen. Ich liebe die Eichen. Ich schaue sie gern an und respektiere sie.“

Sitting Bull (Sioux)

Dieses Weltbild vertreten auch die Wintu-Indianer in Kalifornien, die in einem dicht bewaldeten Gebiet lebten. Als weiße Goldsucher kamen und die Erde aufrissen, erhob sich eine alte Frau und sagte: „Die Weißen haben unser Land, das Wild und die Bären niemals geachtet. Wenn wir Indianer ein Tier töten, dann essen wir alles Fleisch auf. Wenn wir Wurzeln ausgraben, machen wir kleine Löcher. Wenn wir Häuser bauen, machen wir kleine Löcher. Wenn wir Gras wegen der Heuschrecken verbrennen, zerstören wir das Land nicht. Wir schütteln Eicheln und Nüsse herunter, wir fällen die Bäume nicht. Wir benutzen nur totes Holz. Aber die Weißen pflügen den Boden, reißen die Bäume nieder, töten alles. Der Baum sagt: ‚Tut es nicht! Ich bin wund. Fügt mir keine Schmerzen zu!‘ Aber sie reißen ihn nieder und zerhacken ihn. Der Geist des Landes verachtet sie. Sie sprengen die Bäume heraus und erschüttern die Erde. Sie zersägen die Bäume. Das tut ihnen weh. Die Indianer verletzen nie irgend etwas, aber die Weißen zerstören alles. Sie sprengen Felsen und verteilen sie auf dem Erdboden. Der Felsen sagt: ‚Tut es nicht! Ihr tut mir weh!‘ Aber die Weißen achten nicht darauf. Wenn die Indianer Felsen benutzen, greifen sie nach den kleinen runden, um damit zu kochen. Wie kann der Geist der Erde die Weißen lieben? Überall dort, wo der Weiße Mann die Erde berührt hat, ist sie wund.“

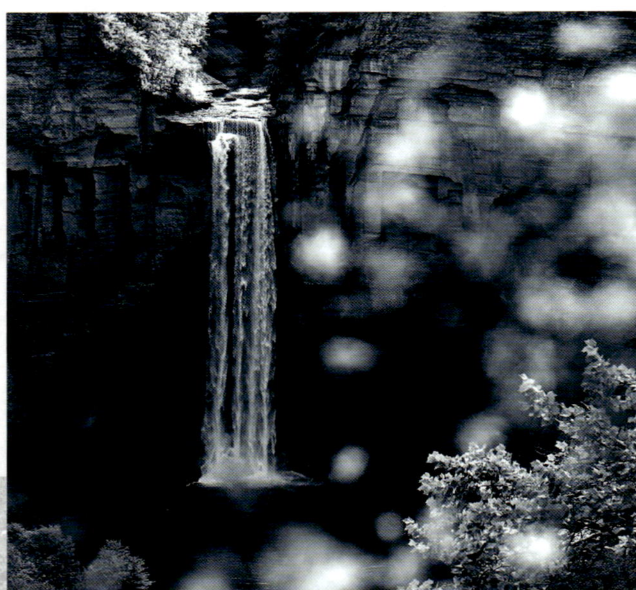

„Wenn ich durch den Wald laufe, höre ich die Bäume sprechen. Wenn ich einen Felsen betrachte, spüre ich seine Gedanken. Wakan Tanka ist überall. Ich brauche keine Kirche, um mit ihm zu sprechen.“
Ron Hawks (Sioux)

Die Pilgerväter waren zunächst mit den Indianern ausgekommen. Sie hatten, als sie in ihrer Heimat verfolgt wurden, im Jahre 1620 die Flucht in die Neue Welt ergriffen und strebten dort ein friedliches Nebeneinander mit den Stämmen an. Schon wenige Jahre später aber kam es zu

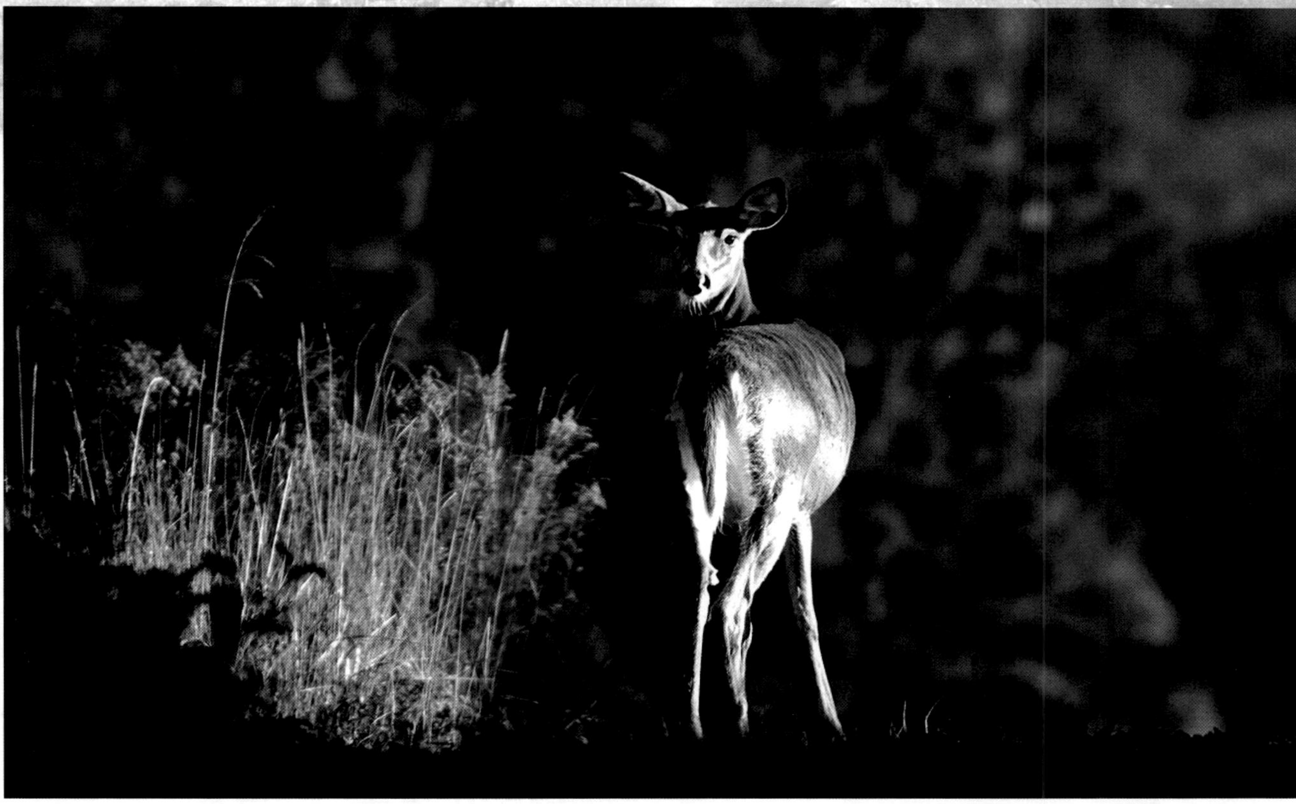

Wenn indianische Krieger ein Wild erlegt hatten, entschuldigten sie sich bei seiner trauernden Seele: „Du musstest sterben, um mich am Leben zu erhalten, so wie mein Körper einmal andere Lebewesen ernähren wird.“

den ersten Auseinandersetzungen. Immer mehr weiße Siedler strömten aus Europa herbei und hofften, in Amerika eine neue Heimat zu finden. Die Suche nach Lebensraum, oft aber auch nur pure Neugier und Abenteuersucht trieben sie nach Westen, in die Heimat zahlreicher Indianerstämme, die versuchten, im Einvernehmen mit der Natur zu leben. Es kam zu Missverständnissen, vereinzelten Scharmützeln und blutigen Kämpfen, die vor allem auf die kulturellen Unterschiede und die voneinander abweichenden Denkweisen der beiden Völker zurückzuführen waren.

Viele Weiße wollten den Indianern das Land abkaufen, stießen jedoch bei den Häuptlingen auf Unverständnis, weil die Erde nach indianischem Glauben eine Seele besaß und deshalb gar nicht verkauft werden konnte. „Unser Land verkaufen?“, rief der legendäre Häuptling Tecumseh im Jahre 1810 entrüstet. „Warum nicht die Luft, das Meer und die Erde? Schuf der Große Geist die Erde nicht zum Nutzen aller seiner Kinder?“ Ähnlich äußerten sich andere Häuptlinge, wenn sie von den Weißen zu Verhandlungen gezwungen wurden. Die Konföderierten Stämme, ein Stammesbund der Waldindianer im Gebiet

Nach dem Verständnis der Indianer war es bereits ein Frevel, wenn Siedler den Boden pflügten, um etwas wachsen und gedeihen zu lassen. Sie wollten die Natur in ihrem Urzustand behalten.

der Großen Seen, versuchten, den Engländern und Franzosen vergeblich klarzumachen, dass sie das Land nicht verkaufen durften, weil nur der Große Geist das Recht besaß, darüber zu verfügen. Den Weißen, die immer noch dem materialistischen Denken der europäischen Fürsten und Könige verhaftet waren, war diese Haltung fremd und unverständlich. Sie beantworteten die Beschwörungen der Indianer mit Gewalt.

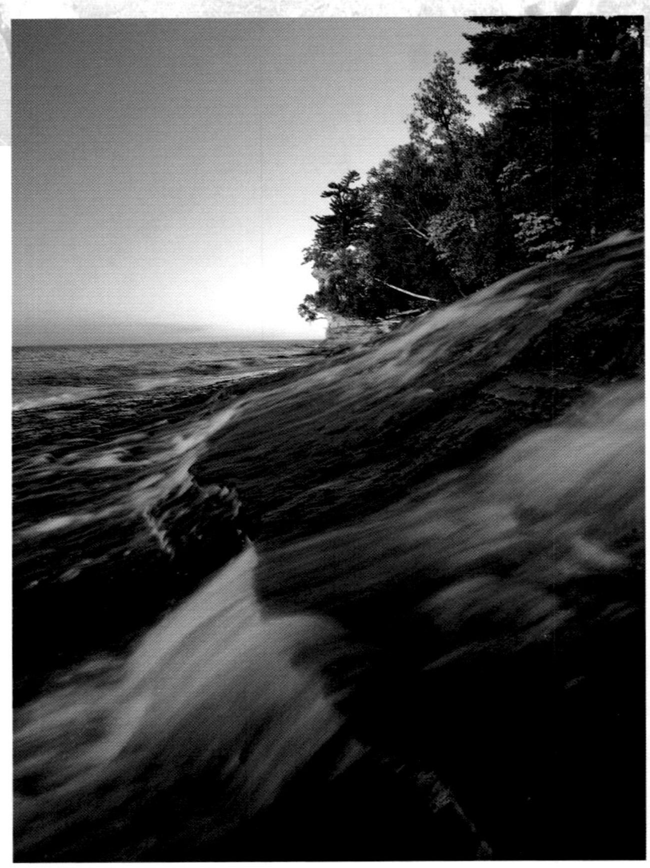

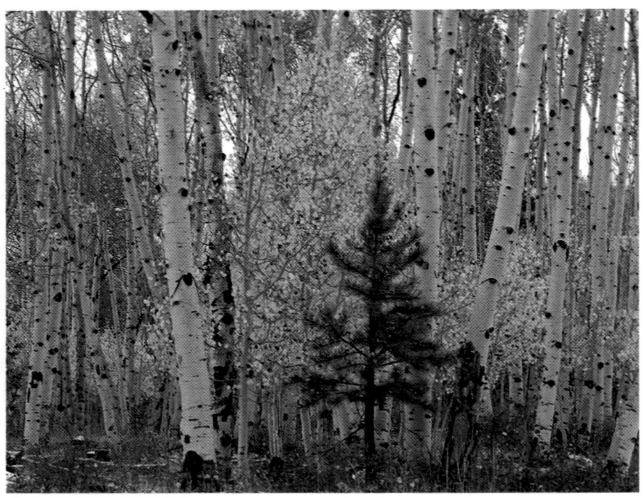

Die Indianer begegneten der Natur mit großer Ehrfurcht. Durch ein rücksichtsloses Vorgehen hätten sie das Gleichgewicht des gesamten Universums zerstört und ihre Existenz gefährdet.

Sie besänftigten die Geister mit Gebeten, Tänzen und Gesängen, denn böse Geister konnten dieses Gleichgewicht zerstören, indem sie Überschwemmungen, Sandstürme und andere Katastrophen schickten.

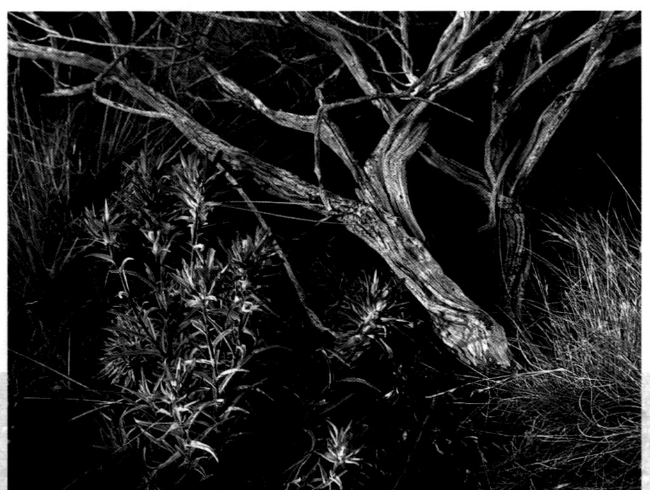

„Ich möchte wissen, ob der Boden irgendetwas zu sagen hat“, meinte Young Chief von den Cayuses vorwurfsvoll, als ihm und seinem Stamm das Land genommen werden sollte. „Ich möchte wissen, ob der Boden hört, was hier gesagt wird. Ich möchte wissen, ob der Boden dann lebendig würde. Obwohl ich auch so höre, was der Boden zu sagen hat. Der Boden sagt, dass der Große Geist mich hierher gebracht hat. Der Große Geist trägt mir auf, mich um die Indianer zu kümmern, sie mit Nahrung zu versorgen. Der Große Geist schuf die Wurzeln,

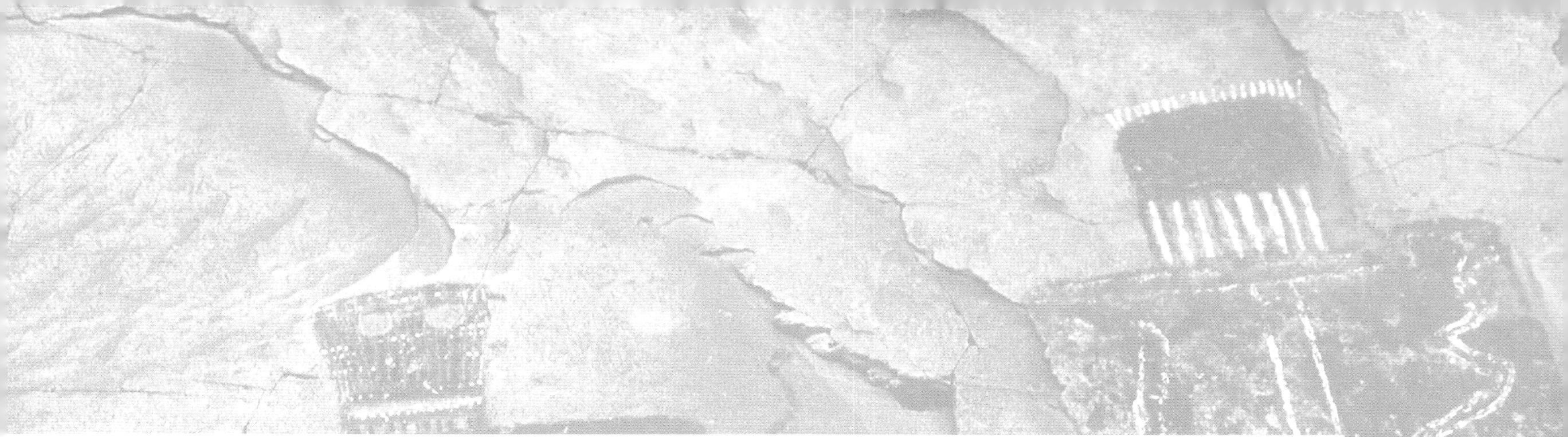

damit die Indianer etwas zu essen haben. Auch das Wasser ist dieser Meinung. Der Große Geist führt mich: Versorge die Indianer mit Nahrung. Auch das Gras ist dieser Meinung: Füttere die Indianer. Der Boden, das Wasser und das Gras sagen, der Große Geist hat uns unsere Namen gegeben. Wir haben diese Namen und behalten sie auch. Der Erdboden sagt, der Große Geist hat mich hierher gebracht, damit ich die Bäume und Früchte und alles produziere, was auf mir wächst. Der Boden sagt auch, aus mir wurde der Mensch gemacht. Der Große Geist setzt den Menschen auf den Boden und möchte, dass er sich um ihn kümmert und ihm keine Schmerzen zufügt ..."

Nach dem Verständnis der Indianer war es bereits ein Frevel, wenn Siedler den Boden pflügten, um etwas wachsen und gedeihen zu lassen. „Gott verdamme die Kartoffel!", rief Häuptling Wahakie von den Schoschonen anklagend, als er sah, wie weiße Farmer die Erde aufrissen und Gemüse anpflanzten. Als gläubiger Schamane verstand er nicht, wie man der Erde solches Leid zufügen konnte. Selbst sesshafte Stämme, die von Ackerbau und Viehzucht lebten, schickten vor der Feldarbeit beschwörende Gebete zum Großen Geist, weil sie einen Teil des Bodens benutzten und sich deshalb schuldig fühlten. Niemals bestellten sie mehr Land, als unbedingt zum Leben notwendig war. Die Indianer verstanden sich selbst als Bestandteil der Natur und zerstörten einen Teil von sich selbst, wenn sie der Natur zu Leibe rückten.

Auf völliges Unverständnis stieß bei ihnen die Profitgier vieler Weißer, die Bäume fällten und das Holz in fremde Länder verkauften oder mit Pickel und Schaufel in die Berge zogen und nach Gold suchten. „Die Weißen sagen, dass wir unser Land nicht nutzen", hielt ein Häuptling der Creek den Eindringlingen vor, „aber wenn wir es behalten, wird es immer Truthähne und Hirsche und Fische geben." Er nahm vorweg, was die Weißen erst im 20. Jahrhundert erkannten: Eine bedenkenlose Ausbeutung der Umwelt muss zwangsläufig zur Zerstörung des Lebensraumes und zu einer Katastrophe führen.

Seite 46/47:
„Jeder Teil dieses Bodens ist nach der Einschätzung meines Volkes heilig. Jeder Berghang, jedes Tal, jede Ebene, jeder Wald (...) alles wurde in längst vergangener Zeit geweiht und geheiligt."
Seattle (Duwamish)

„Der Erdboden sagt, aus ihm wurde der Mensch gemacht. Der Große Geist setzte die Menschen auf die Erde und möchte, dass sie sich um die Erde kümmern und ihr keine Schmerzen zufügen."
Young Chief (Cayuse)

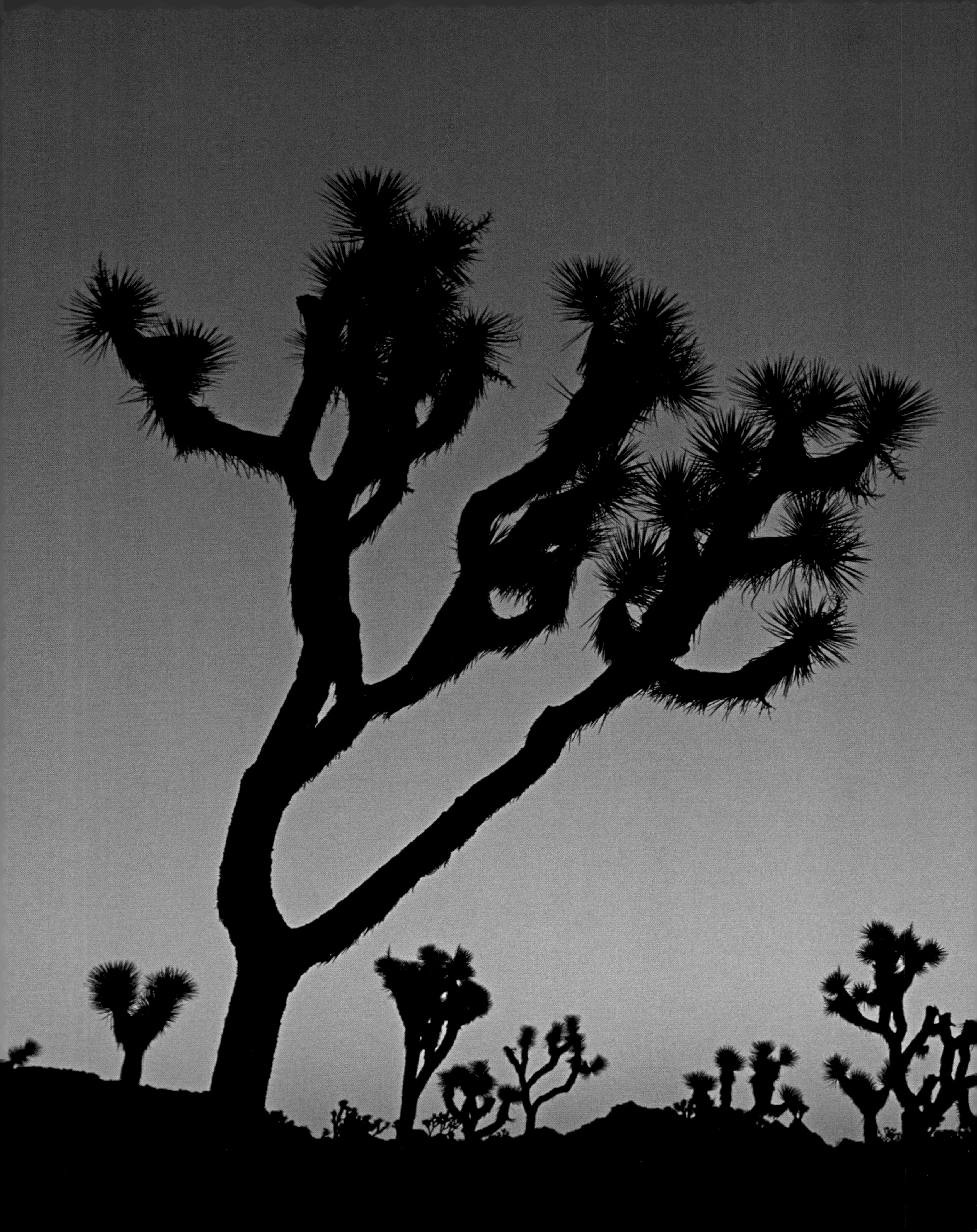

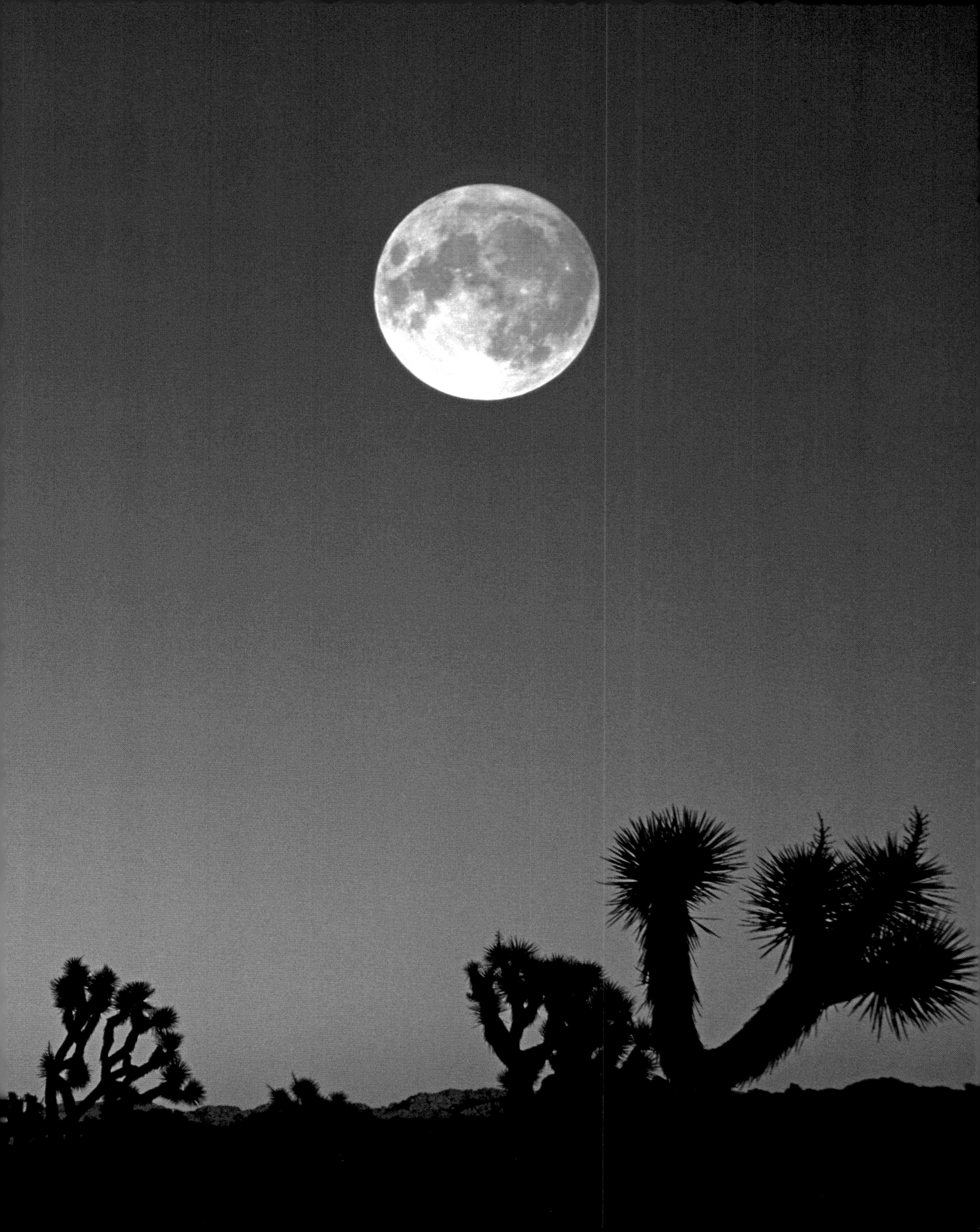

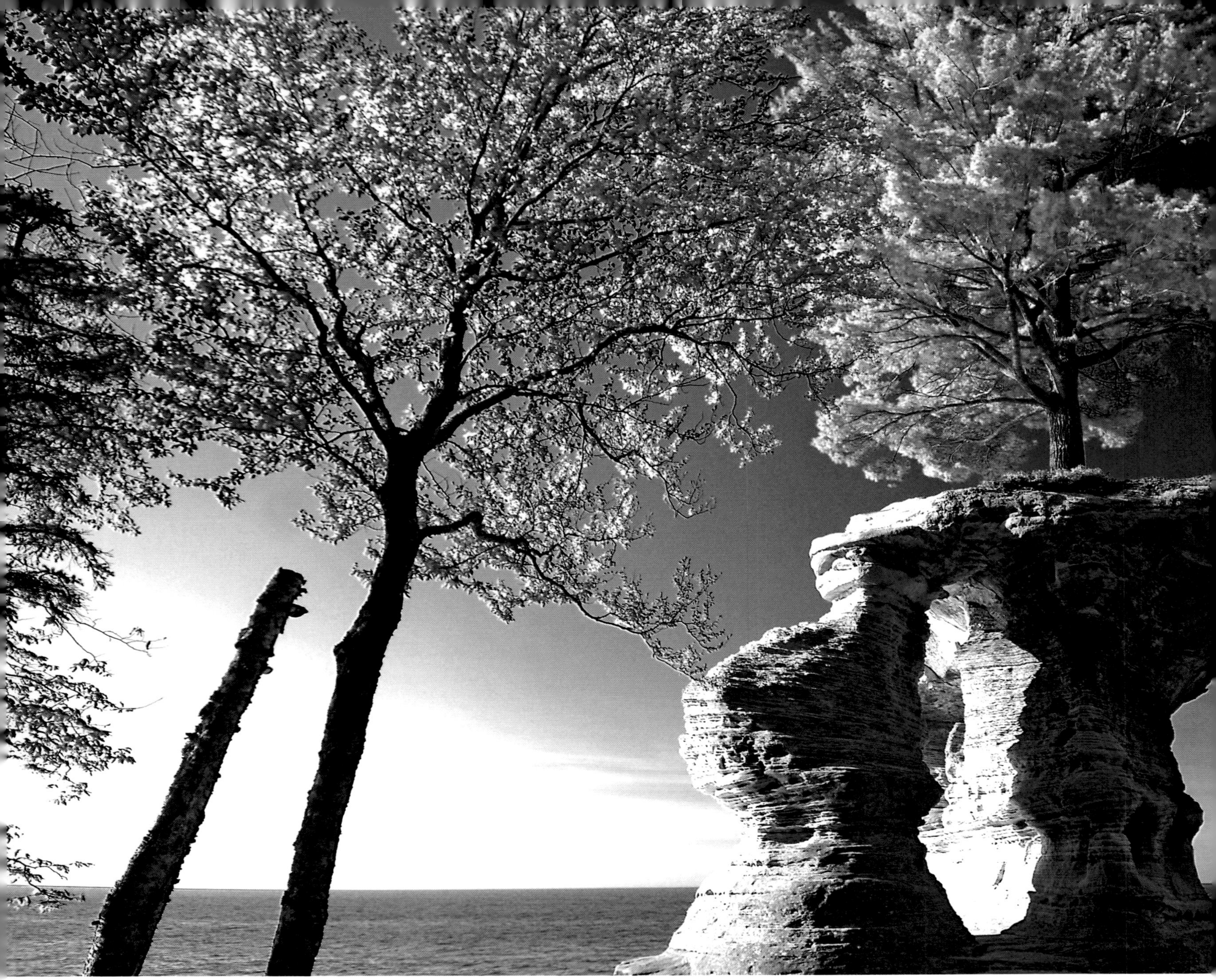

Oben:
In den Wäldern am Ufer der Großen Seen, an der kanadischen Grenze und im Ohio Valley lebten die Waldlandindianer. Sie kamen zuerst mit den Weißen in Berührung und wurden teilweise fast ausgerottet.

Rechts:
Die Weißen brachten wertvolle Handelsgüter wie Werkzeuge und Hausrat, aber auch ansteckende Krankheiten, die vielen Bewohnern der Wälder zum Verhängnis wurden. Der Blue Ridge Parkway führt über ihre Gräber.

Rechts Mitte:
Die weißen Eindringlinge schienen mit den bösen Geistern im Bunde zu sein. Mit ihrer Ankunft kamen Naturkatastrophen wie schwere Stürme und Regenfälle, trockene Sommer und eiskalte Winter und sogar Vulkanausbrüche.

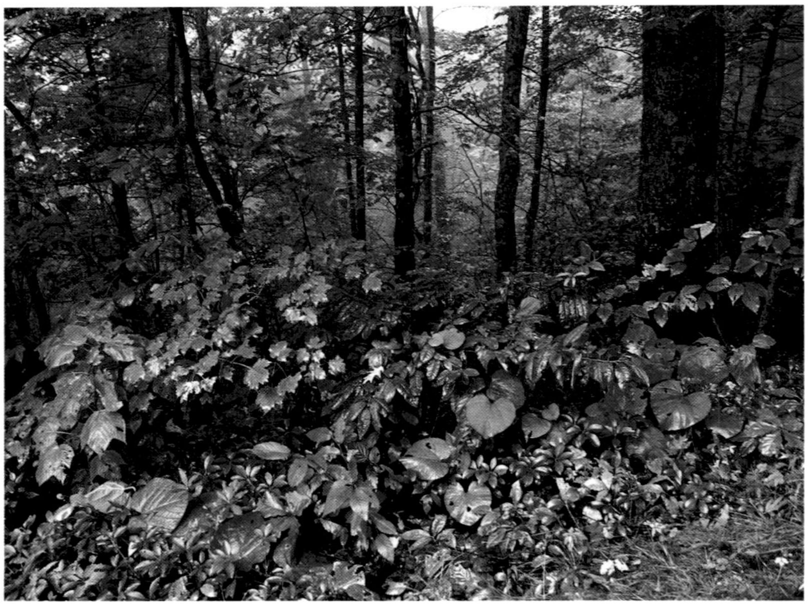

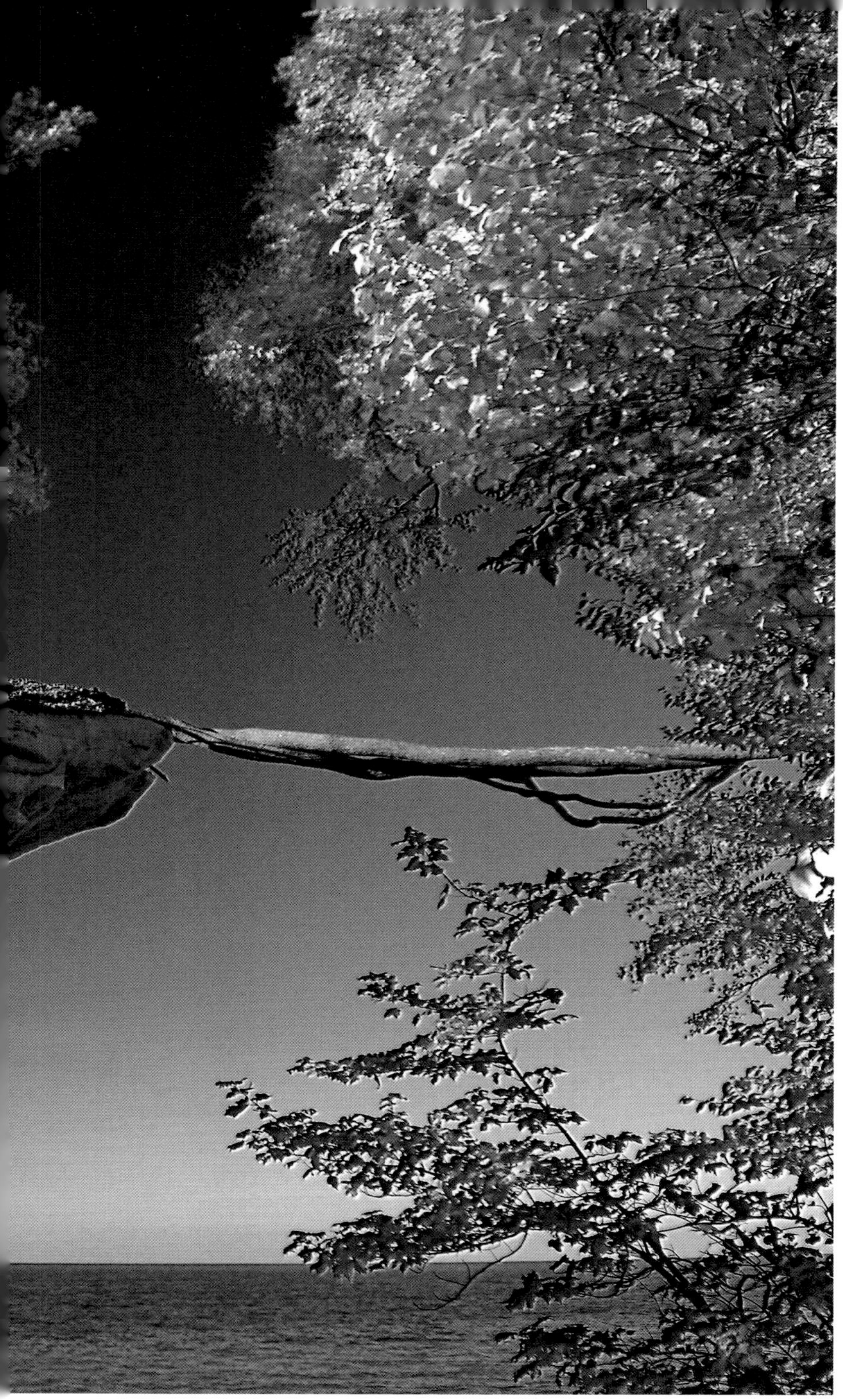

Unten:
„Nur wenn die Weißen etwas von der Denkweise der Indianer übernehmen, die Erde als ihre Mutter betrachten und sich selbst als Teil des Kosmos sehen, gibt es eine Lösung der Umweltprobleme.“
Chief Leonard George (Burrard)

Ganz unten:
Fast alle Dörfer der Waldlandindianer lagen an Flüssen oder Seen, den Transportwegen der östlichen Stämme. Im Wald benutzten die Krieger ein weit verzweigtes Netz von Jagdpfaden.

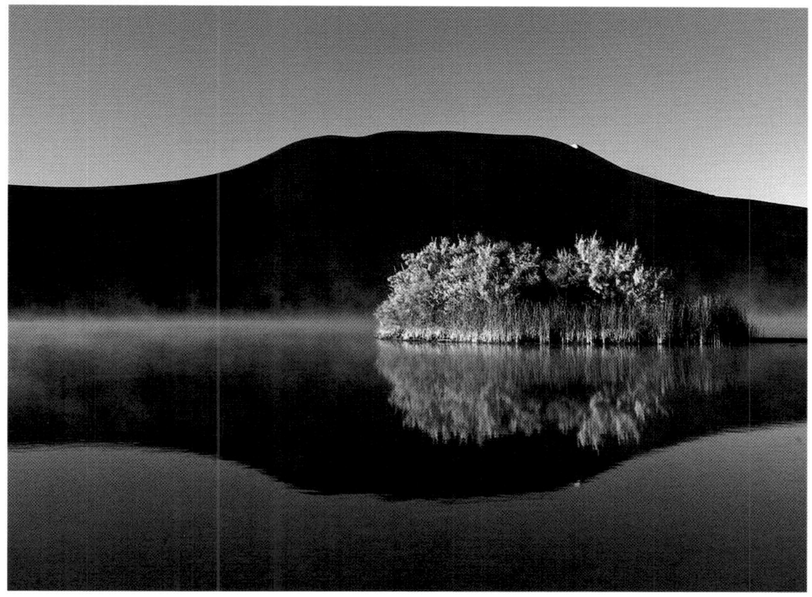

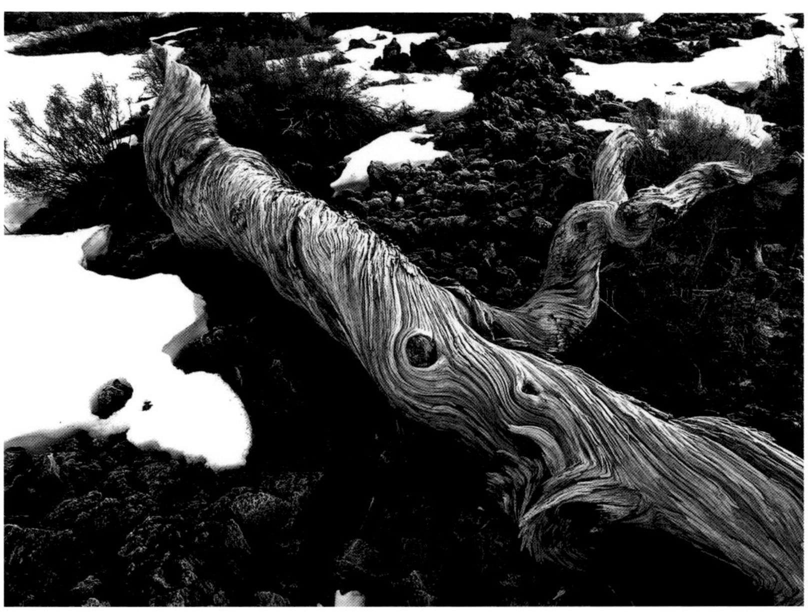

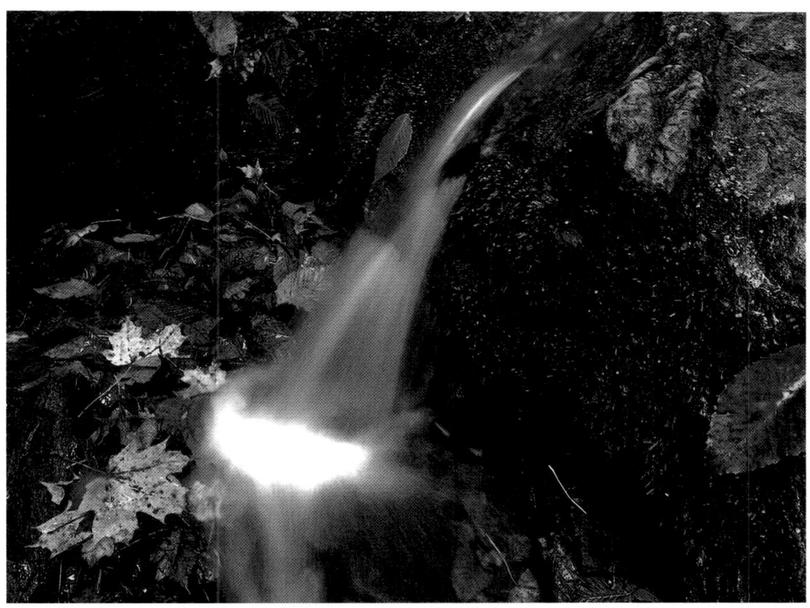

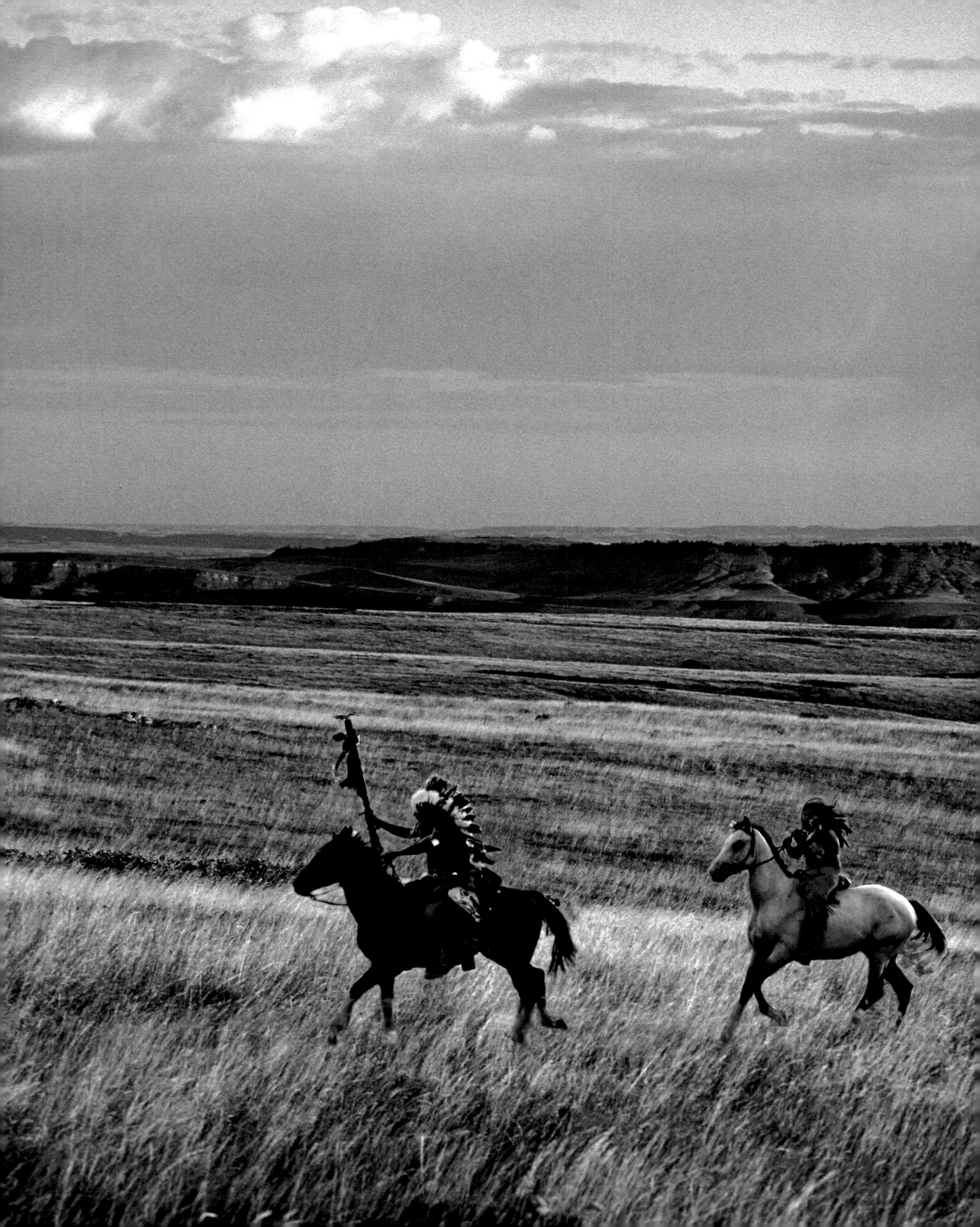

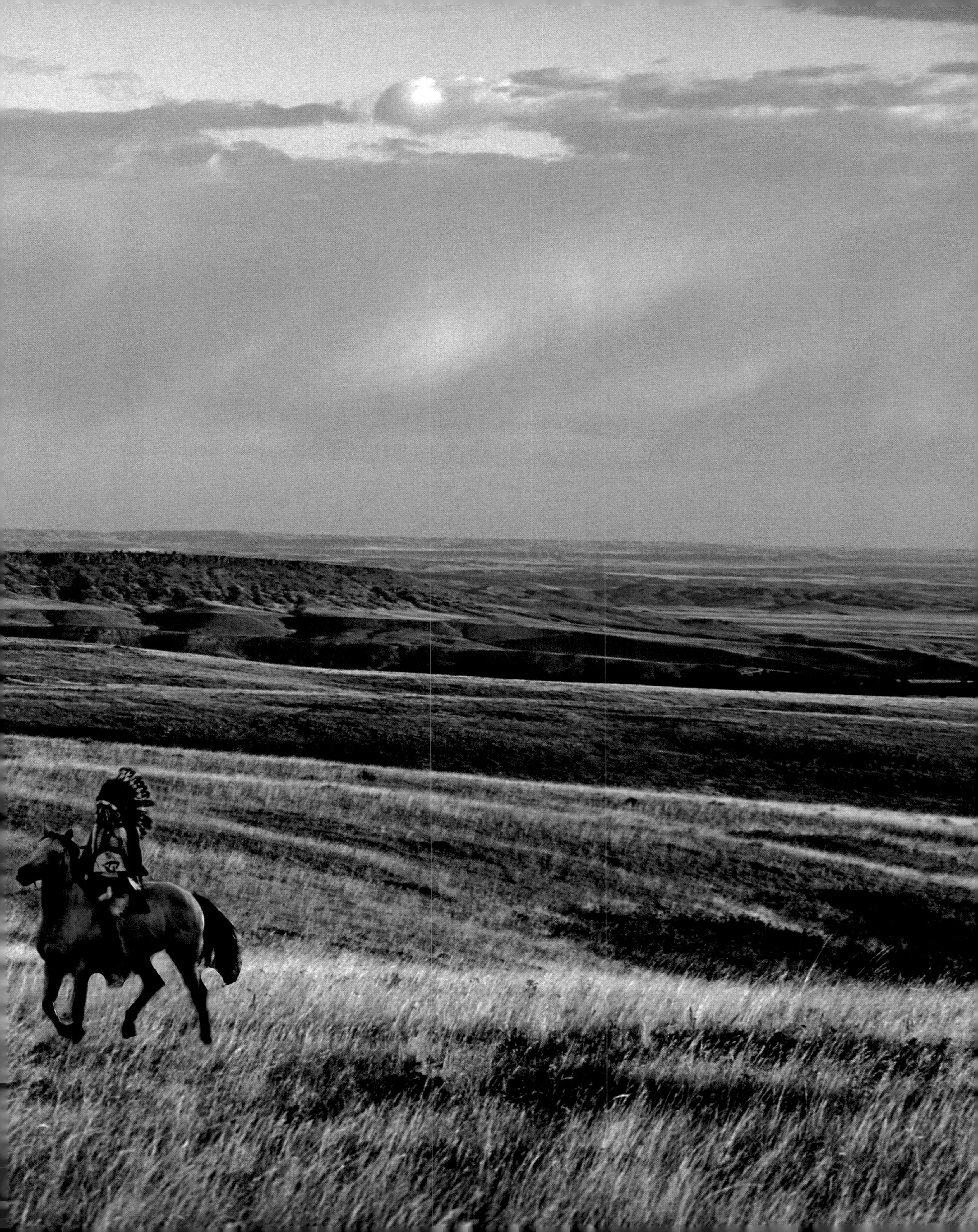

Seite 50/51:
Die Crow lebten auf den westlichen Prärien. „Apsaalooke“ nannten sie sich selbst, die „Kinder des Vogels mit dem großen Schnabel“. Erst die Weißen, die ihre Sprache nicht verstanden, machten Crow (Krähen) daraus.

„Nur die Berge sind ewig“, heißt ein Sprichwort der Indianer. Auf den Gipfeln heiliger Berge beteten Schamanen und Krieger zum Großen Geist und baten um eine gute Jagd und erfolgreiche Kriegszüge.

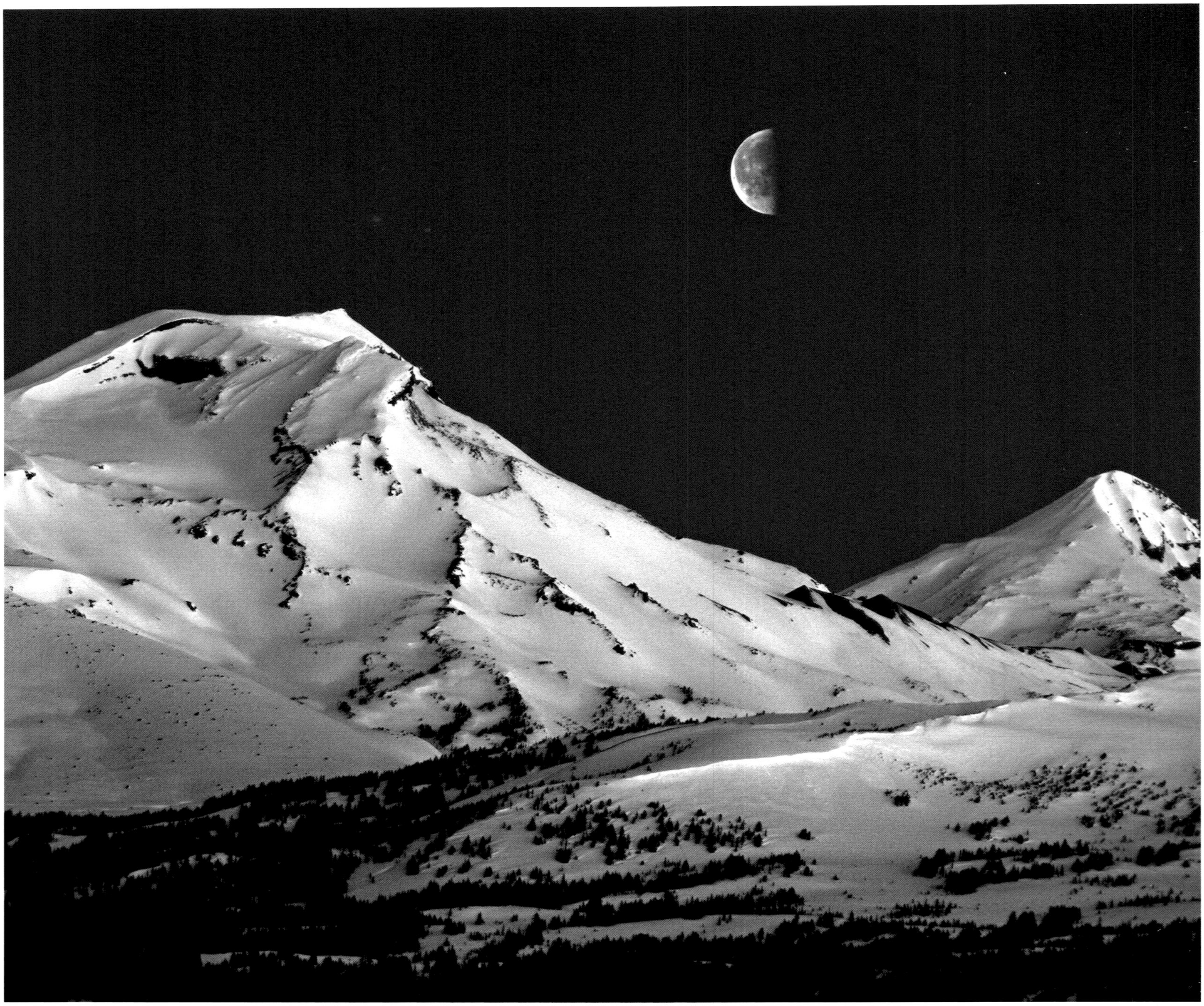

Im Winter lagerten die Prärieindianer in den geschützten Tälern der Berge. Die Arbeit ruhte, und der Kriegspfad war verwaist.
Im warmen Tipi lauschte man den Geschichtenerzählern und wartete auf die Rückkehr des Frühlings.

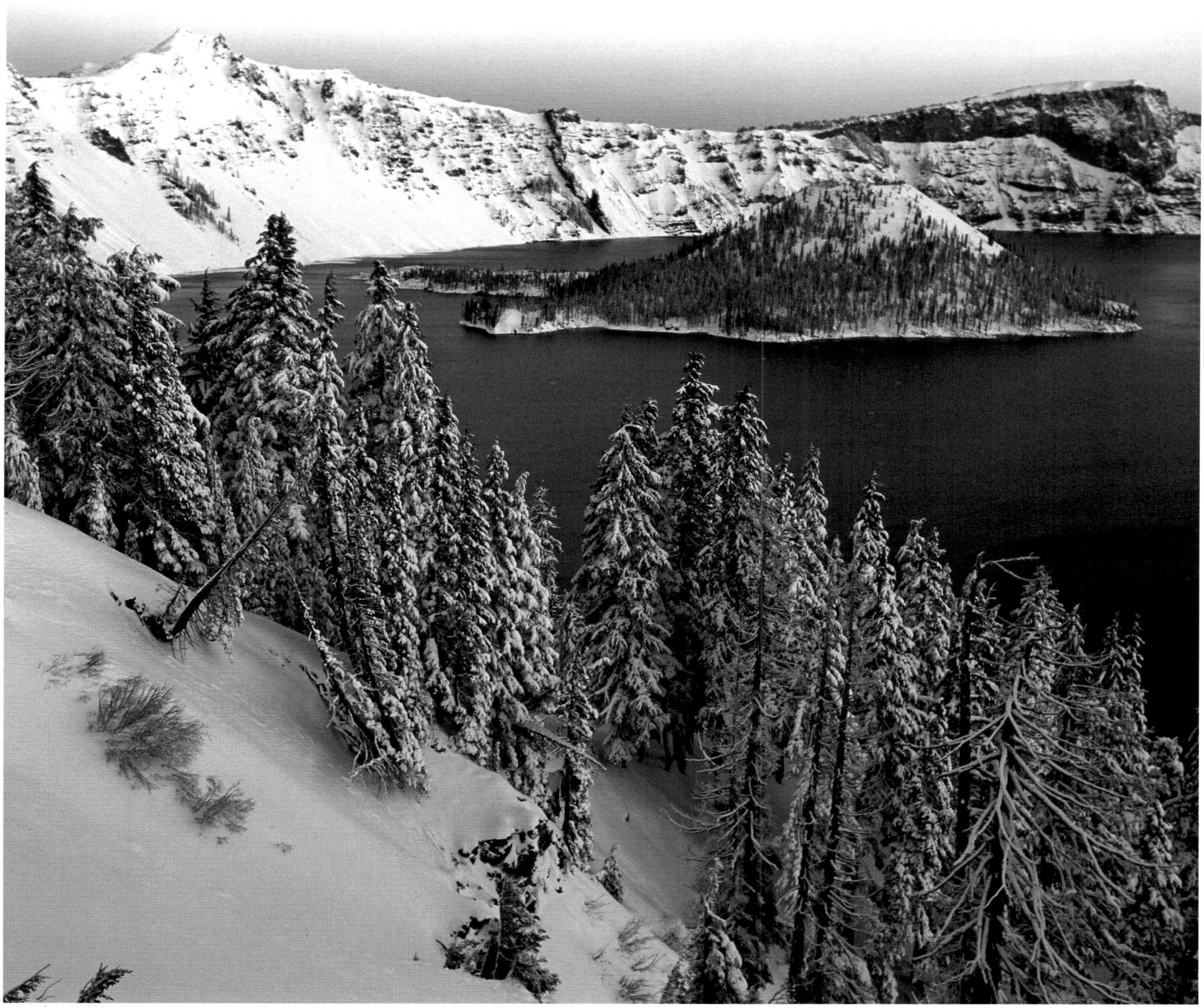

Die Erde gehört uns nicht allein

Die Erde gehört uns nicht allein.
Sie gehörte unseren Vätern
und soll auch unseren Kindern gehören.
Sitting Bull (Sioux)

Ich liebe das Land,
in dem ich geboren wurde.
Ich liebe die Bäume,
die es bedecken, und das Gras,
das darauf wächst.
Como (Potawatomi)

Die Erde ist ein Teil meines Körpers,
und ich werde sie niemals aufgeben.
Solange diese Erde besteht,
möchte ich nie mehr darüber sprechen.
Toohulhulsote (Smohalla)

Ich töte keinen Vogel
und kein anderes Tier,
ohne mich schlecht zu fühlen.
Joe Friday (Cree)

Ich habe vom Wasser
dieser Berge getrunken
und will sie nicht verlassen.
Cochise (Apache)

Es ist schon viele Winter her,
dass unsere weißen Brüder über
das Große Wasser gekommen sind.
Aber einige von ihnen sind
noch immer nicht zivilisiert.
Shullushoma (Chickasaw)

Unter der Erde sind viele Bodenschätze,
und auf der Erde stehen dichte Fichtenwälder.
Wenn wir dieses Land aufgeben,
trennen wir uns von den letzten Werten,
die wir oder der Weiße Mann besitzen.
White Ghost (Sioux)

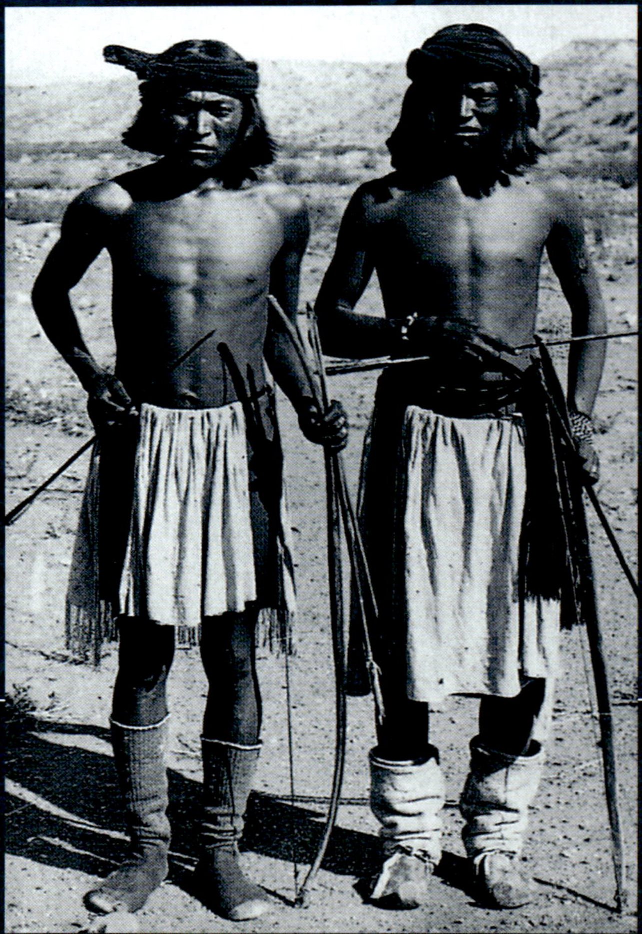

*en legten wenig Wert
ck und Prunk. In ihrer
at waren sie vor allem
edacht, zu überleben.
deten sich einfach und
Mokassins zum Schutz
en Steine und Dornen.*

Einige unserer Häuptlinge sagen,
das Land gehört uns.
Der Große Geist hat mir etwas anderes erzählt.
Er sagt, dass es ihm gehört,
dass kein Volk das Land sein eigen nennen darf.
Ich soll nicht vergessen,
dies den Weißen Männern zu erzählen,
wenn ich sie am Ratsfeuer treffe.

Kannekuk (Kickapoo)

Die Weißen sagen, dass wir unser Land nicht nutzen.
Aber wenn wir es behalten, wird es immer
Truthähne und Hirsche und Fische geben.

Doublehead (Creek)

Du befiehlst mir, die Erde zu pflügen.
Soll ich ein Messer nehmen
und den Busen meiner Mutter zerschneiden?
Du befiehlst mir, nach Steinen zu graben.
Soll ich unter ihrer Haut
nach den Knochen graben?
Du befiehlst mir, das Gras zu schneiden,
Heu zu machen, es zu verkaufen
und reich wie der Weiße Mann zu werden.
Aber kann ich es wagen,
die Haare meiner Mutter abzuschneiden?

Smohalla (Wanagum)

Gestern sah ich die Sonne
zum letzten Mal untergehen.
Ich sah zum letzten Mal
ihr Licht durch die Bäume scheinen.
Ich sah zum letzten Mal
das Land und das Wasser.

Menewa (Creek)

Ihr sagt, warum bestellen die Indianer das Land
nicht wie wir? Können wir da nicht sagen, warum
jagen und leben die Weißen nicht wie wir?

Old Tassel (Cherokee)

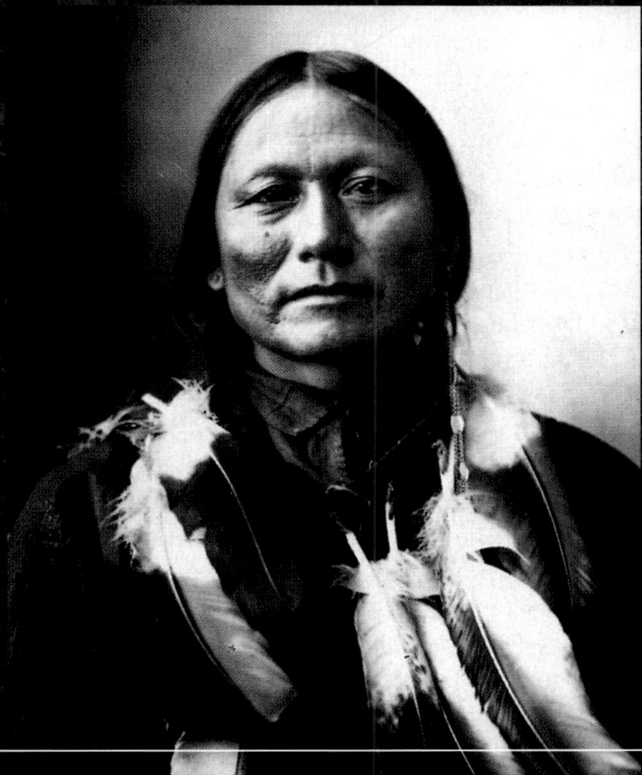

Die Cheyenne wurden von den Chippewa auf die westlichen Ebenen vertrieben und dort zu nomadisierenden Büffeljägern. Zusammen mit den verbündeten Sioux leisteten sie den Weißen erbitterten Widerstand.

Die Hütte des Bären

Ich wandere über einen weiten Ozean aus Büffelgras und Salbei und streue Tabak auf das Land, das meinen Vorfahren gehörte. Mit dem Tabakopfer versöhne ich Wakan Tanka, das Große Geheimnis, und die vier heiligen Richtungen. Vor mir ragt der heilige Berg, den die Weißen „Devil's Tower" nennen, aus der endlosen Prärie von Wyoming. Wir nennen ihn „Hütte des Bären". Wie es zu diesem Namen kam, habe ich von meinem Großvater erfahren: „Vor langer Zeit spielten sechs Schwestern mit ihrem einzigen Bruder am Ufer eines großen Flusses. Aus einem Grund, den wir nie erfahren haben, verwandelte sich der Junge in einen mächtigen Bären und griff seine Schwestern an. Die Mädchen kletterten auf einen Felsbrocken und beteten zum Großen Geist: ‚Felsen, hab Erbarmen mit uns! Felsen, rette uns!' Der Felsen wuchs in den Himmel hinein, und die Schwestern wurden zu den Sternen des Großen Bären. Der Bär versuchte vergeblich, den riesigen Berg zu besteigen. Er rutschte ab und hinterließ die Kratzspuren, die man noch heute sehen kann. Die Weißen glaubten, dass wir den Felsen „Turm der bösen Geister" nannten, und gaben ihm den Namen „Devil's Tower" (Teufelsturm). Sie wollen nicht verstehen, dass er eine Schöpfung des Großen Geistes ist. Ich kümmere mich nicht darum. Wenn ich den einsamen Felsen sehe, umgeben vom weiten Himmel und dem Atem des Großen Geistes, fühle ich mich Wakan Tanka nahe. Ich habe vier Tage und vier Nächte vor der „Hütte des Bären" gefastet und rote Bänder an die Bäume gebunden, zur Erinnerung an Sitting Bull und Crazy Horse, die vor der siegreichen Schlacht am Little Bighorn an diesem Felsen gelagert und zu Wakan Tanka gesprochen haben. Ich habe den heiligen Atem aus den vier Richtungen und die Berührung durch Sonne und Mond gespürt. „Nur die Berge und die Flüsse leben ewig", heißt es in einem Lied unseres Volkes. Die Berge sind stärker als wir und werden alle Menschen überleben – den Roten und den Weißen Mann.

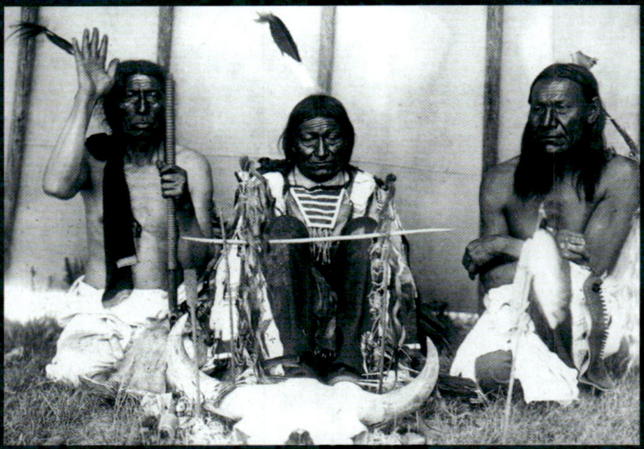

Im Rauch des Salbeis weihten die spirituellen Führer der Lakota-Indianer ihre Heilige Pfeife. Der Legende nach brachte White Buffalo Woman, eine mythische Gestalt, das „Kalumet" zu den Indianern.

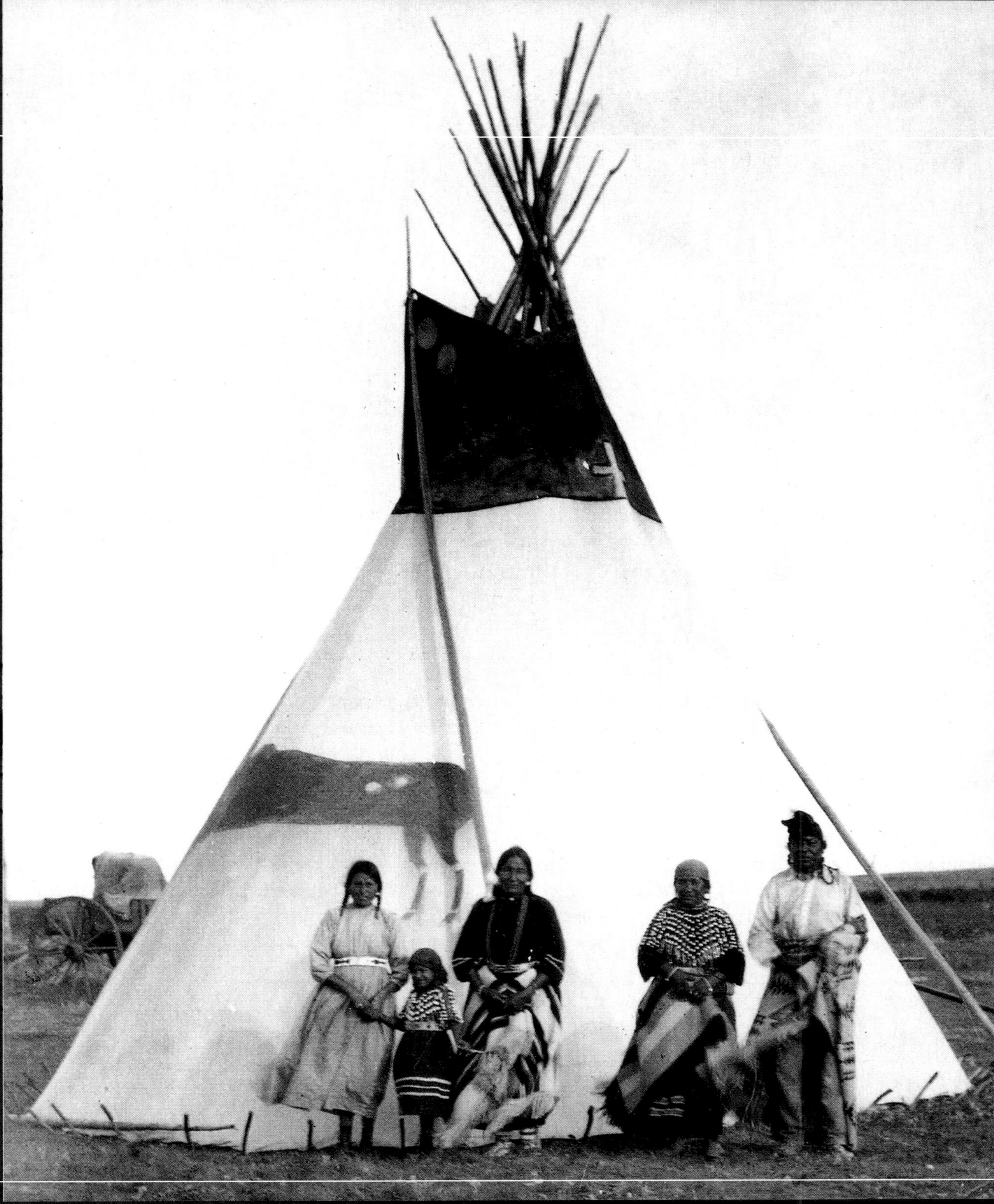

Die Blackfoot-Indianer lebten in Kanada und im nördlichen Montana und wurden zu tödlichen Feinden der weißen Mountain Men, die in den Bergen der Rocky Mountains nach Pelztieren jagten und ihren Lebensraum bedrohten.

Häuptling Seattle spricht

„Wir müssen zu den alten Lehren zurückkehren, wenn wir die Natur retten wollen", sagt Leonard George, ein moderner Führer der kanadischen Burrard-Indianer. Aber auch seine Warnung verhallt wirkungslos vor der Profitsucht vieler Konzerne. Nur in Ansätzen wird seiner Meinung nach sichtbar, dass die Weißen aus den Fehlern der Vergangenheit gelernt haben. Aber Ökosteuer und Biodiesel sind für ihn keine Lösung. „Nur wenn die Weißen etwas von der Denkweise der Indianer übernehmen, die Erde als ihre Mutter betrachten und sich selbst als Teil des Kosmos sehen, gibt es eine Lösung." Fortschritt bedeutet für ihn nicht, sich die Natur untertan zu machen, sondern im Einklang mit ihr zu leben. Ein Satz, der auch von Häuptlingen im 17. Jahrhundert ausgesprochen wurde.

Auf der Wanderschaft transportierten die Prärieindianer ihre Habe auf sogenannten Travois. Die Schleppgerüste bestanden aus zwei Tipistangen und einer Rohlederhaut – gezogen wurden sie von Pferden.

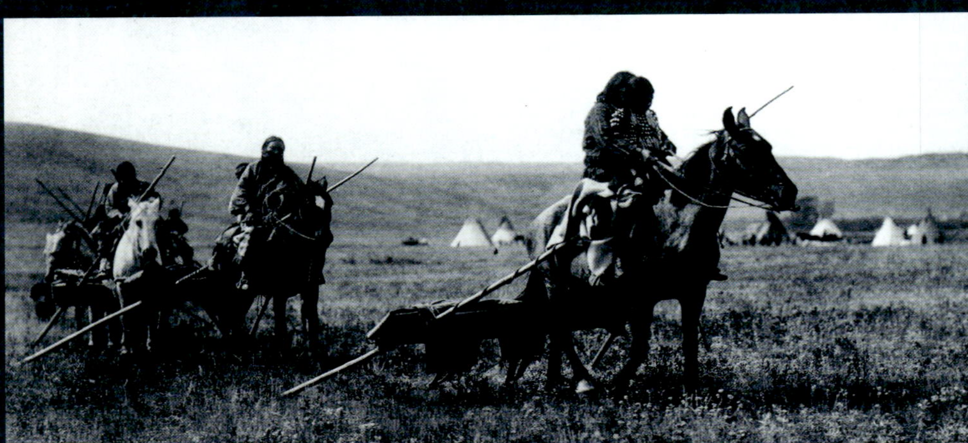

Berühmt wurde eine Rede des Duwamish-Häuptlings Seattle, die er 1854 an Isaac Stevens, den Gouverneur des Washington-Territoriums im Nordwesten der USA, richtete. Sie wurde zu einer eindringlichen Anklage gegen das Eindringen der Weißen und den Untergang der Indianer. „Der Himmel", sagte er, „der schon seit unzähligen Jahrhunderten Tränen des Mitleids über mein Volk vergossen hat, kann sich ändern, auch wenn er uns unveränderlich und ewig erscheint. Heute ist er heiter. Morgen kann er bewölkt sein. Meine Worte sind wie die Sterne, die sich niemals verändern. Was immer ich sage, der Häuptling in Washington kann sich darauf verlassen, und zwar genauso sicher, wie er sich auf die Rückkehr der Sonne oder der Jahreszeiten verlassen kann.

Jeder Teil dieses Bodens ist nach der Einschätzung meines Volkes heilig. Jeder Berghang, jedes Tal, jede Ebene, jeder Wald ... alles wurde in längst vergangener Zeit von irgendeinem traurigen oder glücklichen Ereignis geweiht und geheiligt. Selbst der Staub, auf dem du jetzt stehst, reagiert liebevoller auf ihre Schritte als auf deine, denn er ist getränkt vom Blut unserer Vorfahren, und unsere nackten Füße sind sich dieser mitfühlenden Berührung bewusst. Sogar kleine

Kinder, die nur für kurze Zeit hier gelebt haben und voller Freude waren, lieben dieses einsame Land, und zur Abendzeit grüßen sie die schattenhaft zurückkehrenden Geister.

Und selbst, wenn der letzte Rote Mann längst untergegangen und die Erinnerung an meinen Stamm ein Mythos unter Weißen Männern ist, wird es an diesen Ufern von den unsichtbaren Toten meines Stammes wimmeln. Und wenn die Kinder eurer Kinder glauben, allein auf einem Feld, im Büro, im Laden, auf der Landstraße oder in der Stille der pfadlosen Wälder zu sein, werden sie nicht allein sein. Bei Nacht werden die verlassenen Straßen in euren Städten und Dörfern von zurückkehrenden Scharen bevölkert sein, die einstmals dieses schöne Land füllten und es immer noch lieben. Der Weiße Mann wird niemals allein sein."

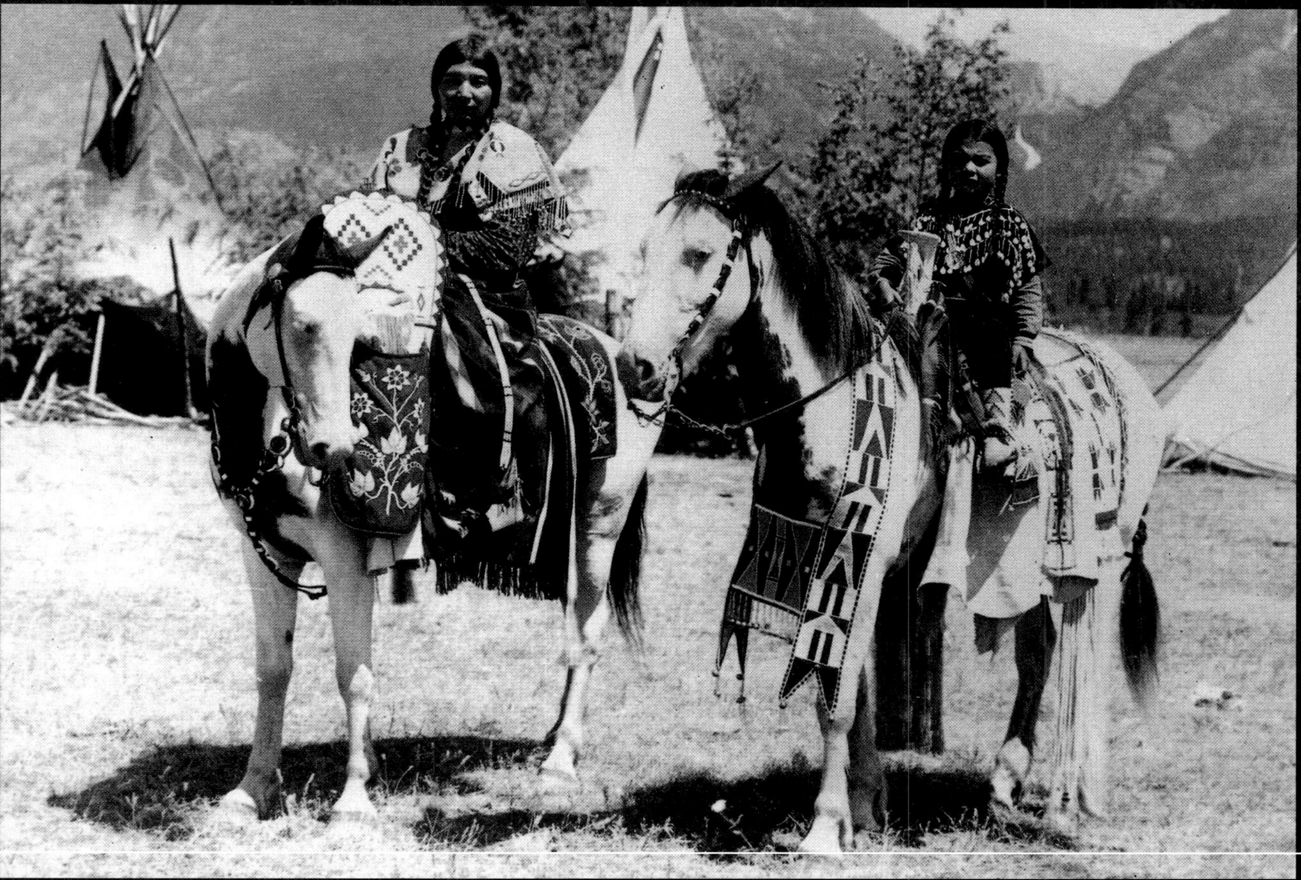

Eine Frau und ein Mädchen der Flathead-Indianer posieren zu Beginn des 20. Jahrhunderts für einen weißen Fotografen. Ihr Baby transportiert die Frau in einer stabilen Trage. Die Perlenmuster wurden vom Weißen Mann übernommen.

Rechts:
Der Adler war bei den meisten Indianerstämmen ein heiliges Tier. Seine Federn zierten die Haarschöpfe und Lanzen besonders verdienstvoller und tapferer Krieger. Über den Queen Charlotte Islands kreisen die Bald Eagles noch immer.

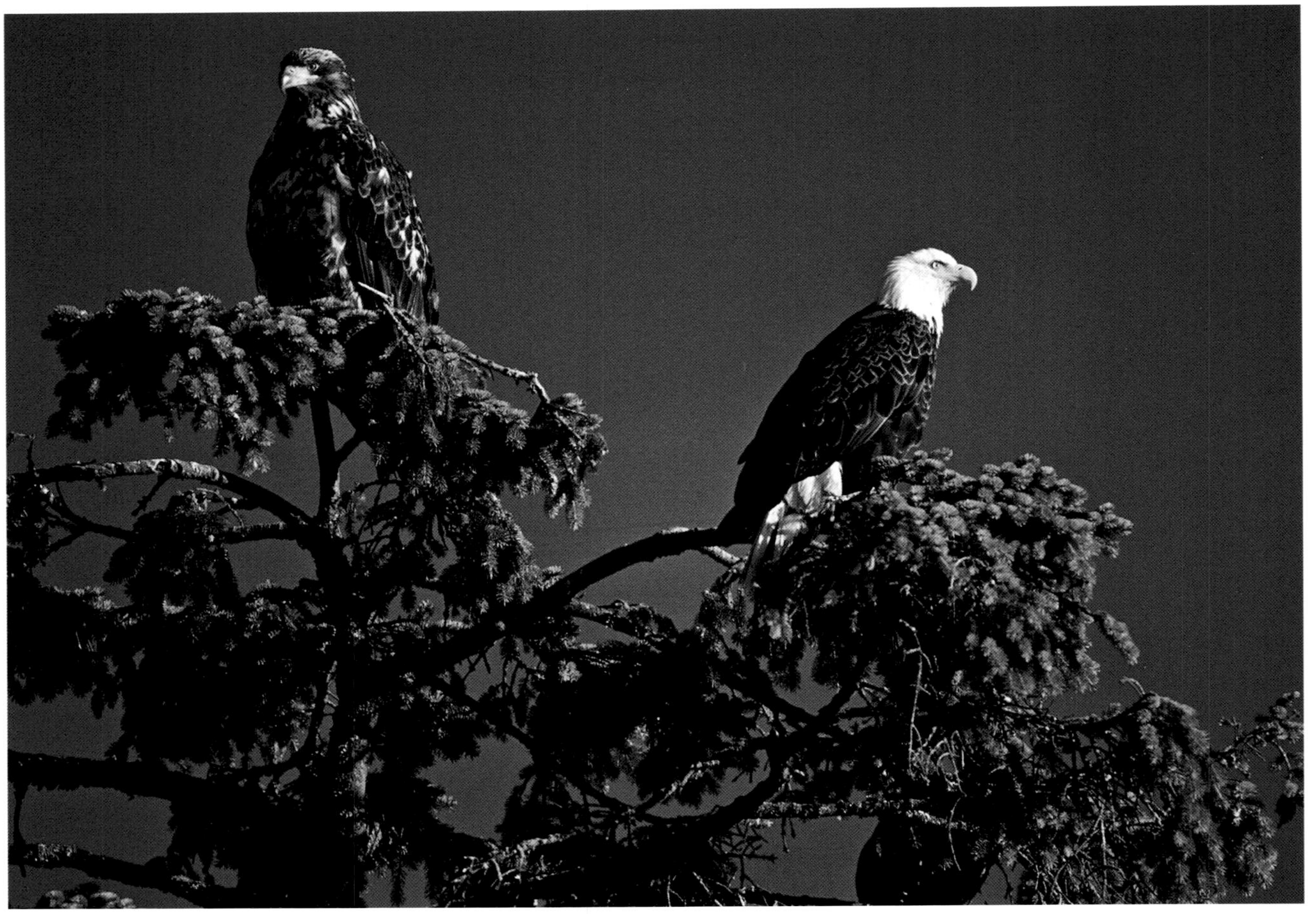

Rechts:
Vogelbälge waren bei zahlreichen Schamanen als spirituelle Hilfsmittel bei Beschwörungen von Geistern und bei der Heilung von Kranken beliebt. Die Kraft der Vögel übertrug sich auf den heiligen Mann.

Ganz rechts:
Eichhörnchen und andere Kleintiere dienten vor allem Jungen als beliebtes Jagdobjekt. Mit ihren kleinen Bogen stellten sie den Tieren nach, um später auch Wild und Truthähne treffen zu können.

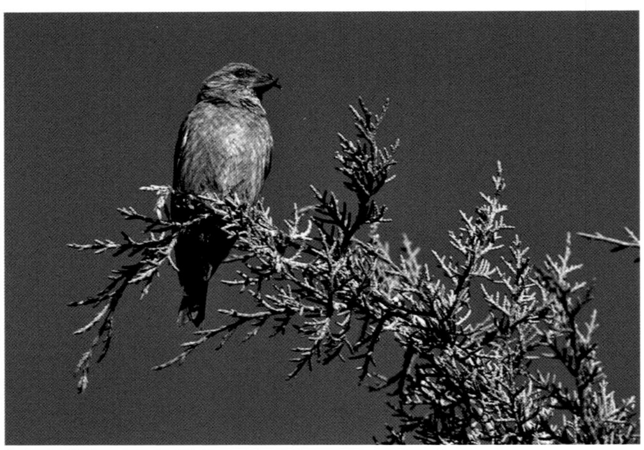

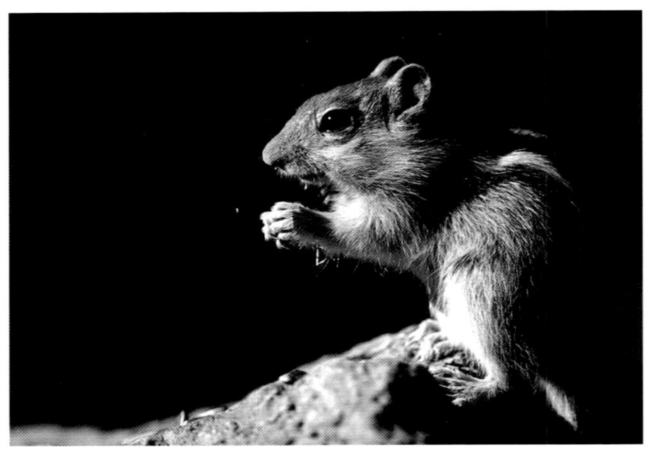

Rechts:
„Einige unserer Häuptlinge sagen, das Land gehöre den Indianern. Der Große Geist hat mir etwas anderes erzählt. Er sagt, dass es ihm gehört, dass kein anderes Volk es sein eigen nennen darf.“
Kannekuk (Kickapoo)

Ganz rechts:
Die Rassel der Klapperschlange war als Schmuck, aber auch als spirituelles Objekt für den Medizinbeutel beliebt. Die Krieger trugen einen solchen Beutel mit bedeutsamen und symbolischen Objekten, um ihr Leben günstig zu beeinflussen.

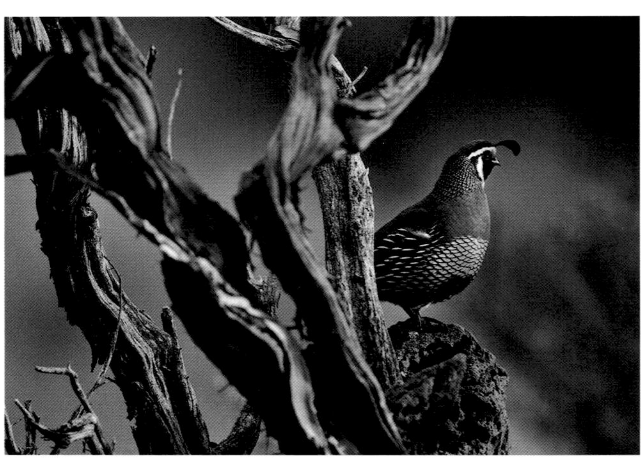

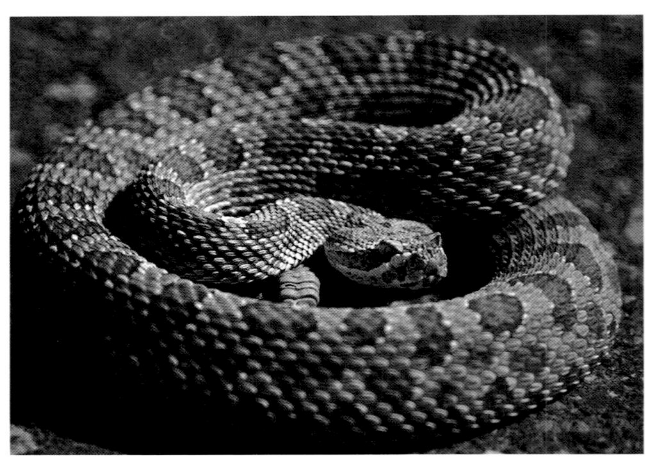

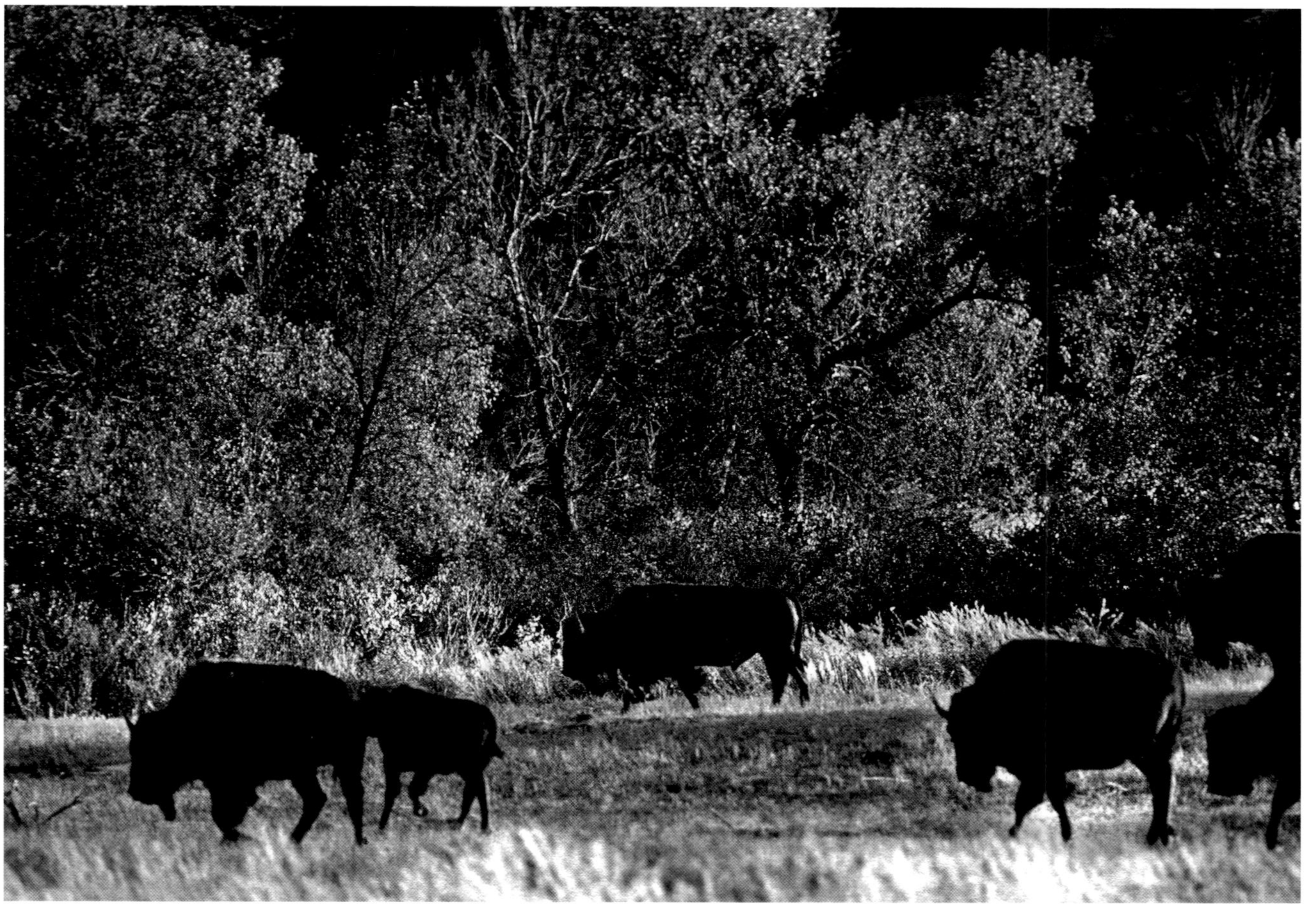

Bei Ankunft des Weißen Mannes lebten über 30 Millionen Bisons in Nordamerika, gegen Ende des 19. Jahrhunderts waren es nur noch ein paar tausend. Heute leben mehrere Herden in Naturschutzgebieten und auf Ranches.

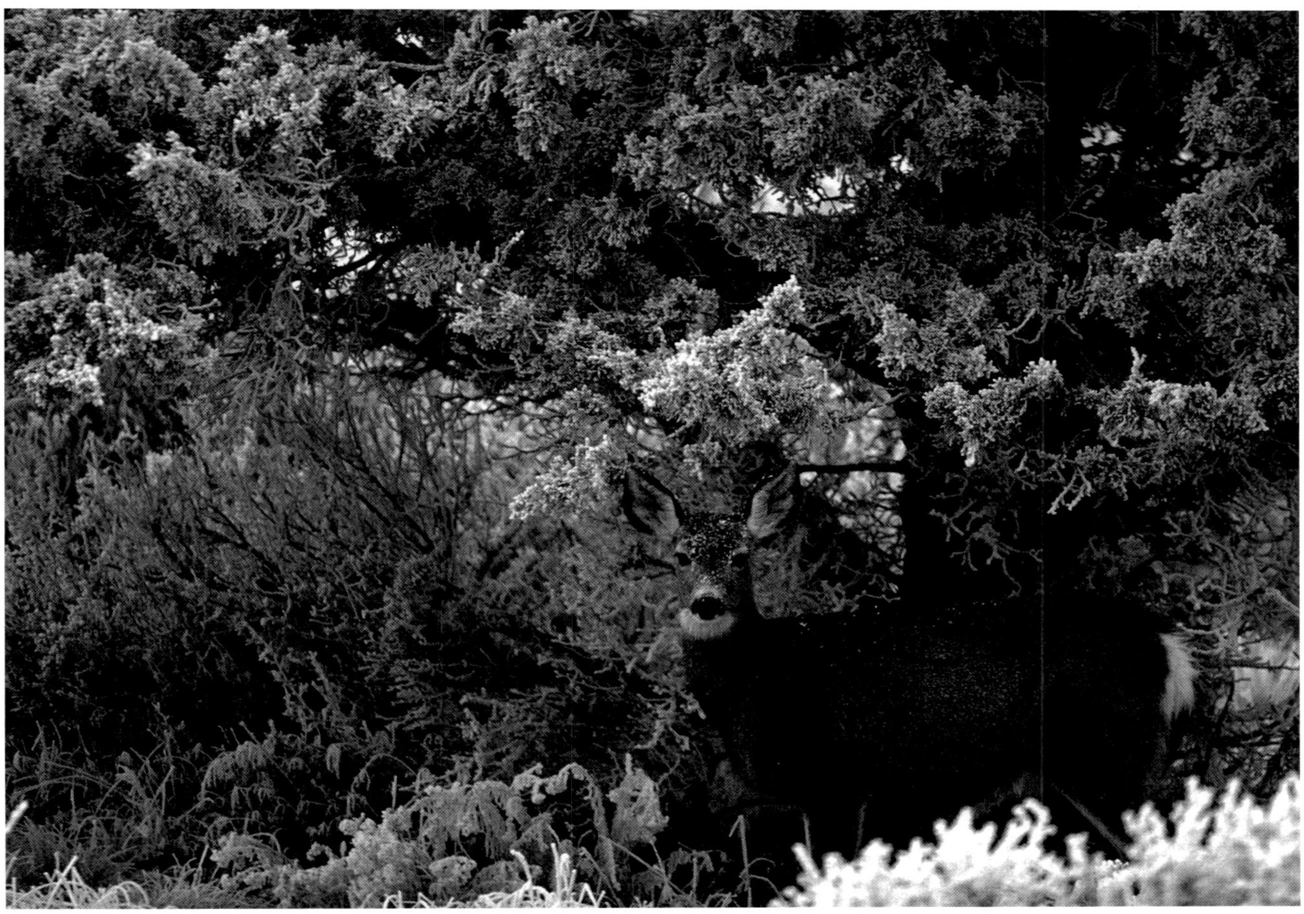

Indianische Krieger erlegten nur so viel Wild, wie sie unbedingt zum Leben brauchten. Die Jagd nach Trophäen war ihnen fremd. Sie respektierten das Leben der verwandten Vierbeiner und beteten für die toten Tiere.

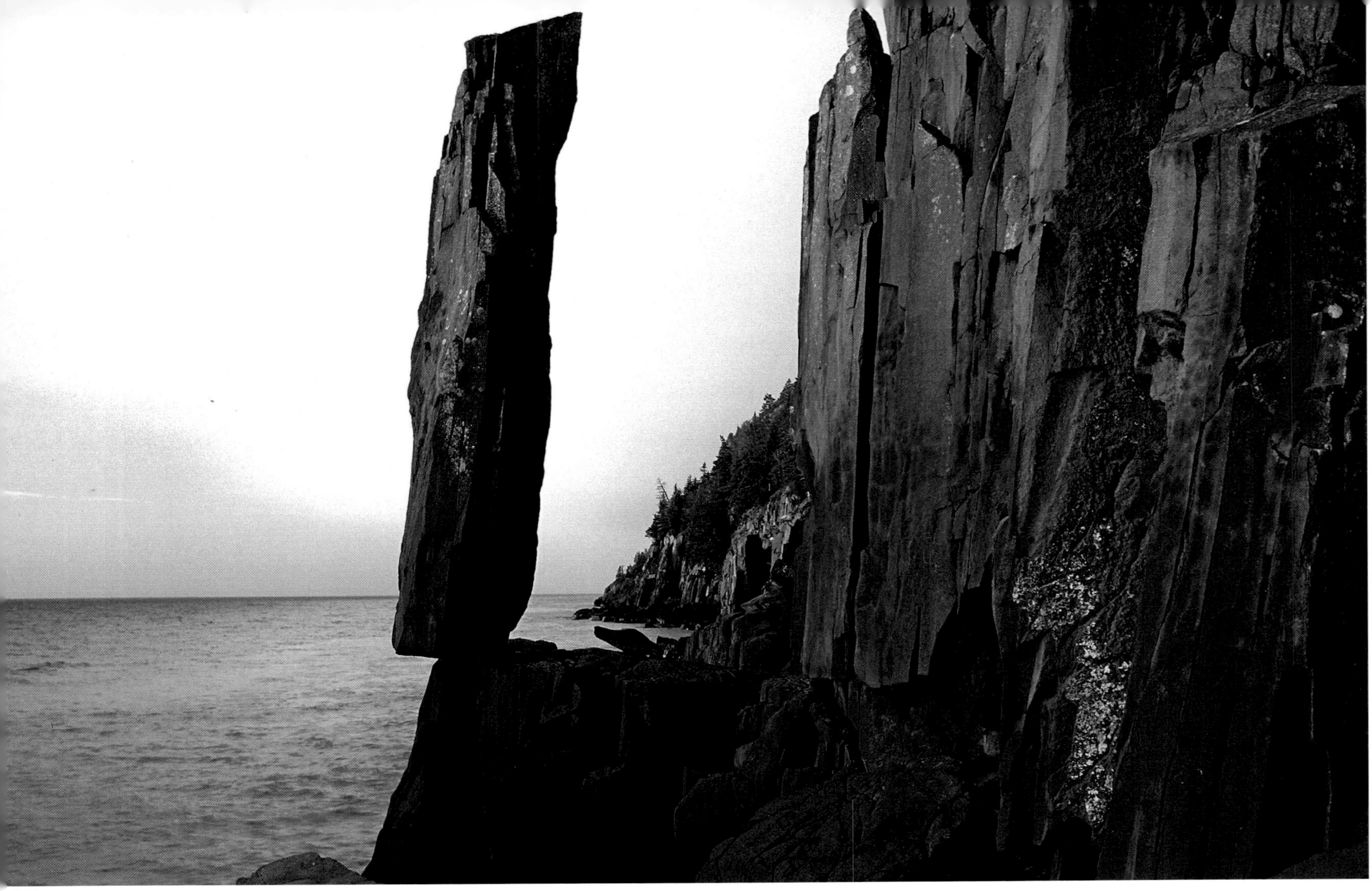

Oben:
„Die Feuer sind erloschen, und die Menschen tanzen nicht mehr. Die Lieder verklingen als Echos, und uns sind nur noch die Gräber geblieben. (Lied der Anasazi)

Rechts:
„Ich fühle, dass es schlecht um mein Land steht. Ich möchte, dass sich das ändert. Ihr seid jetzt die einzigen, die dieses Land retten können. Ich möchte, dass ihr es schützt und respektiert."
Sitting Bull (Sioux)

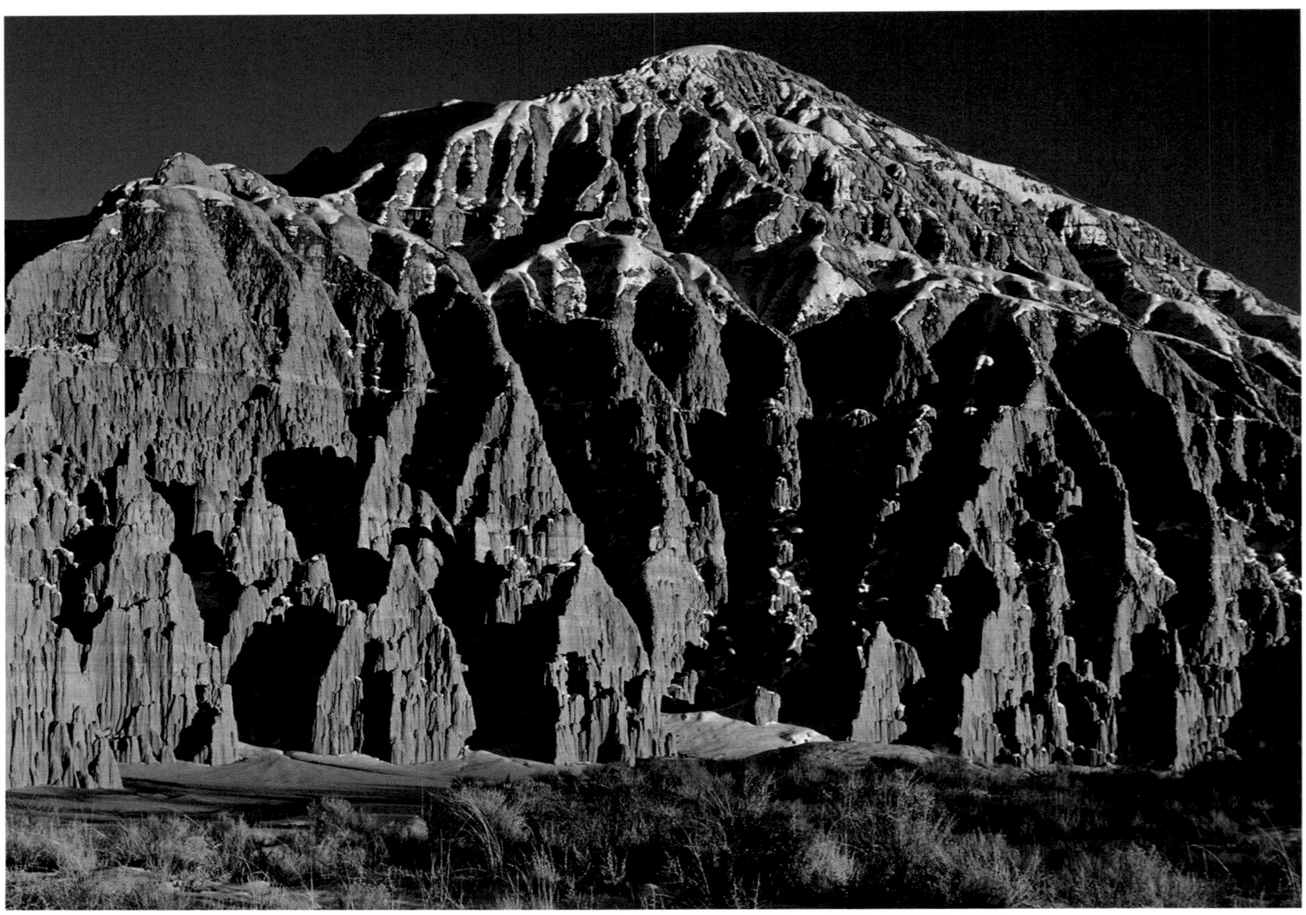

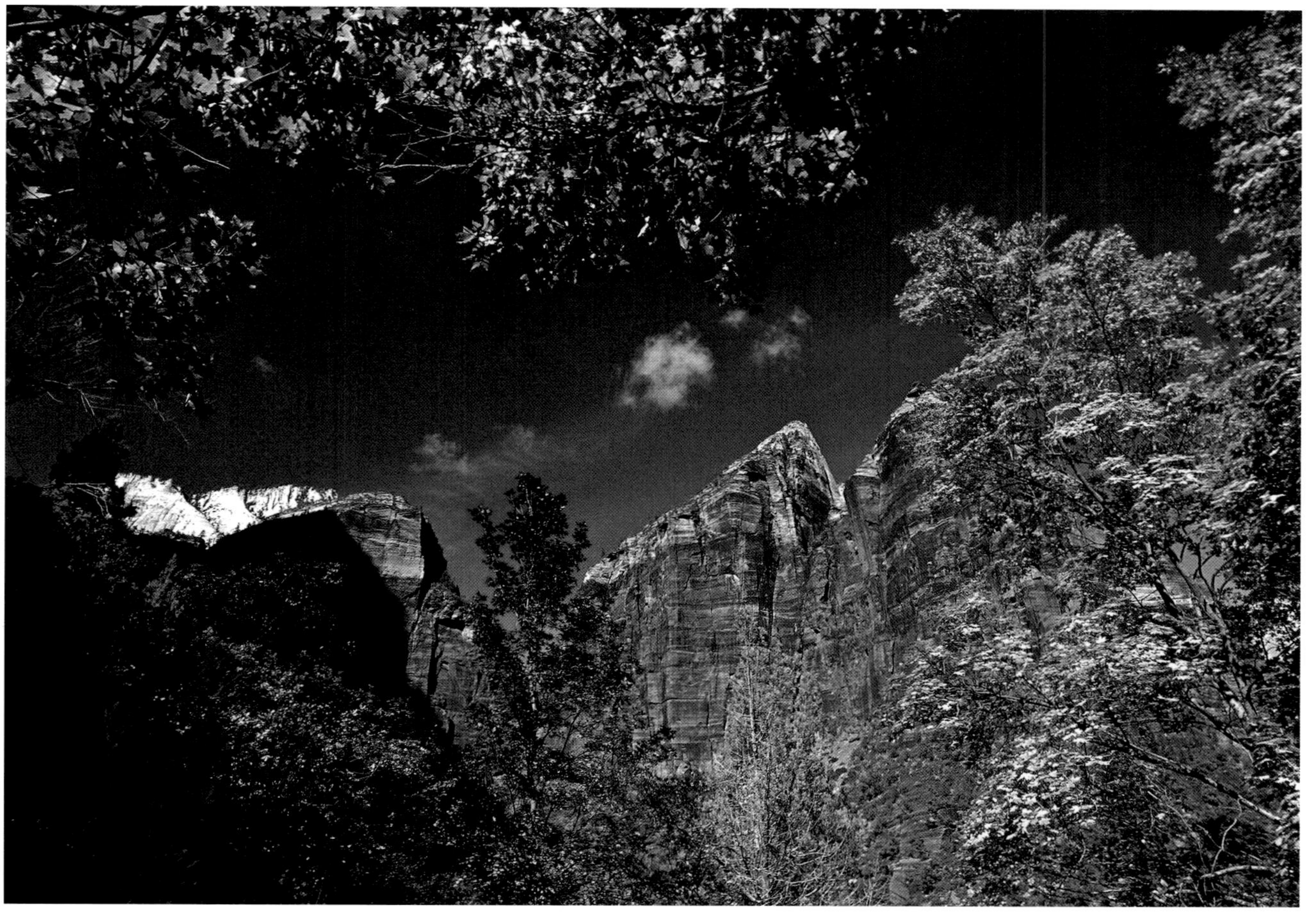

Seite 64/65:
Das Oregon Territory mit seinen fruchtbaren Tälern war das auserkorene Ziel der vielen tausend Siedler, die nach dem kalifornischen Goldrausch mit ihren Planwagen über den Oregon Trail zogen.

Links:
„Ich liebe mein Land, ich liebe mein Volk. Ich mag die Art, wie wir leben. Mein Weißer Vater, ich möchte mich an diesem Land erfreuen. Wir haben alles, was wir brauchen, wenn du diese Leute von hier fernhältst.“
Sharitarish (Pawnee)

Unten:
„Hört mich an, ihr Choctaw und Chickasaw! Die Weißen werden eure Bäume fällen und das Land einzäunen. Breite Wege werden über die Gräber eurer Väter führen. Unsere Rasse wird sterben, wenn wir uns nicht vereinen.“
Tecumseh (Shawnee)

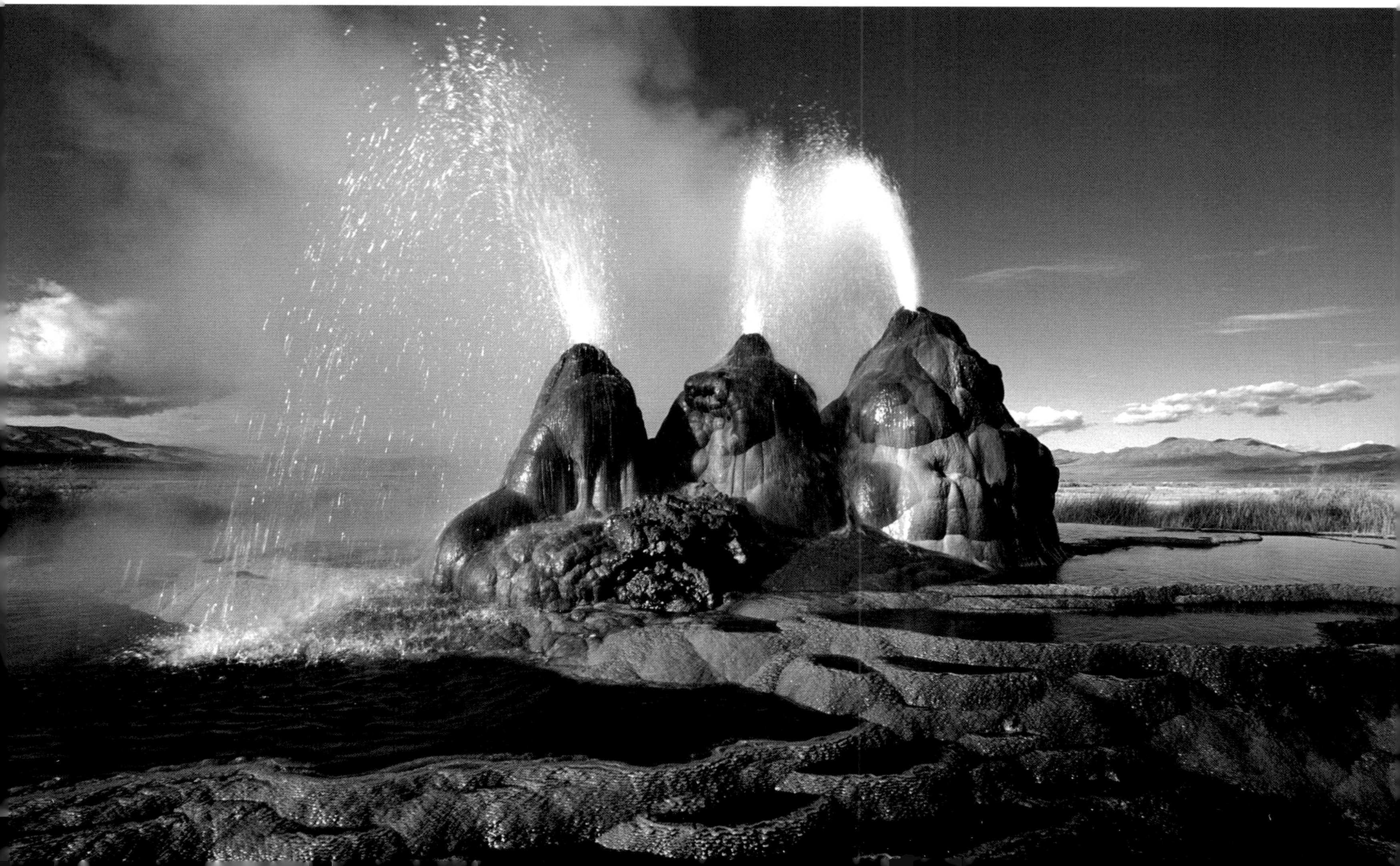

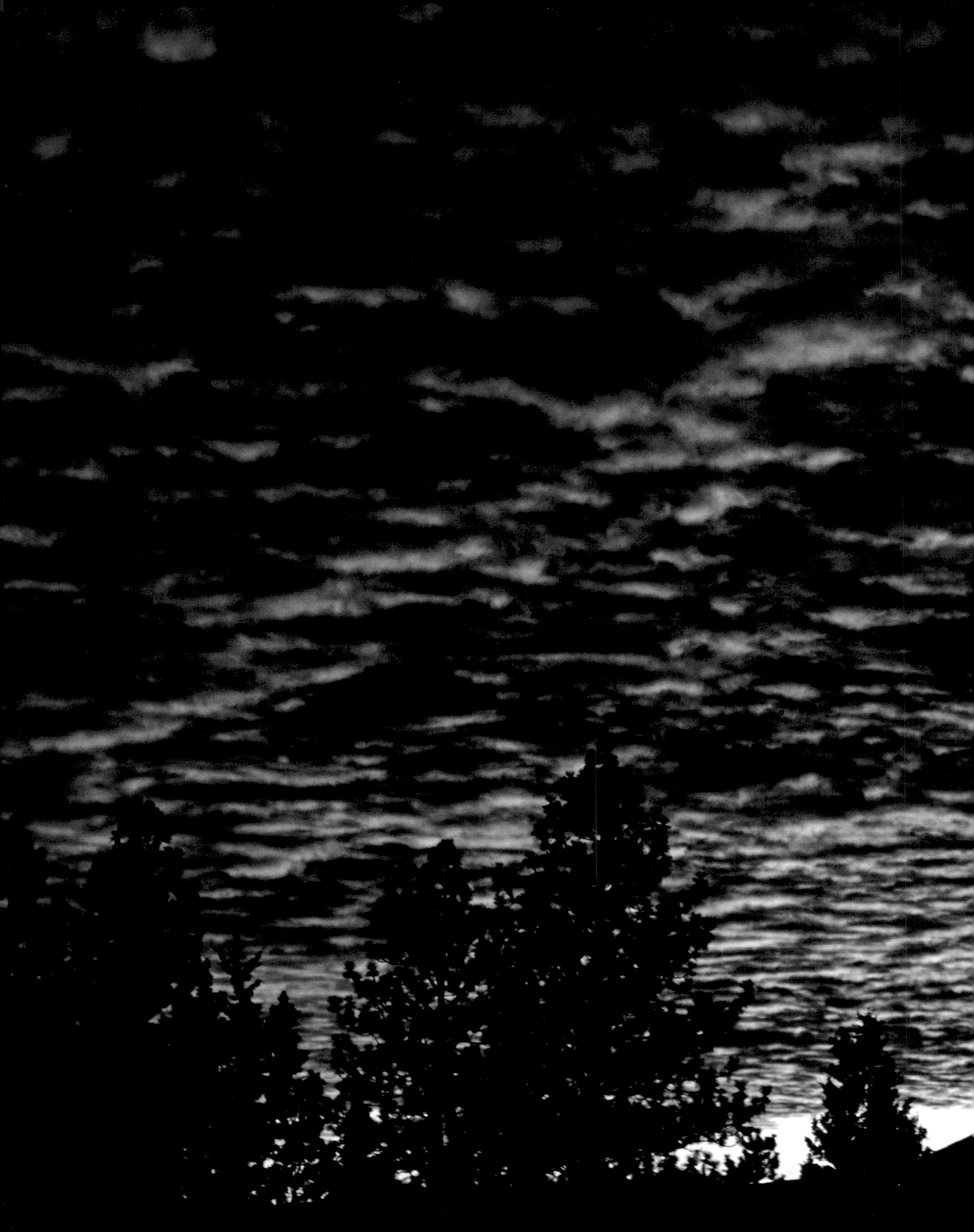

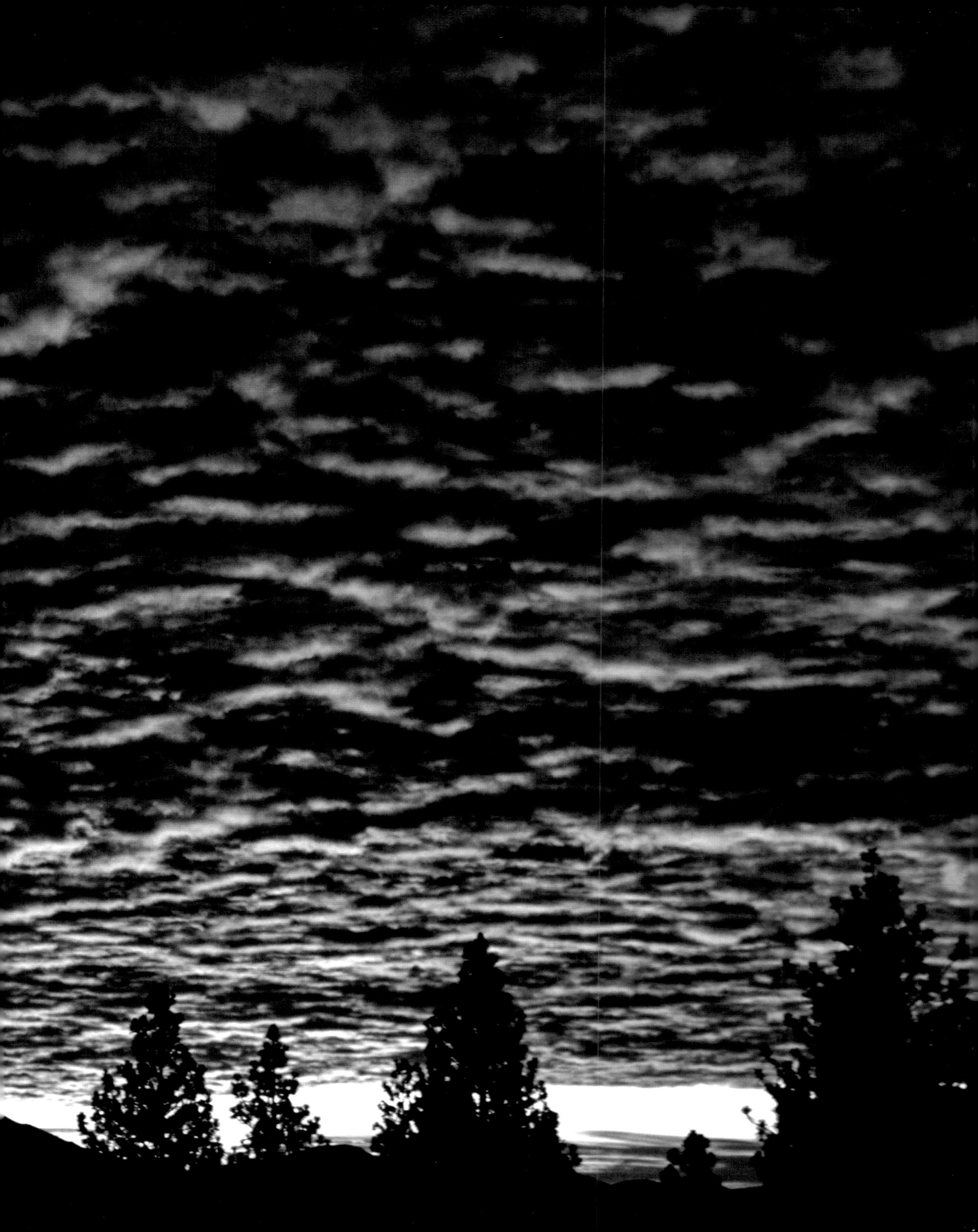

Vision Quest – die Suche nach dem Großen Geist

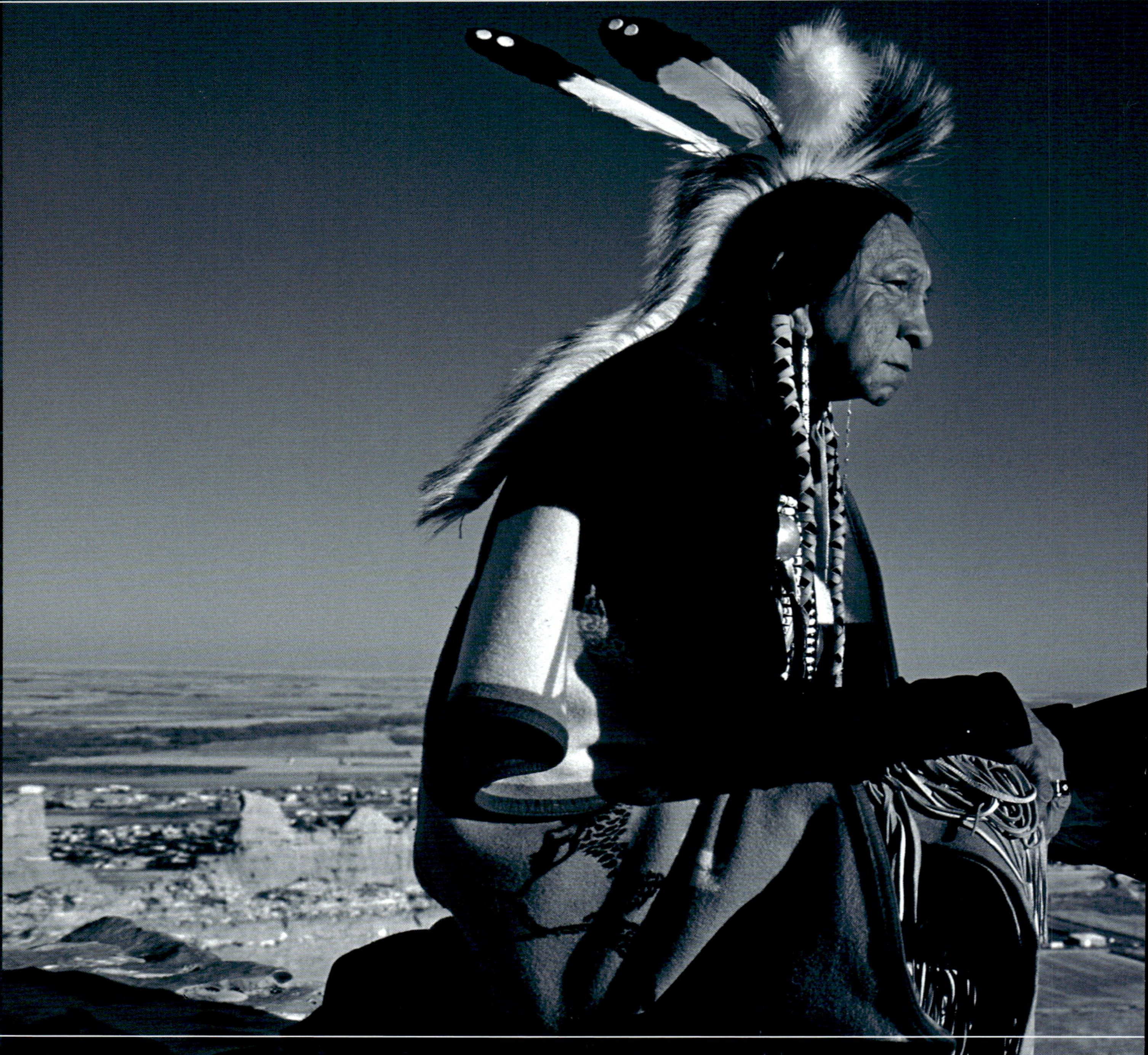

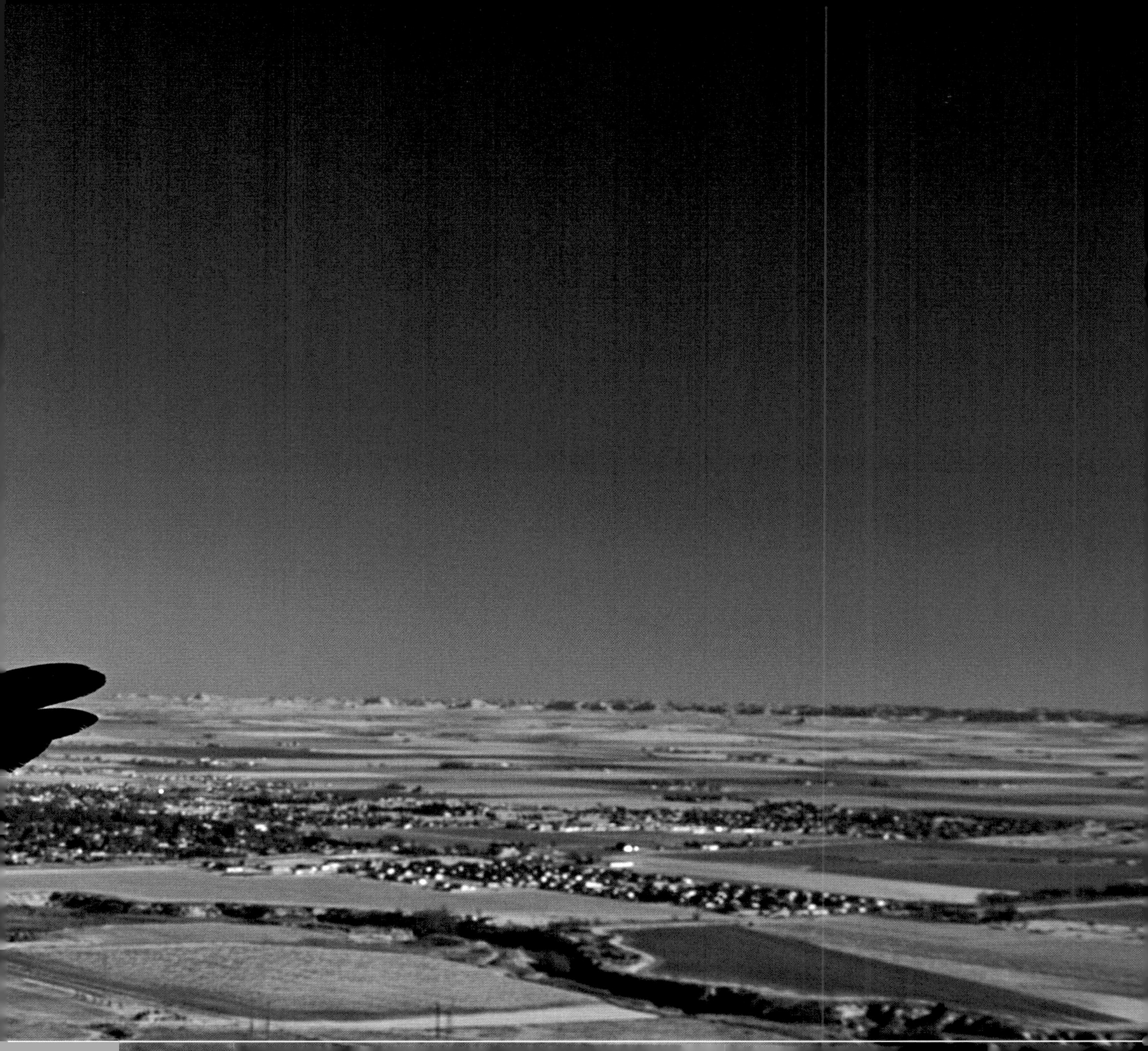

Vision Quest – die Suche nach dem Großen Geist

Die Vision Quest, die Suche nach einer Vision, gehörte zu den wichtigsten Ritualen der Indianer. Jeder Krieger, der vor einer bedeutsamen Entscheidung stand oder etwas Bestimmtes erreichen wollte, ging auf eine „Hanbleceya", „rief nach einer Vision". Eine Vision vermittelt Kraft, verbindet mit den übernatürlichen Kräften und dem Schutzgeist, der jeden Krieger, der von einer erfolgreichen Vision Quest zurückkehrt, durchs Leben begleitet.

***Seite 66/67:** Besorgt blickten die indianischen Krieger von Felsen wie dem Scott's Bluff in Nebraska auf die nach Westen strömenden Planwagenzüge hinab. Die Weißen bedrohten ihre Kultur und ihr Leben.*

Zu einer Vision kam man auf verschiedenen Wegen. Durch Gebete und Lieder, durch Träume wie bei den Irokesen, durch die Visionen eines anderen Kriegers oder eines Schamanen, der seine Antworten an den Suchenden weitergab. Während der Zeremonien beim Sonnentanz, dem jährlichen Ritual der Prärieindianer, oder anderen Festen wie der Midewiwin der Chippewa. Seltener kamen die Visionen ungefragt und zu Frauen, die an den Zeremonien der Krieger nicht teilnehmen durften. Sie waren während der ersten Menstruation mit ihren Träumen allein, in einer verschlossenen Hütte, die kein Krieger betreten durfte.

Die eigentliche Vision Quest betraf junge Krieger, die bereits vor der Pubertät in die Einsamkeit zogen, um dort ihren Schutzgeist zu treffen und den Sinn ihres Lebens zu erfahren. Bevor der Junge loszog, reinigte er seinen Körper und seine Seele in einer Schwitzhütte. „Um eine Vision zu finden, muss ein Krieger ständig daran denken", berichtete ein Lakota-Indianer. „Zuerst muss er seinen Geist stärken. Er darf keine Kleidung außer einem Umhang tragen. Er muss allein sein. Er darf weder essen noch trinken. Er muss die Pfeife rauchen und singen und beten." Und ein anderer Lakota ergänzte: „Wenn er auf einen Berg steigt und sich daran hält, sollte er dort bleiben, bis er eine Vision erfährt oder er beinahe zusammenbricht. Seine Verwandten sollten für ihn beten und singen und darum bitten, dass er eine Vision bekommt. Wenn der Suchende zu dem Platz kommt, an dem er fasten will, sollte er ihn von Käfern und Würmern und allem befreien, das lebt. Er sollte vier Glücksbringer dabeihaben. Das sind seine Geisterbanner."

Über der Ostküste des amerikanischen Kontinents herrschten die bösen Geister. Von dort kamen die Europäer, so „zahlreich wie die Blätter an den Bäumen oder die Sterne am Himmel."

Der Suchende steckte den Platz mit fünf Holzpflöcken ab, vier in jeder Richtung und einen in der Mitte. Er rauchte die heilige Pfeife und weihte mit ihrem Rauch die vier Richtungen, die Sonne und die Erde. Seine Umgebung reinigte er mit dem Rauch von verbranntem Sweetgrass und dem Duft von Salbei. Meist vier Tage und vier Nächte verbrachte er in der Einsamkeit. George Sword, ein Oglala-Lakota, der zu Beginn des 20. Jahrhunderts lebte: „Wenn jemand eine Vision hat, sieht er etwas. Einen Menschen, ein Tier, einen Vogel, ein Insekt, irgendetwas, das atmet. Es kann auch ein Licht oder eine Wolke sein. Vielleicht kommt es auf ihn zu. Oder es spricht zu ihm. Oder der Suchende hört nur ein Geräusch. Er sollte sich an die Worte oder das Geräusch erinnern. Wenn er eine Vision hatte, sollte er singend zu seinen Leuten zurückkehren. Wenn nicht, sollte er schweigen."

Begegnete der Krieger während seiner Vision einem Tier, wurde es zu seinem Schutzgeist, begleitete ihn durch sein ganzes Leben. Er ehrte den Vierbeiner, indem er seinen Körper, sein Pferd und sein Schild mit dem Symbol dieses Tieres bemalte und Haare, Zähne oder Knochen dieses Tieres in seinem Medizinbeutel trug. Bei

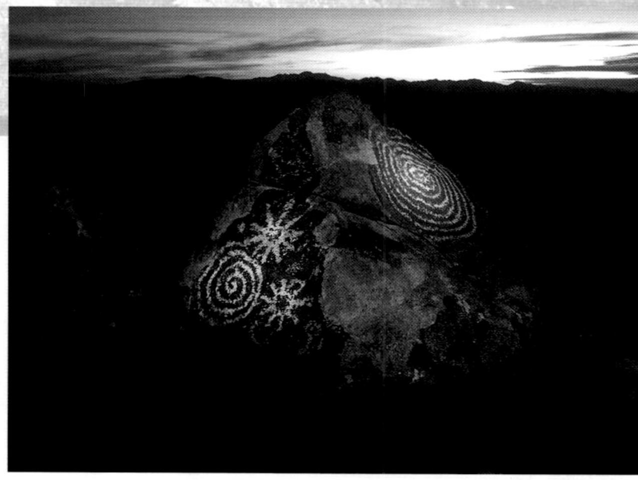

In Schwitzhütten und in der freien Natur beteten und sangen die Schamanen. Sie versuchten, die bösen Geister zu versöhnen und den nicht enden wollenden Strom der weißen Neuankömmlinge aufzuhalten.

den Sioux gehörte jeder Krieger, der von einem Hirsch, Bison oder Bär geträumt hatte, zur gleichnamigen Warrior Society. Erst nach einer erfolgreichen Vision Quest bekam ein Junge seinen eigentlichen Namen, wurde er zum Krieger.

Wer das Pech hatte, trotz aller Anstrengungen keine Vision zu erlangen, versuchte es immer wieder. „Kein Mann beginnt zu leben, bevor er seine Vision hatte", sagten die Chippewa-Indianer.

Fox Eyes sucht seinen Schutzgeist

Der Blackfoot-Krieger Apikuni berichtet, wie sein Stammesbruder Fox Eyes in der Einsamkeit die Wahrheit fand. Der junge Krieger hatte es allerdings sehr schwer, saß tagelang unter einem Felsvorsprung, ohne dass die Vision kam. Im Dorf beteten seine Freunde für ihn, und dann

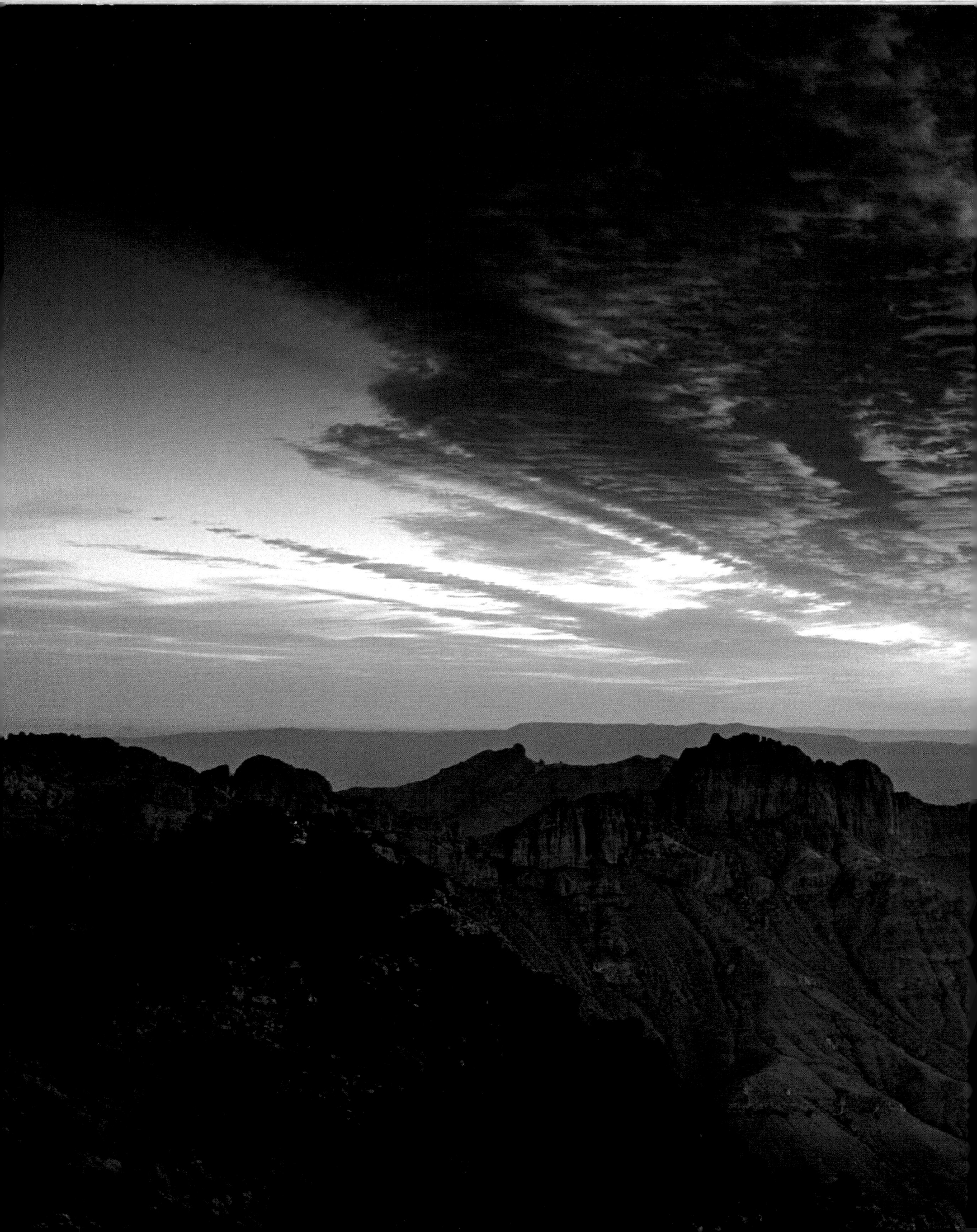

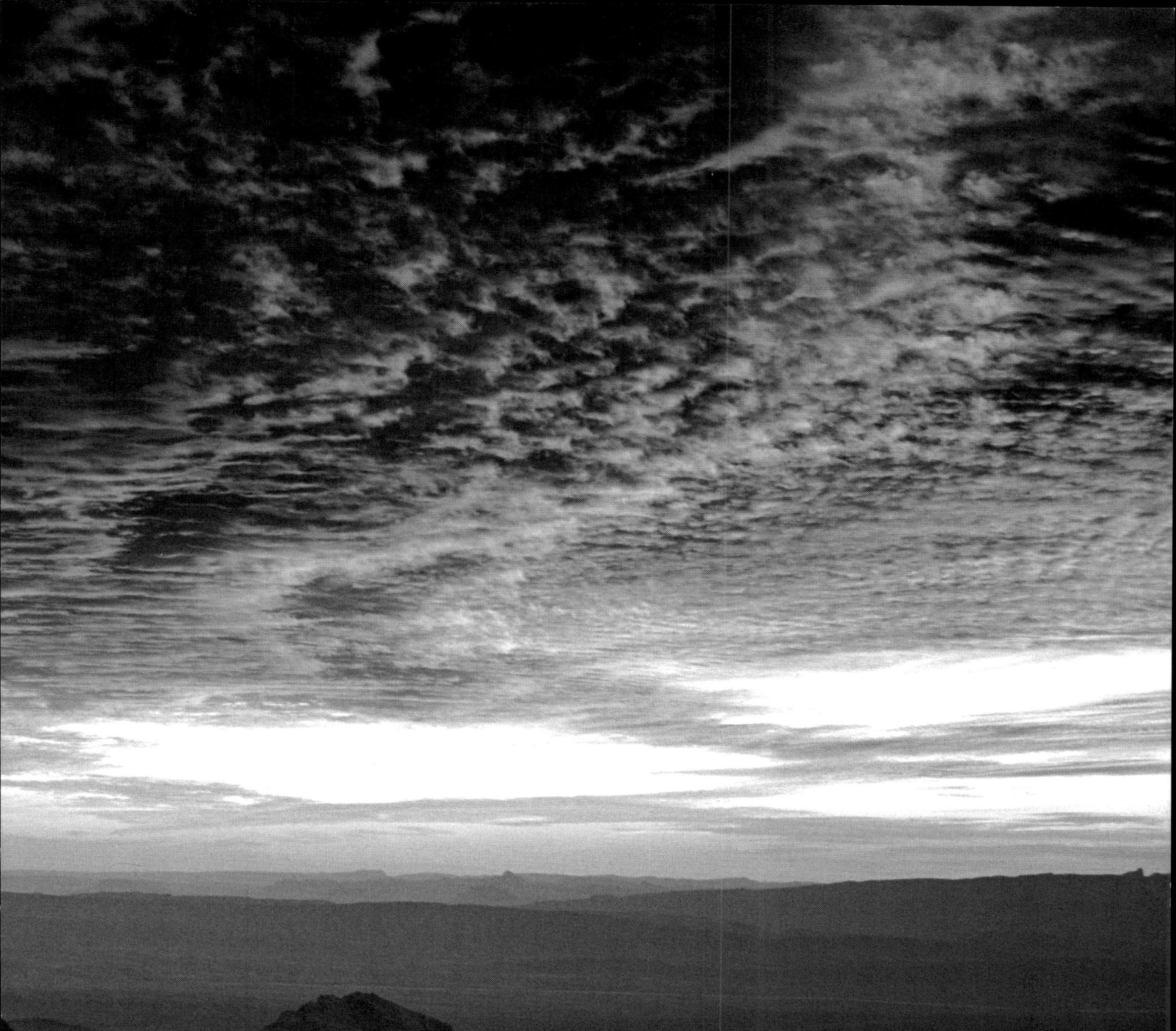

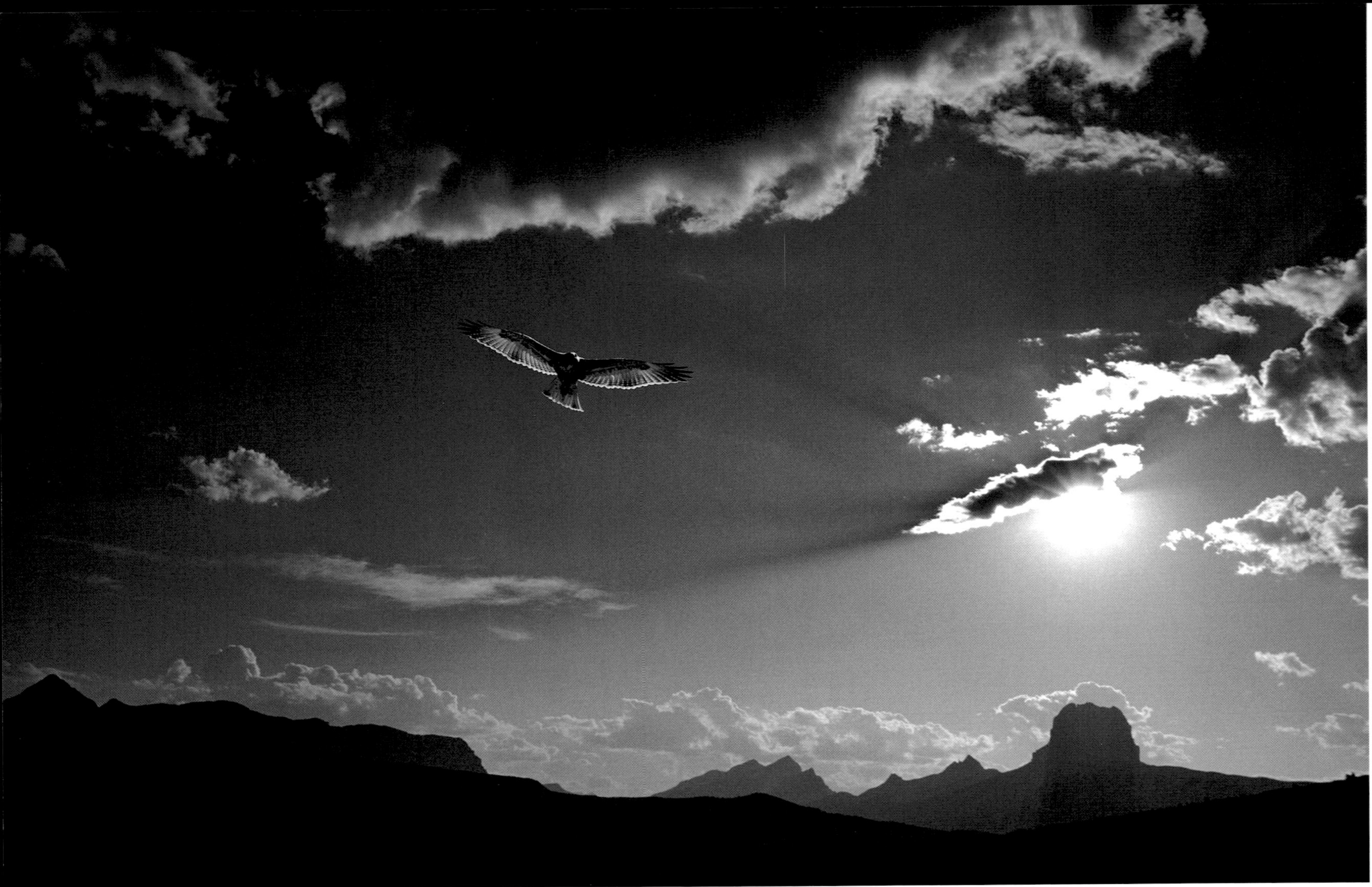

Oben:
Der Chief Mountain im nördlichen Montana ist ein heiliger Berg der Blackfoot-Indianer. Heute noch ziehen Männer vom nahen Reservat zu diesem Berg am Rande des Glacier National Parks, um zu singen und zu beten.

Rechts:
Die Eule war bei den meisten Indianervölkern ein gefürchtetes Tier. Sie kündigte Tod und Verderben an. Bei den Apachen war Bu'u, die Eule, so gefürchtet, dass Krieger einen Kriegszug oder Jagdausflug abbrachen.

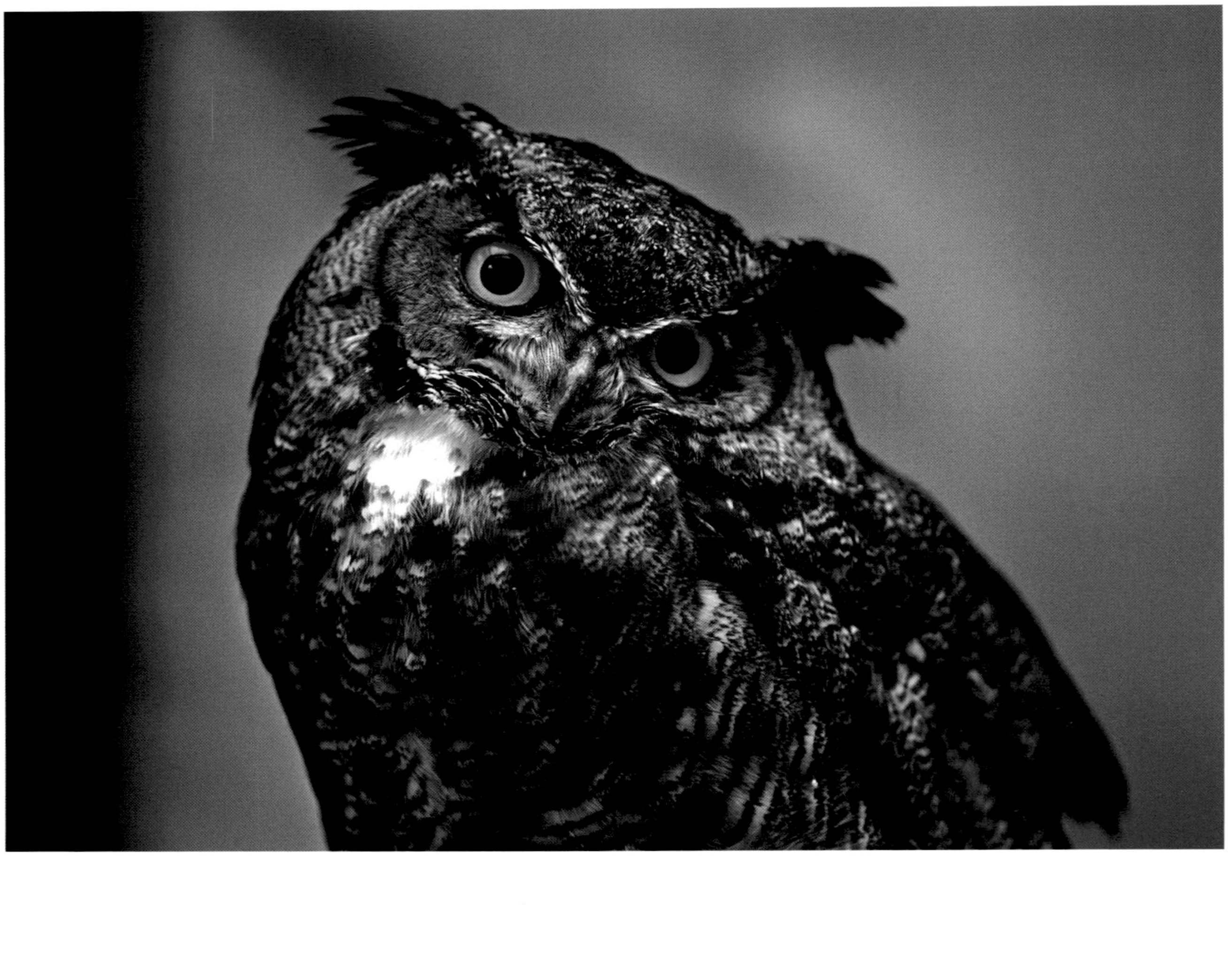

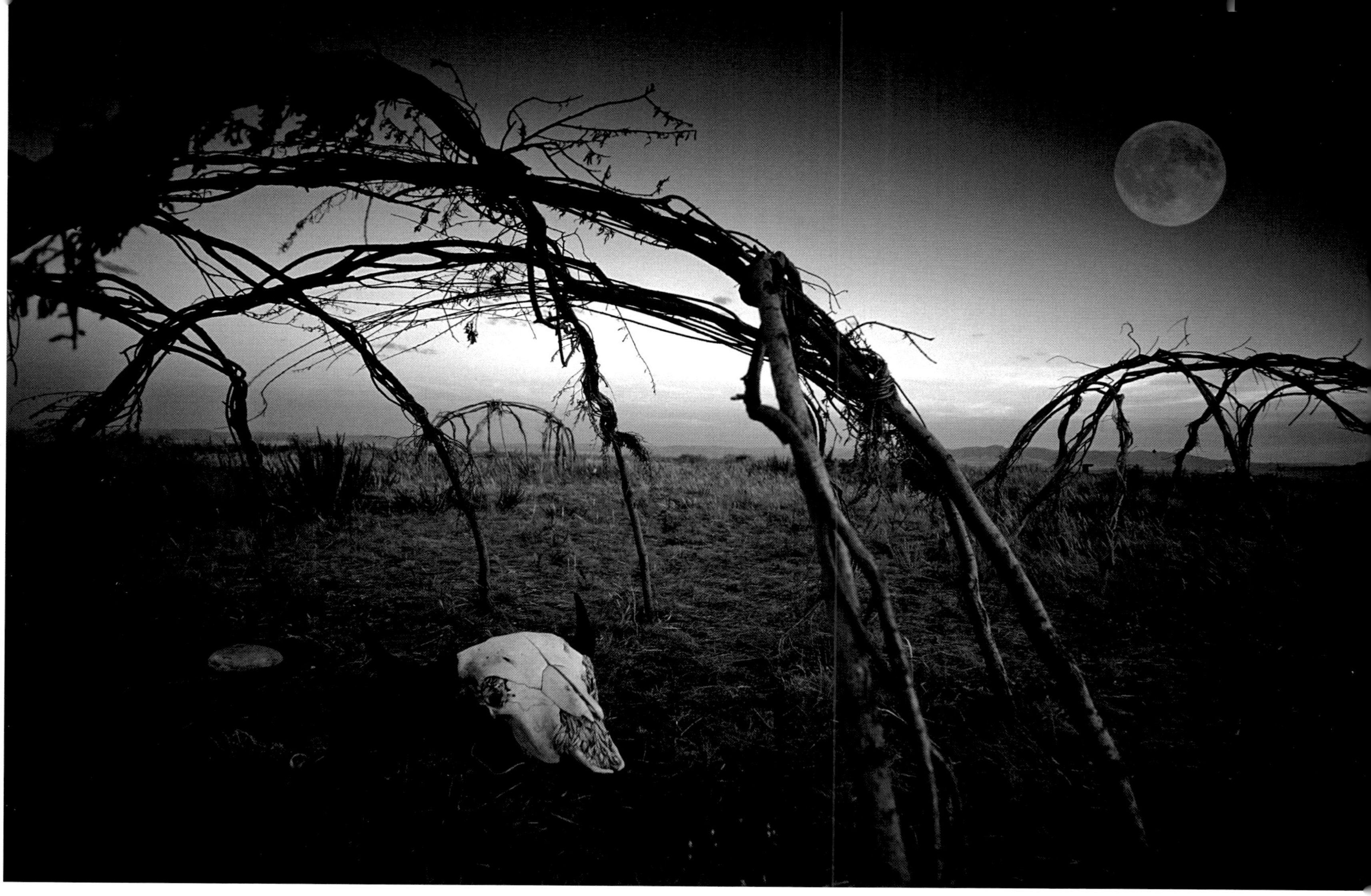

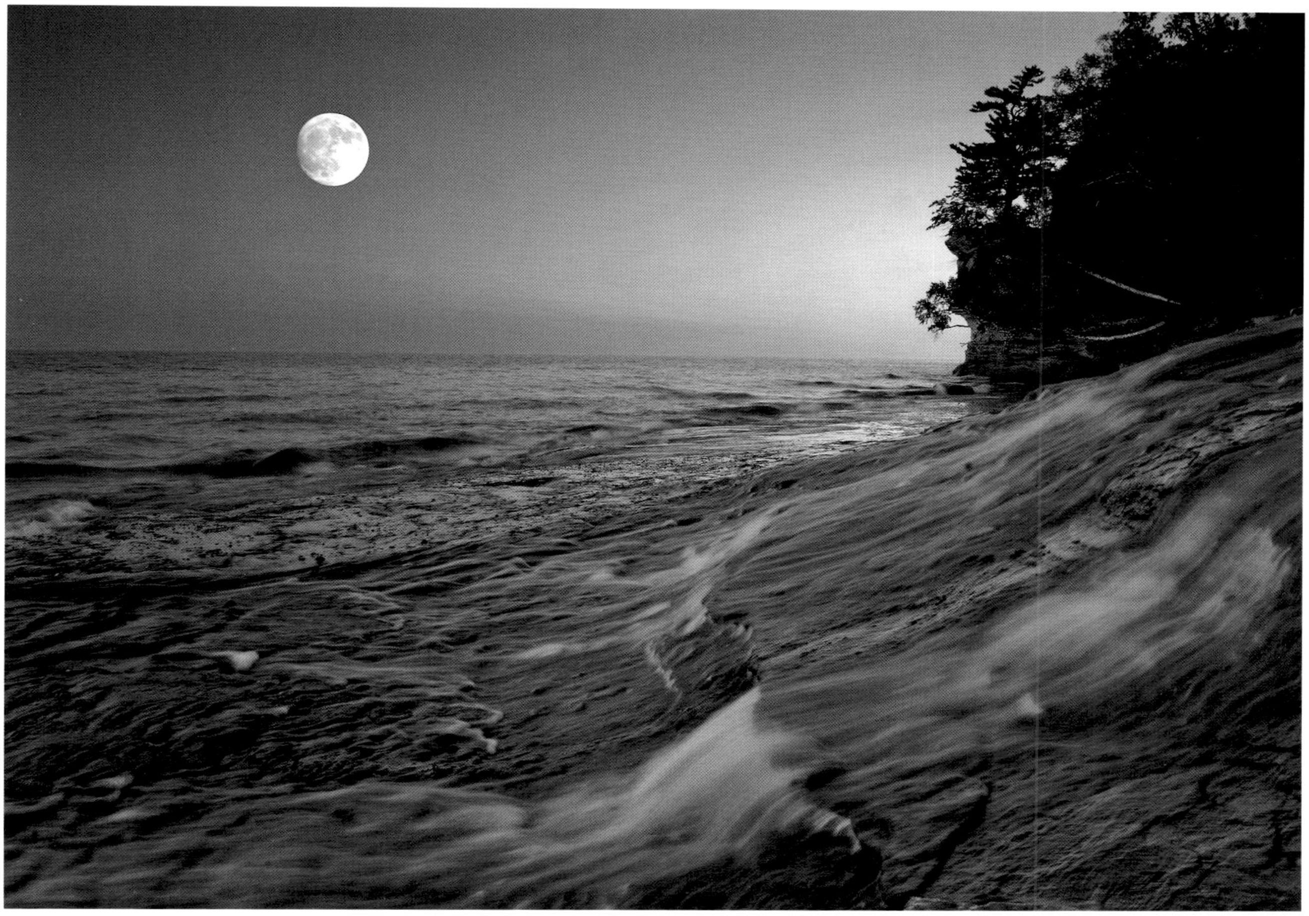

Oben:
Im geweihten Rauch einer Schwitzhütte reinigten die Krieger der Prärieindianer ihren Körper und ihre Seele. In der heißen Luft hing der Duft von Salbei und Sweetgrass. Vor jedem Kriegszug unterzogen sich die Männer diesem Ritual.

Links:
Fließendes Wasser symbolisierte das Leben. Mit ihren langen Haaren erinnerten vor allem Frauen daran, dass der Fluss des Lebens ständig in Bewegung ist. Nur wenn sie trauerten, schnitten sie sich ihre Haare ab.

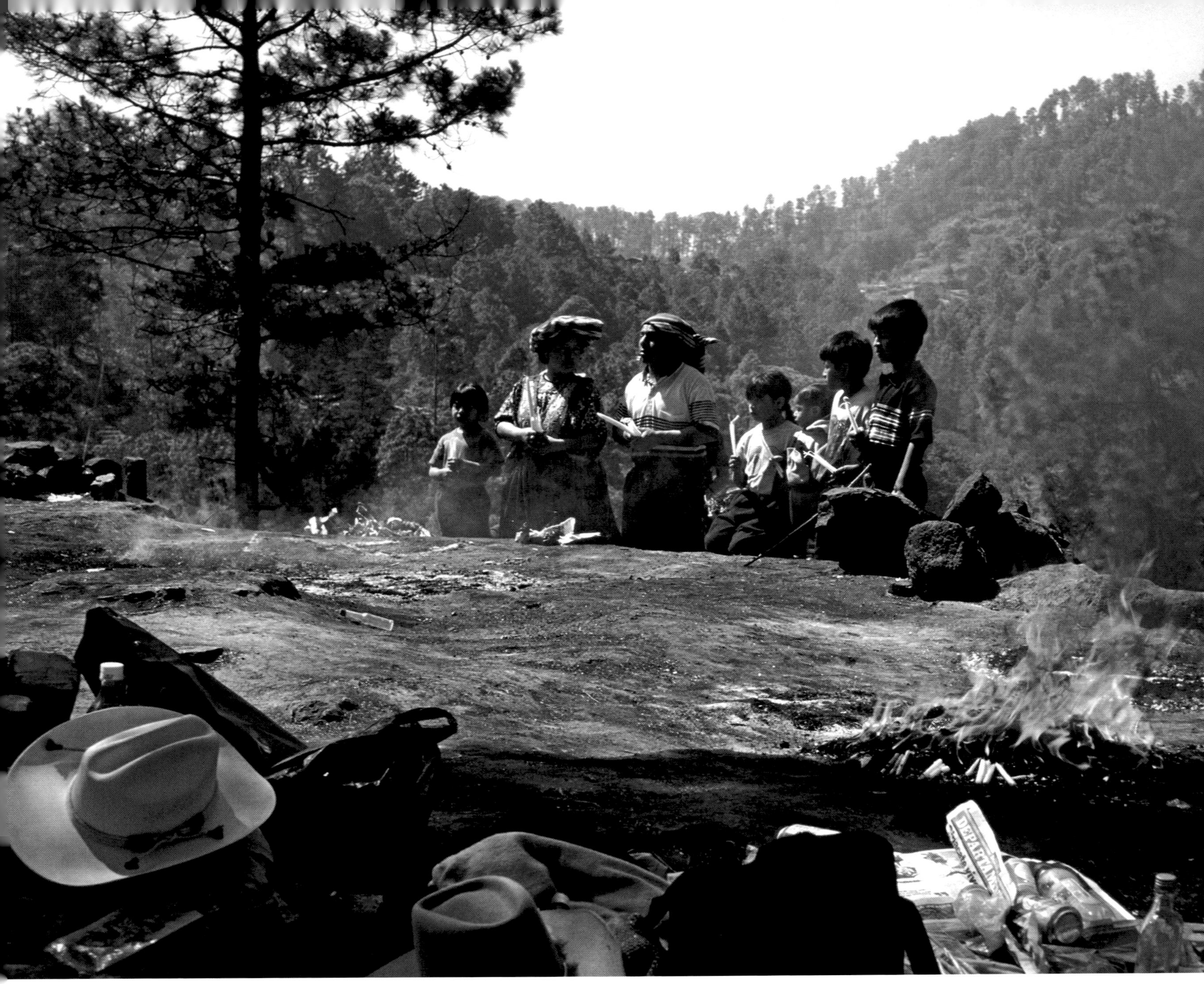

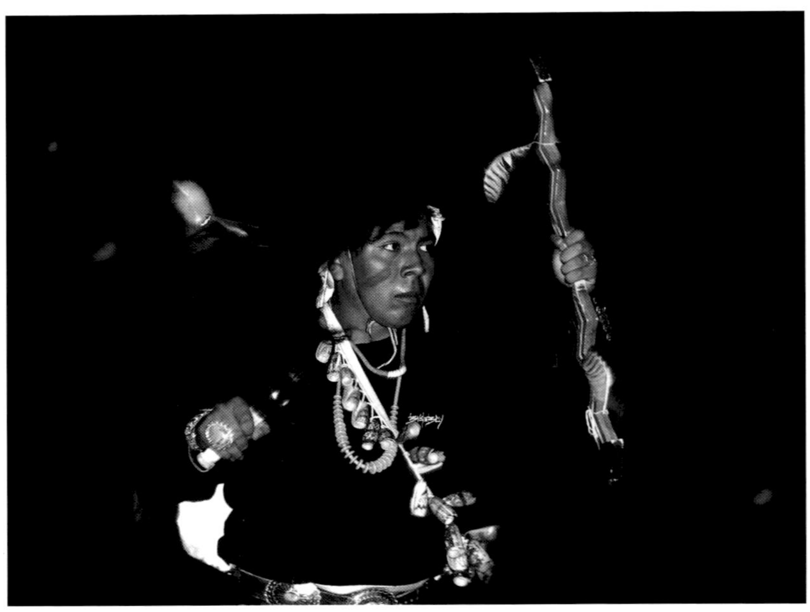

Oben:
Zahlreiche Rituale wie die Reinigungszeremonie der Maya-Indianer in Guatemala haben bis auf den heutigen Tag überlebt. In abgelegenen Gebieten, fernab der Zivilisation, huldigen die Indianer ihren Göttern und Geistern.

Rechts:
Die meisten Pueblo-Indianer wurden christlich getauft, nahmen aber nur einzelne Elemente des christlichen Glaubens an und blieben ihrer Tradition verhaftet. Im Acoma Pueblo feiern sie traditionelle Tanzfeste.

Rechts Mitte:
„Ich bin das Land. Meine Augen sind der Himmel. Meine Glieder die Bäume. Ich bin der Fels, die Wassertiefe. Ich bin nicht hier, um die Natur zu beherrschen oder sie zu nutzen. Ich bin selbst Natur.“
(Gedicht der Hopi)

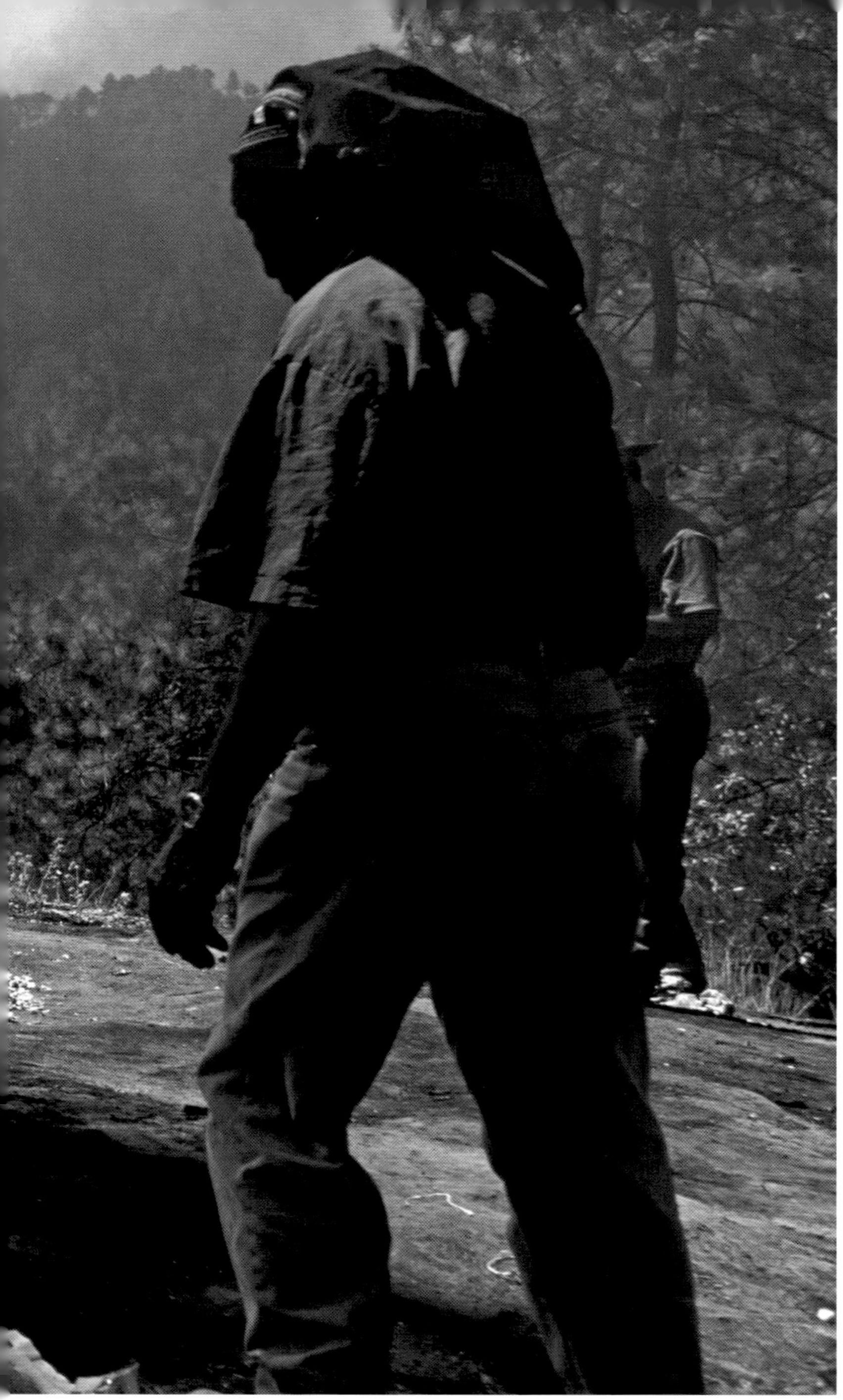

Unten:
Die Zivilisation drang bis in die Dörfer der Pueblo-Indianer im Rio Grande Valley vor. Viele Bewohner arbeiten nicht mehr auf den Feldern, sondern in Fabriken. Ein Pueblo: „Doch in Geist und Seele werden wir immer Pueblos bleiben."

Ganz unten:
„Gott ist unser Vater, und die Erde ist unsere Mutter. Die Natur ist unser Gesetz. Die Tiere und Pflanzen und Fische gehorchen der Natur, und nur der Mensch sündigt." Smohalla (Wanagum)

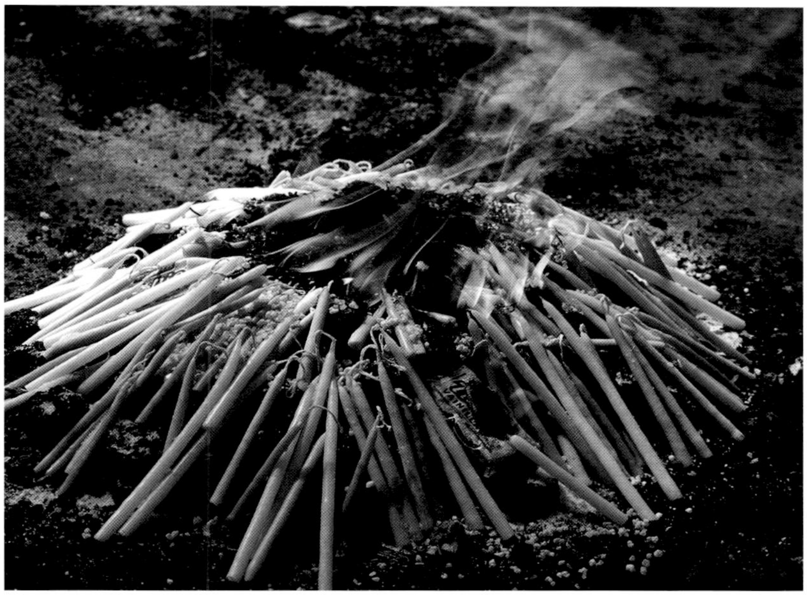

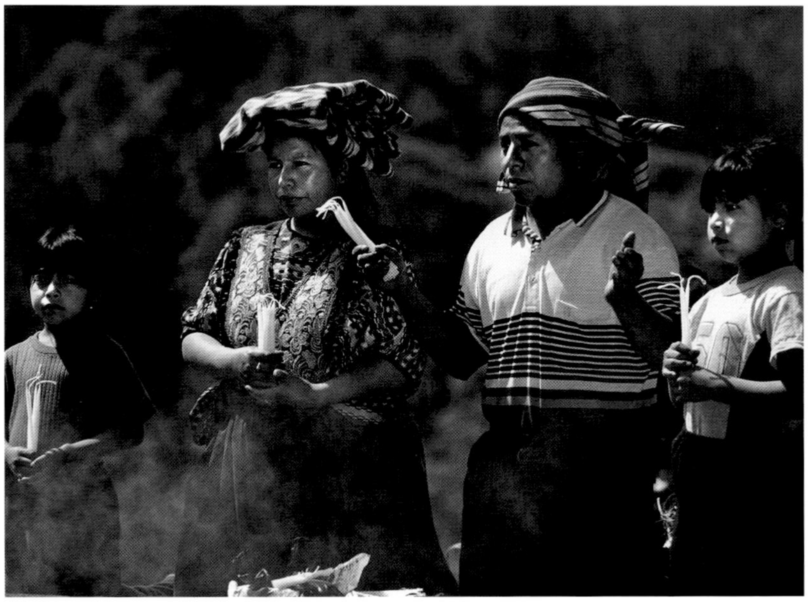

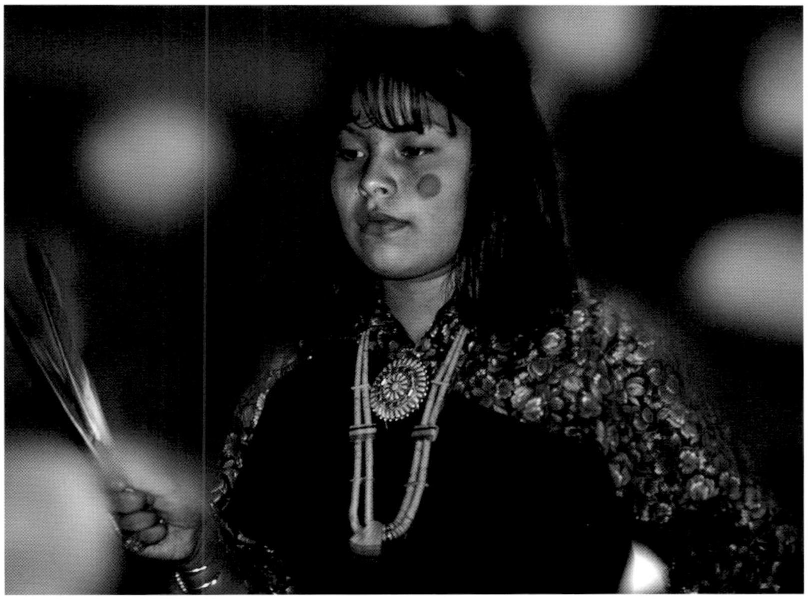

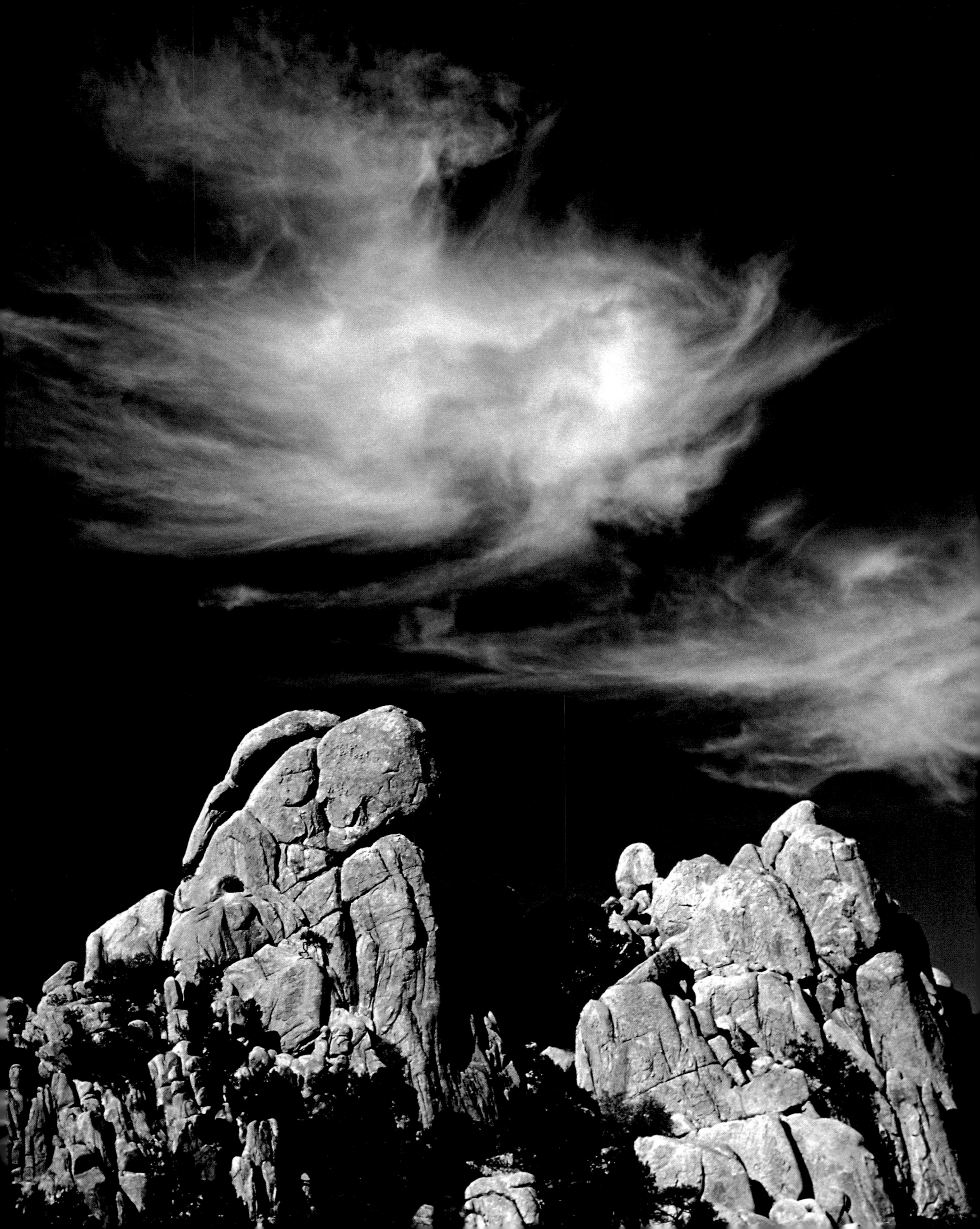

Linke Seite:
In den Dragoon Mountains im südöstlichen Arizona hatte der Apachenführer Cochise sein Versteck. Der friedliebende Krieger soll Karl May als Vorbild für seinen Winnetou gedient haben.

Bei den Pow-wows, den farbenprächtigen Stammestreffen, vergessen die Indianer ihre Probleme. Die Tanzfeste entwickelten sich aus den religiösen und familiären Zeremonien einzelner Stämme und finden vor allem im Sommer statt.

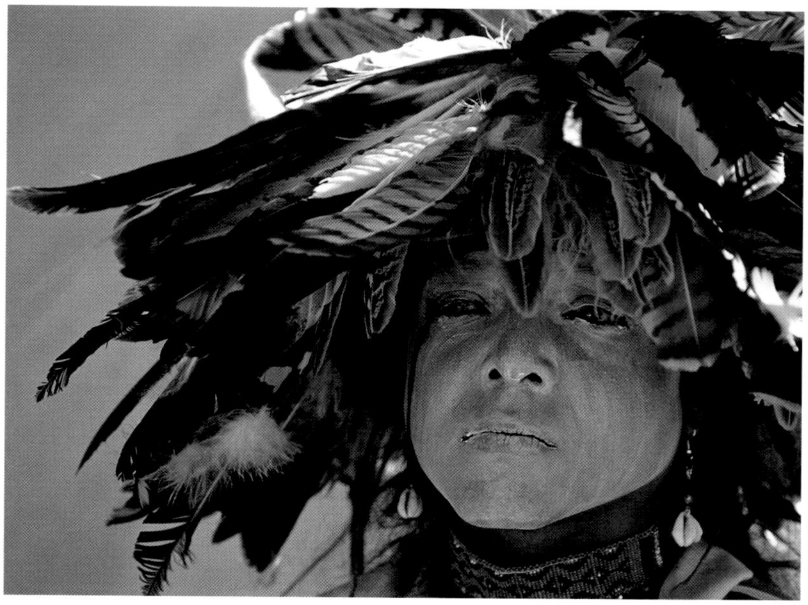

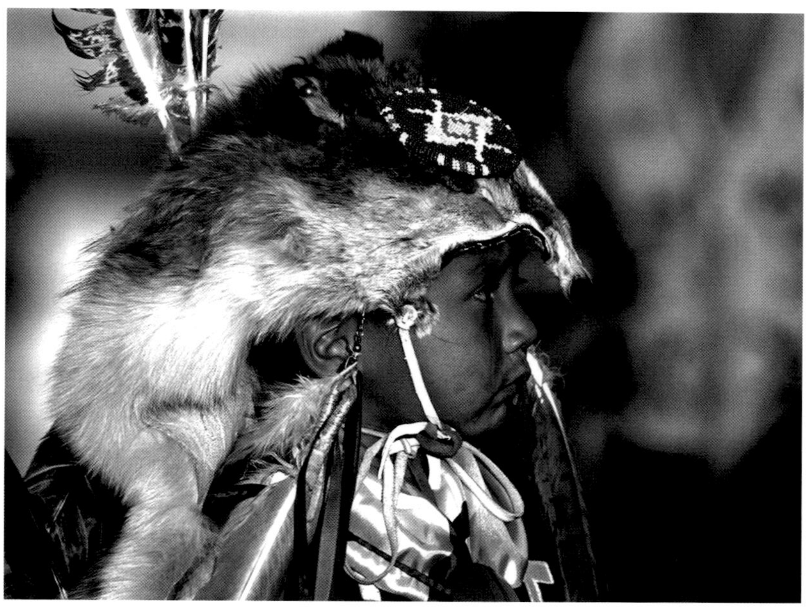

Das erste Pow-wow soll bereits 1804 stattgefunden haben. Historiker vermuten jedoch, dass die kommerziellen Tanzfeste begannen, als die Indianer um 1900 gezwungen wurden, für weiße Besucher aus dem Osten zu tanzen.

In zahlreichen Freilichtmuseen wie dem Oconaluftee Indian Village in North Carolina zeigen Stammesangehörige wie dieser Cherokee-Holzschnitzer, wie ihre Vorfahren lebten. Der Cherokee: „Unsere Kultur darf nicht sterben.“

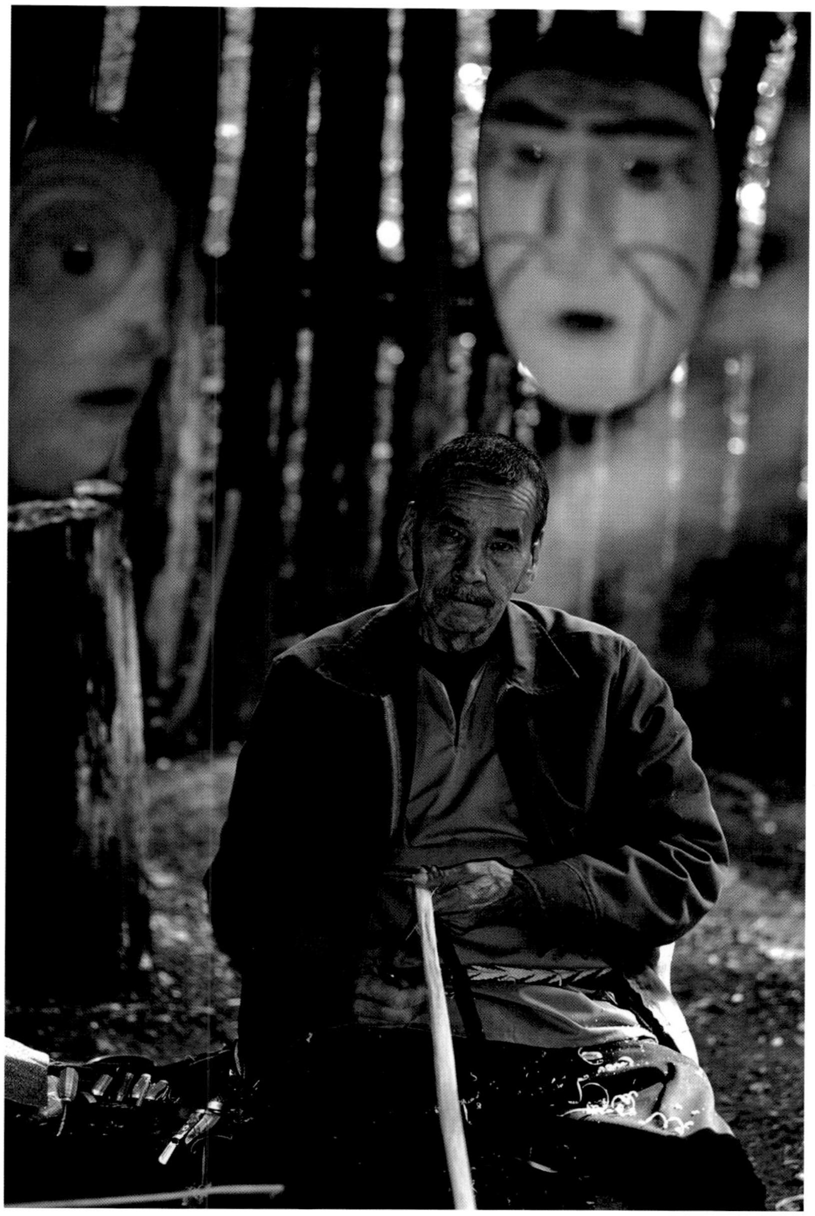

Old Man Coyote – mein Bruder, der Kojote

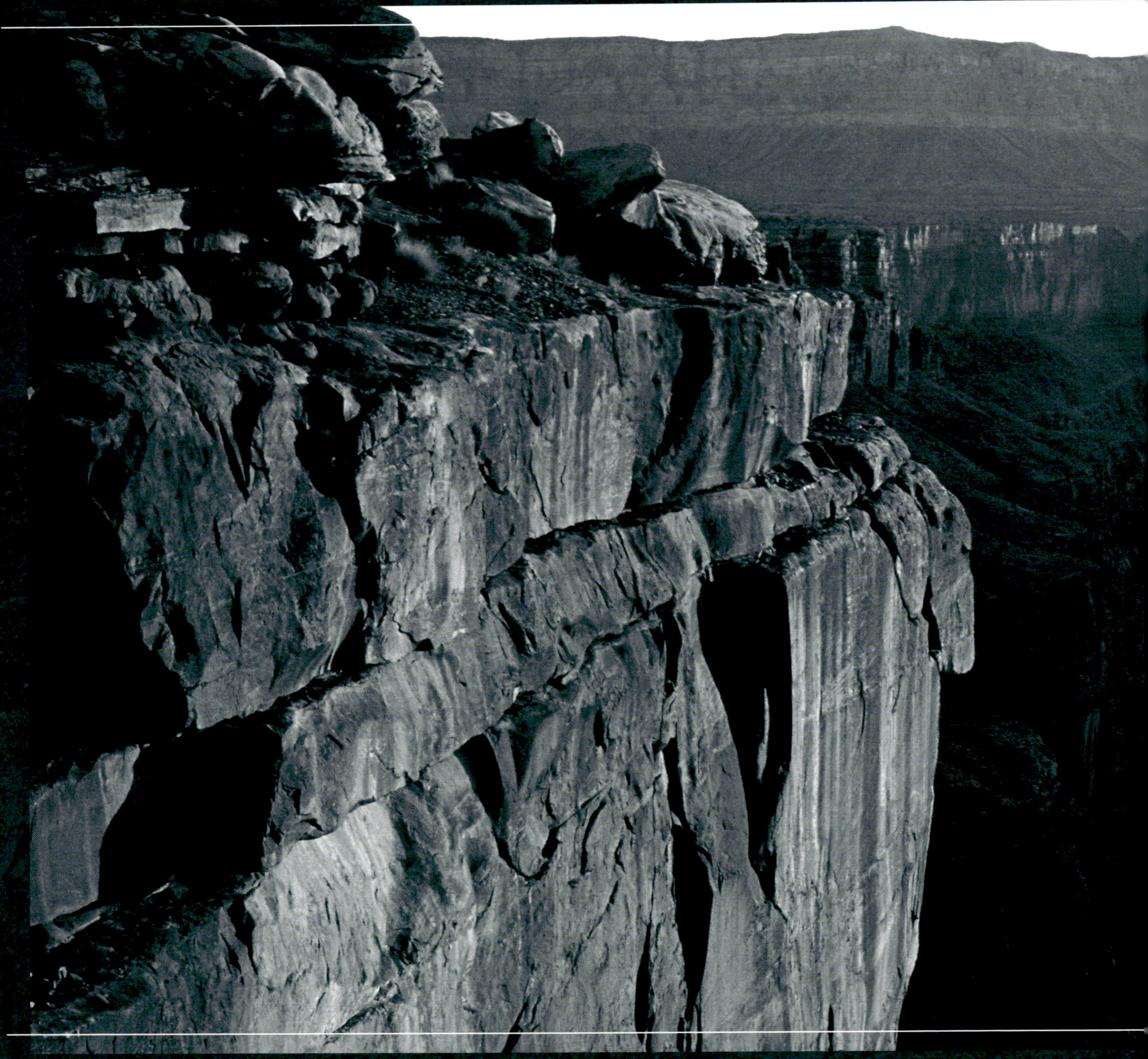

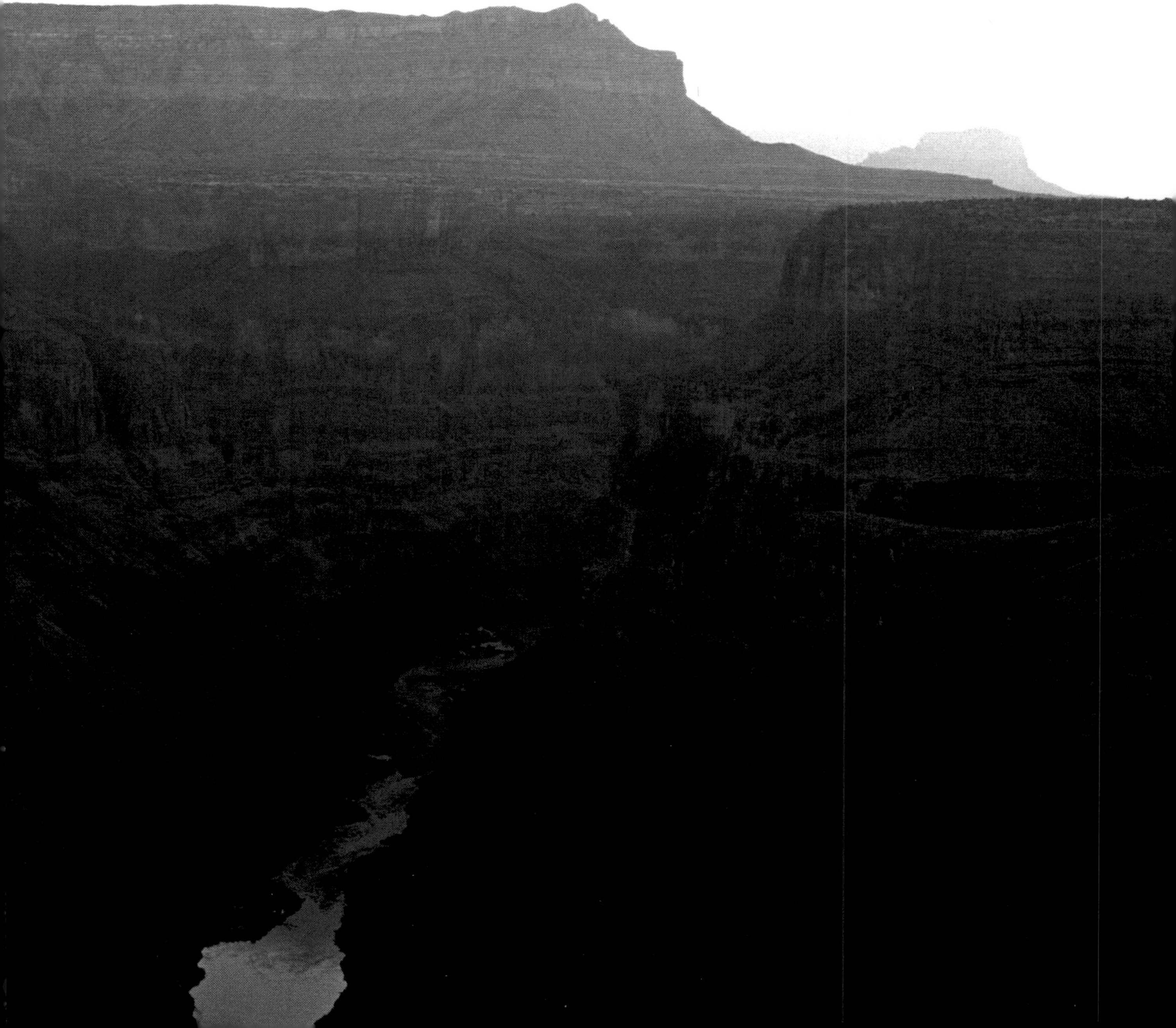

Old Man Coyote – mein Bruder, der Kojote

Seite 84/85: Old Man Coyote, eine Kultfigur fast aller Indianervölker, soll sogar den Grand Canyon geschaffen haben. In der gewaltigen Schlucht lebt heute noch ein Indianerstamm isoliert und nur durch einen Pfad mit der Zivilisation verbunden.

Old Man Coyote ist die populärste Gestalt der indianischen Mythologie und taucht in den Geschichten und Liedern zahlreicher Stämme als trickreicher und manchmal auch gemeiner „Trickster" auf. Als Kojote, aber auch in menschlicher Gestalt oder in einer Verkleidung, treibt er seine boshaften Scherze mit den Menschen. In der Mythologie der Indianer der Nordwestküste und Alaskas taucht er als Rabe auf. Coyote kann übermütig und ausgelassen, aber auch gemein und grausam sein, schockiert die Menschen mit derben sexuellen Scherzen, prahlt mit seiner angeborenen Schlauheit und gibt sich ungeniert der Völlerei hin, in ernsten Momenten erweist er sich aber auch als „Culture Hero", als Träumer, als heiliges Wesen mit schöpferischen Fähigkeiten und weiser Ratgeber. Er heilt und zerstört, bekriegt und versöhnt und tut mit Vorliebe das, was die Menschen am wenigsten von ihm erwarten.

Old Man Coyote repräsentiert nicht das gleichnamige Tier, übernahm lediglich einige seiner Eigenschaften. In der mündlichen Überlieferung der meisten Indianervölker gilt er als Vertreter der ersten Lebewesen, als Vertreter einer mythischen Rasse, die lange vor den ersten Menschen die Erde bevölkerte. Diese Wesen verfügten über schöpferische Kräfte und größere Weisheit als die klügsten Menschen, waren aber nicht gegen menschliche Schwächen wie Dummheit, Faulheit und Gier immun. In den Geschichten, die seit unendlicher Zeit überliefert werden, wenden sie sich an Jung und Alt, informieren und kommentieren sie, treiben sie ihren Schabernack, führen sie den Menschen ihre Schwächen vor Augen. Mit seinen vierbeinigen Namensvettern aber hat Old Man Coyote eines gemein: die Fähigkeit in jeder Lage zu überleben.

Sein Gegenspieler ist in zahlreichen Geschichten der Wolf, ein weiser und gutmütiger Charakter, ganz im Gegensatz zu seiner Rolle in der europäischen Mythologie und in deutschen Märchen. Wer den Wolf als Schutzgeist gewinnen konnte, durfte sich glücklich schätzen, denn er vermittelte Weisheit und magische Kräfte, Energie und Ausdauer und die Fähigkeit, selbst in unerbittlicher Natur zu überleben. Allerdings neigte Bruder Wolf auch dazu, auf die gemeinen Tricks von Old Man Coyote hereinzufallen. Nur einmal konterte

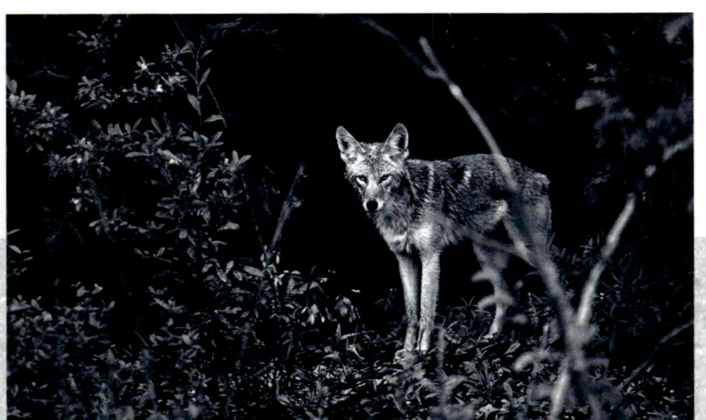

Old Man Coyote tritt nicht nur als Kojote auf. Er bewahrt sich die Eigenschaften des schlauen Tieres, treibt seine derben Scherze aber in unterschiedlicher Gestalt und in fantasievollen Verkleidungen.

er besonders gerissen: Eine Legende der Schoschonen will wissen, dass sich Coyote und Wolf bei der Erschaffung des Menschen gehörig in die Haare gerieten. Bruder Wolf wollte, dass die Menschen nach dem Tod auf die Erde zurückkehrten. Coyote erwiderte: „Aber wenn sie wiederkommen, wird es bald zu viele geben." Wolf willigte ein und ließ den Sohn von Old Man Coyote als Ersten sterben. „Das darfst du nicht tun!", beschwerte sich Coyote. „Bring meinen Sohn zurück!" Doch Wolf blieb stur, und der Sohn von Old Man Coyote blieb auf der anderen Seite.

Die Entstehung der Canyonlands

Diese Geschichte wird von den Indianern im südlichen Utah erzählt: Vor langer Zeit begegnete Coyote einem Mann, der schwere Felsbrocken umdrehen konnte, ohne sie zu berühren. „Hab Mitleid mit mir", jammerte Coyote, „verrate mir dein Geheimnis!" Der Mann erwiderte: „Das will ich tun, aber du darfst die Steine nur viermal bewegen, sonst geschieht ein großes Unglück!" Coyote war einverstanden. Er bewegte die Felsbrocken, war aber so verwirrt, dass er sich verzählte und die Steine fünfmal bewegte.

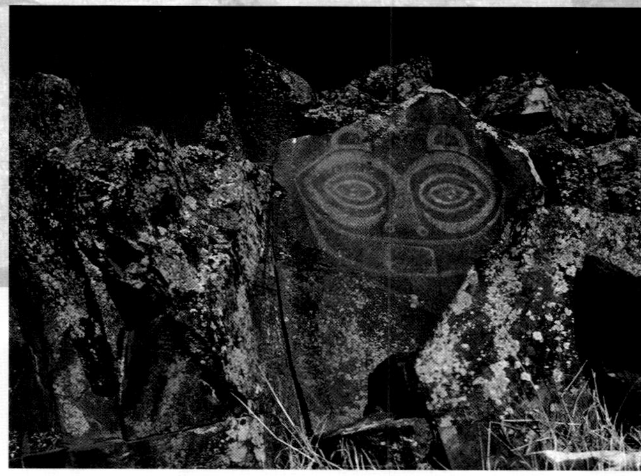

Auf einen Felsen im Horse Thief State Park in der Columbia River Gorge malte Old Man Coyote ein mythisches Wesen, das seine Umwelt misstrauisch beobachtet. Manche Indianer behaupten, es sei ein Selbstbildnis.

Ein dumpfes Grollen ging durch den Canyon. Ein großer Felsbrocken verfolgte den armen Coyoten und rollte auf seinen Körper. „Hilfe!", schrie Coyote, aber der Mann war längst verschwunden, und seine vierbeinigen Freunde waren zu schwach, um den Felsbrocken zu bewegen. Da erschien ein Adler über ihm. „Mein Bruder", rief Coyote verzweifelt, „dieser Stein hat dich beschimpft. Er sagt, dass du einen großen Kopf und einen krummen Schnabel hast und sehr hässlich bist! Als ich ihn zum Schweigen bringen wollte, ist er auf mich gerollt!"

Der Adler wurde wütend. Er stieg hoch in den Himmel und stürzte sich mit aller Kraft auf den Felsbrocken. Sein Schnabel traf ihn genau in der Mitte und zersplitterte ihn. Die Felsbrocken flogen nach allen Seiten und türmten sich zu einem gewaltigen Zauberreich, das an Schönheit kaum zu überbieten war. Bis zum fernen Horizont reichte das Gewirr von Schluchten und Tälern. Coyote erhob sich staunend und schwor, jeden in Schwierigkeiten zu bringen, der sein Felsenparadies bedrohte.

Seit jenem Tag wacht er eifersüchtig über sein Reich. Seine Spuren führen durch die versteckten Canyons, und sein Schatten geistert über die braunen Felswände. Der Weiße Mann hat einen Teil des Landes unter Naturschutz gestellt, aber jedes Jahr strömen mehr Besucher in die Nationalparks, und es wird immer schwerer, die Natur vor der endgültigen Zerstörung zu bewahren.

1983 ließ der Coyote einen riesigen Felsbrocken im Zion Canyon von den Bergen stürzen, nur um den Weißen zu zeigen, welche Kräfte sich im Hinterland verbargen. Schmunzelnd beobachtete er, wie verblüfft die Menschen vor dem gestürzten Felsbrocken standen, und mit einem spöttischen Lächeln stellte er fest, dass die Regierung den Autoverkehr über den Scenic Drive verbot und einen Shuttle Service einführte.

An die Entstehung der Goosenecks wird der Coyote nur ungern erinnert. Die Legende will wissen, dass er vor den herabstürzenden Felsen floh und in einem wilden Zickzack zum Horizont stürmte. Seine kurvenreiche Spur füllte sich mit dem Wasser des Colorado Rivers. Verschämt zog sich der zottige Bursche in die Canyonlands zurück. Im rauen Hinterland des gleichnamigen Nationalparks begegnet er kaum Wanderern. Lediglich zwei Stichstraßen führen zu Aussichtspunkten in dem riesigen Park. Die Felswildnis im „Maze District“ erreichen nur geübte Wanderer nach einem anstrengenden Marsch über markierte Trails. Sie sehen den Schatten des Coyoten zwischen den turmhohen Felsen und hören sein langgezogenes Heulen, wenn sie nachts in ihren Schlafsäcken liegen.

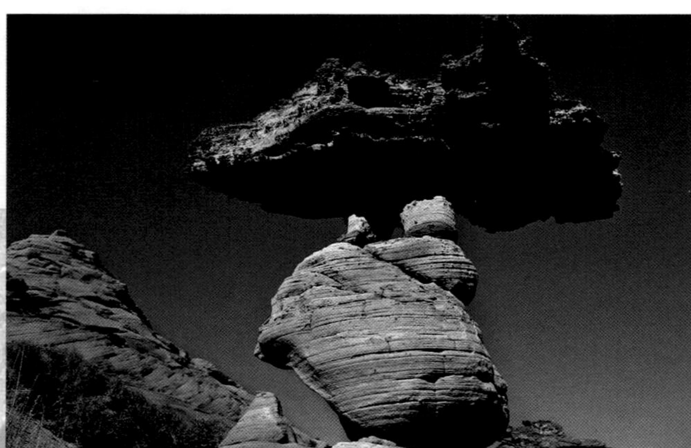

Angeblich soll Old Man Coyote auch dafür gesorgt haben, dass die Weißen einen großen Teil der zerklüfteten Felswildnis in Utah und Arizona unter Naturschutz gestellt haben. Darauf sei er besonders stolz.

Wie Coyote die Menschen erschuf

Als „Culture Hero“ taucht Old Man Coyote in der Schöpfungsgeschichte der Crow-Indianer auf: Bevor es Menschen gab, war Coyote allein und starrte über das endlose Wasser vor ihm. Als zwei rotäugige Enten vorbeischwammen, fragte er sie, ob sie irgendjemanden getroffen hätten. Sie verneinten, aber es sei doch möglich, dass jemand unter der Oberfläche wohnte. Coyote bat sie nachzusehen. Eine Ente tauchte und kam nach langer Zeit mit einer Wurzel wieder. „Gibt es nichts Weicheres?“, fragte Coyote. Die Ente tauchte erneut und kehrte mit einem Schnabel

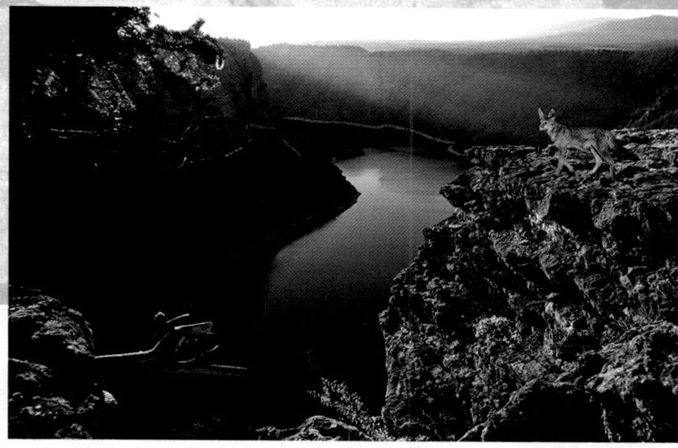

Old Man Coyote soll aus einem mythischen Volk hervorgegangen sein, das vor der Erschaffung des Menschen die Erde bevölkerte. Diese Wesen verfügten über schöpferische Kräfte, waren aber auch anfällig gegenüber menschlichen Schwächen.

voller nasser Erde zurück. „Nun, meine jüngeren Brüder“, sagte Coyote, „damit kann ich arbeiten.“ Vor den verwirrten Enten blies Coyote auf die Erde, die sich auf wundersame Weise vermehrte und eine Insel bildete. „Älterer Bruder“, erwiderte eine Ente, „das ist gut. Aber kannst du sie größer machen?“ Coyote blies auf die Insel, bis sie so groß wie die Erde war. Staunend blickten die drei auf die weiten Ebenen, die sich nach allen Seiten erstreckten. Eine der Enten seufzte: „Aber es wäre schöner, wenn die Ebenen nicht so leer wären.“ Coyote bückte sich und hob die Wurzel auf, welche die Ente gebracht hatte. Damit schuf er die Bäume, das Gras und alle Pflanzen, die auf der Erde wachsen. Wieder bestaunten die Enten das Werk von Coyote. „Wundervoll“, meinte die andere Ente, „aber das Land ist so flach. Es wäre doch schön, wenn es Flüsse gäbe, die würden Täler und Canyons in die Erde graben.“ Coyote grübelte eine Weile und schüttelte die Erde dann kräftig durch, bis Flüsse zu sehen waren. Die Enten waren zufrieden. „Perfekt!“, riefen sie im Chor. Doch diesmal war Coyote nicht zufrieden. „Wunderschön“, sagte er, „das Land, die Flüsse, die Bäume und das Gras. Aber ich bin einsam und langweile mich. Wir brauchen mehr Lebewesen.“ Er hob etwas Erde auf und erschuf einige Menschen. „Und wir?“, beklagten sich die Enten. Coyote lächelte und schuf die verschiedensten Enten. Wieder staunten Coyote und die Enten. Dann fiel Coyote ein, dass es doch schön wäre, Frauen zu haben. Dann könnten sich die Menschen fortpflanzen, und alle wären zufrieden. Auch weibliche Enten wollte er formen. Die Enten waren einverstanden, und Coyote ging an die Arbeit. Nachdem er weibliche Wesen geschaffen hatte, waren alle zufrieden.

Doch Coyote traf einen anderen Kojoten und fragte: „Mein Bruder! Wo kommst du her?“ Der Kojote antwortete: „Ich weiß nicht, ich bin einfach da. Wer bist du?“ Coyote antwortete: „Ich bin Old Man Coyote. Komm, ich zeige dir, was ich geschaffen habe.“ Der Kojote war voll des Lobes, doch dann fragte er: „Warum erschaffst du keine anderen Wesen?“ Coyote war einverstanden und schuf Büffel, Antilopen, Bären und viele andere Tiere. Als der Bär die anderen mit seinen Klauen angriff, verdammte er ihn dazu, den Winter in einer Höhle zu verschlafen. Weil es den Menschen schlecht ging, schlug der Kojote vor, ihnen Feuer zum Wärmen, Tipis zum Wohnen und Waffen für die Jagd zu schenken. Coyote erfüllte ihm den Wunsch. Doch sein Begleiter war noch immer unzufrieden. „Es gibt nur eine Sprache", sagte er. „Es sollte mehrere Sprachen geben, denn man kann niemanden bekämpfen, der dieselbe Sprache spricht. Es muss Feindschaft und Krieg geben." Coyote wunderte sich. „Warum?" Der Kojote lächelte. „Denke nach, älterer Bruder. Krieg ist gut. Wenn du auf den Kriegspfad gehst und viele Coups schlägst und viele Pferde erbeutest, bist du angesehen, und die Frauen blicken zu dir auf. Und wenn du besonders tapfer bist, wählen sie dich zu ihrem Anführer." Das sah Old Man Coyote ein. Er schuf verschiedene Völker mit unterschiedlichen Sprachen, und es gab Krieg. „Das ist gut", sagte er.

Coyote und der rollende Felsen

In einer Geschichte der Sioux heißt es: An einem Frühlingstag gingen Coyote und Fuchs spazieren. Sie sahen einen großen Felsen, breiteten ihre Decke darüber und setzten sich darauf. Nach einer Weile brannte die Sonne vom Himmel, und sie brauchten die Decke nicht mehr. „Mein Bruder", sagte Coyote zu dem Felsen, „ich gebe dir meine Decke, weil du arm bist und mir erlaubt hast, auf dir zu rasten. Behalte sie." Coyote und Fuchs gingen ohne die Decke weiter. Sie waren noch nicht weit gekommen, als eine dunkle Wolke die Sonne verdeckte. Blitze zuckten vom Himmel, Donner grollte, und es begann zu regnen. Der einzige Schutz, den sie fanden, war ein Bachbett. Coyote sagte zum Fuchs: „Lauf zum Felsen und bitte ihn, uns die Decke zu leihen, bis es aufgehört hat zu regnen." Fuchs rannte zum Felsen zurück und sagte, was Coyote ihm aufgetragen hatte, aber der Felsen winkte ab. „Nein", erwiderte er. „Coyote hat mir die Decke geschenkt. Ich behalte sie. Sag ihm, dass er sie nicht haben kann." Fuchs rannte zu Coyote zurück und überbrachte ihm die Antwort. „Was für ein undankbarer Felsen", stieß Coyote hervor. Ich wollte die Decke doch nur so lange haben, bis es wieder trocken ist." Er lief wütend zum Felsen zurück und nahm ihm die Decke weg. „Ich brauche die Decke!", fuhr er ihn an. „Du brauchst sie nicht! Du warst dein ganzes Leben im Regen und im Schnee und kennst nichts anderes."

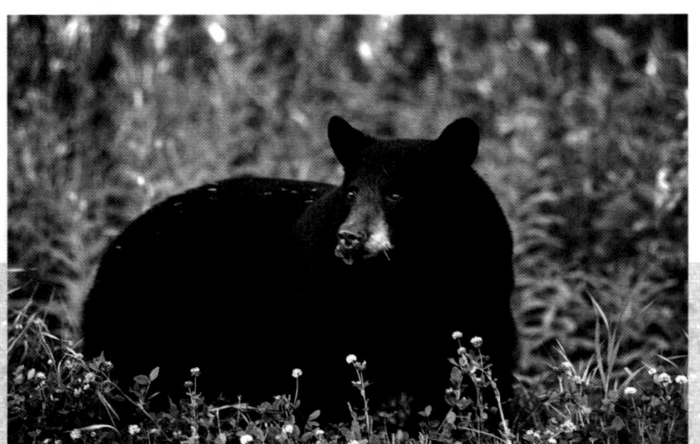

Anders als Old Man Coyote verkörpert der Bär vor allem Stärke und eine gewisse Gelassenheit. Viele Krieger verehrten ihn als ihren Schutzgeist und verließen sich im Kampf auf die Magie ihrer Kette aus Bärenkrallen.

Coyote und Fuchs hängten sich die Decke um und warteten, bis es zu regnen aufhörte. Dann liefen sie weiter. Kurz bevor sie den Fluss erreichten, hörten sie ein lautes Rumpeln hinter sich. „Mein Bruder", sagte Coyote zu Fuchs, „sieh nach, woher das kommt." Fuchs tat ihm den Gefallen und kam voller Panik zurückgerannt. „Lauf!", rief er schon von weitem. „Der Felsen verfolgt uns!" Coyote blickte zurück und sah den Felsen über den Hügel kommen. Fuchs versteckte sich in einem Dachsbau, aber der Felsen erwischte ihn am Schwanz, deshalb ist der bei allen Füchsen weiß. Coyote sprang in den Fluss und vertraute darauf, dass der Felsen nicht schwimmen konnte. Doch der belehrte ihn eines Besseren und verfolgte ihn weiter. Coyote rannte durch den Wald und erreichte die Prärie. Dort flehte er einige Bären um Hilfe an. „Wir retten dich", versprachen die Bären, aber der Felsen zertrümmerte ihre Schädel. Coyote floh weiter und begegnete einigen Büffeln. „Rettet mich!", rief er ihnen zu. Die Büffel stellten sich dem Felsen entgegen, aber der fegte sie zur Seite und ließ sich nicht aufhalten. Einige Klapperschlangen bildeten eine Schlinge und wollten den Felsen stoppen, aber der zerfetzte sie. Coyote floh über einen schmalen Pfad und spürte den Felsen dicht hinter sich. Gerade, als er den Stein an seinen Beinen spürte, sah er zwei Hexen am Wegesrand stehen. Sie hielten Steinäxte in den Händen. „Wir retten dich!", riefen sie ihm zu. Im nächsten Augenblick sprangen sie auf den Felsen und zersplitterten ihn mit ihren Äxten. Coyote folgte den Hexen in ein großes Lager. Er hörte sie sagen: „Er sieht fett aus, ein gutes Abendessen! Lass ihn uns gleich schlachten!" Coyote tat so, als ob er nichts gehört hatte, und wartete, bis die Hexen im Zelt verschwanden, um einen Kochtopf zu holen. Währenddessen lehrte er schnell die Wasserbehälter. „Ich bin sehr durstig", sagte er, als sie zurückkehrten. „Habt ihr was zu trinken für mich?" Eine Hexe deutete auf die Behälter. „Da ist genug Wasser drin." Doch als sie in die Behälter blickte, waren sie leer. „Ich gehe zum Fluss und hole Wasser", bot Coyote an. Er verschwand mit den Behältern und machte sich, sobald er außer Sichtweite war, aus dem Staub. Als die Hexen merkten, dass Coyote sie hereingelegt hatte, beschuldigten sie sich gegenseitig. Sie kämpften, bis beide tot waren.

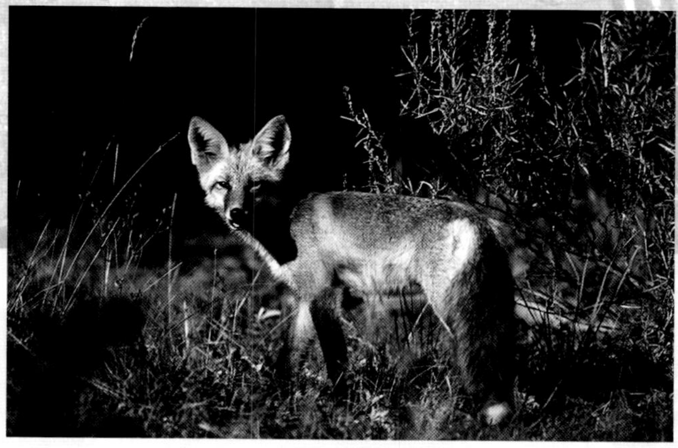

Lediglich mit seiner Schlauheit reichte der Fuchs an Old Man Coyote heran. Ansonsten konnte er ihm nicht das Wasser reichen, behauptet zumindest Coyote. Nicht mal der Wolf könne einem „Trickster" wie ihm etwas anhaben.

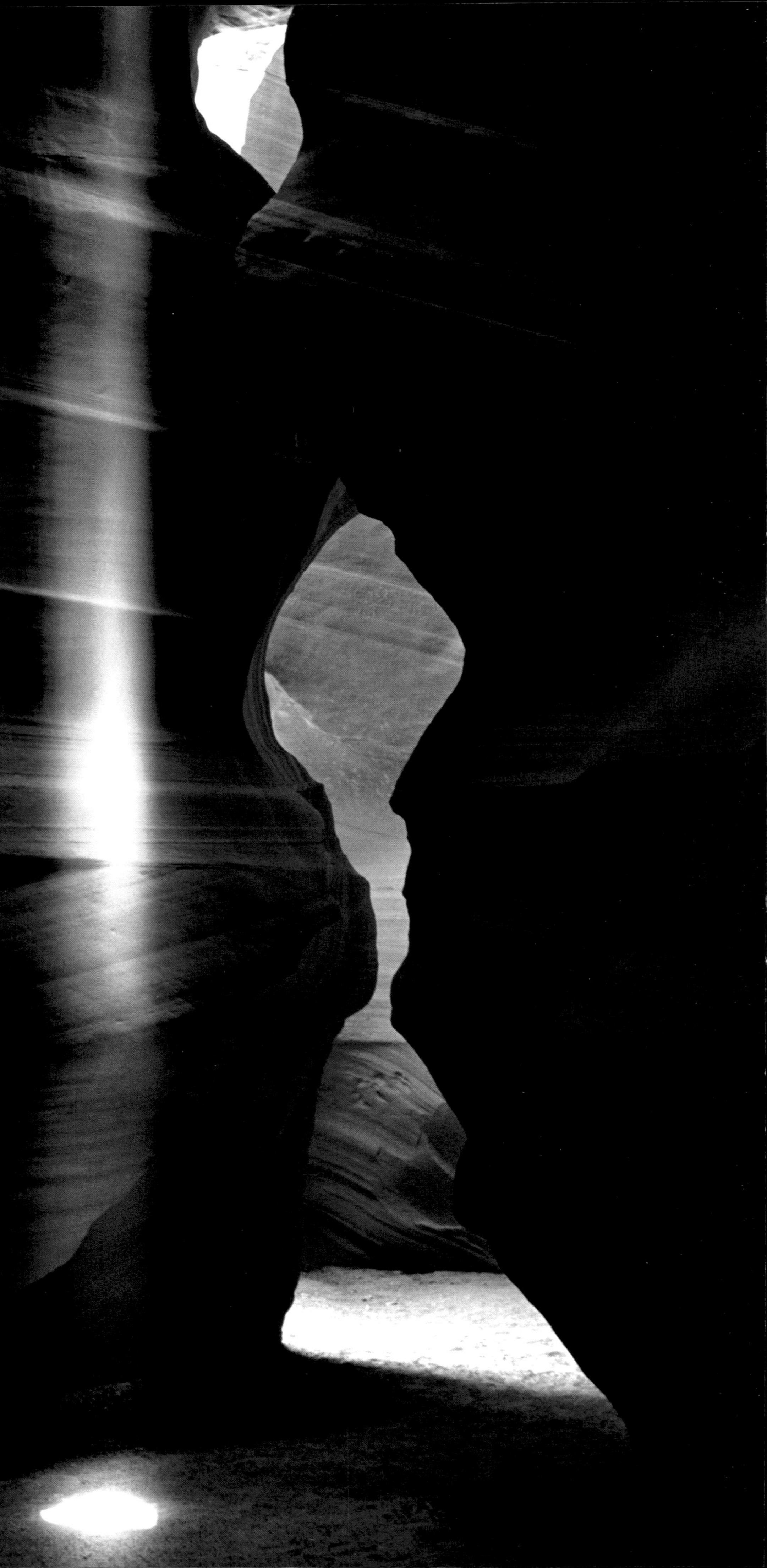

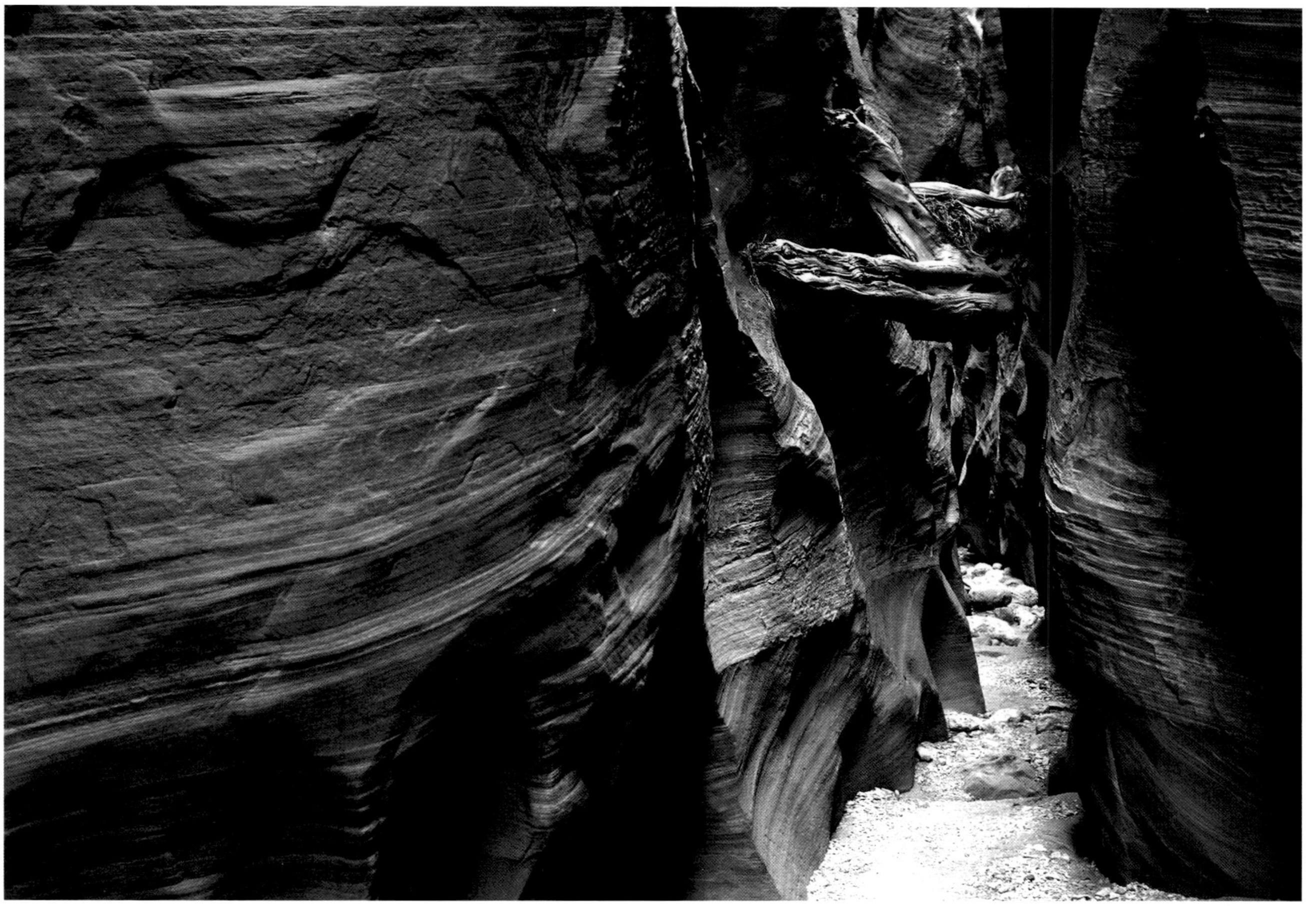

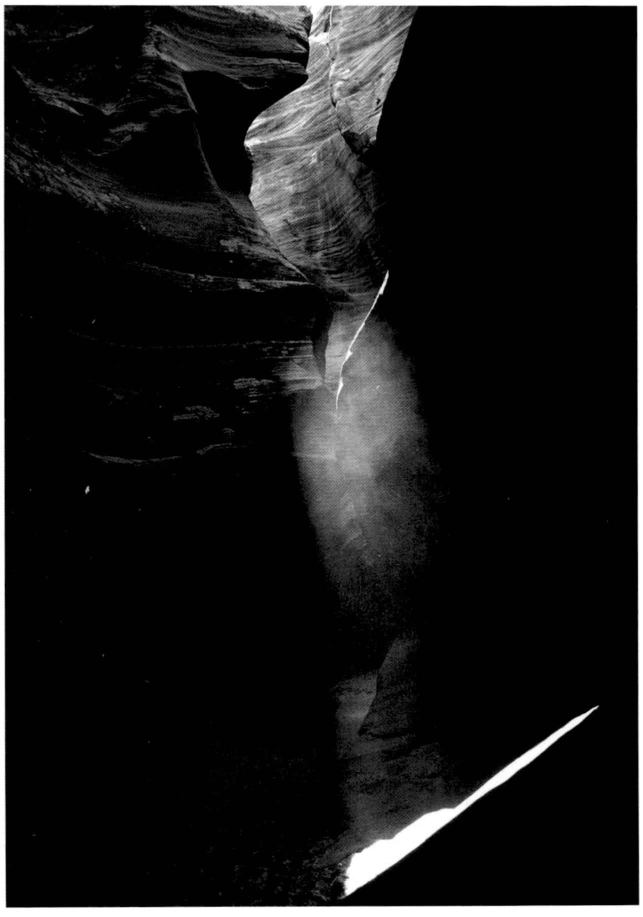

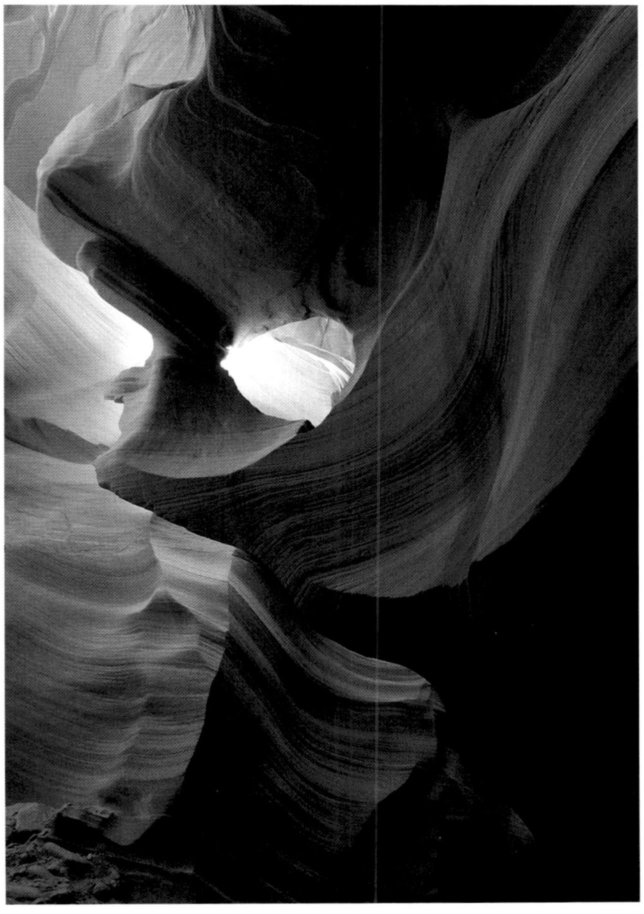

Linke Seite:
Im malerischen Antelope Canyon im nordöstlichen Arizona ließ Old Man Coyote seinen schöpferischen Kräften freien Lauf. In einer Geschichte behauptet er, an der Erschaffung dieser Schlucht entscheidend mitgewirkt zu haben.

Links:
Den Wire Pass im Grand Staircase Escalante National Park hätte Old Man Coyote beinahe links liegen lassen. Das Gebiet wurde erst vor wenigen Jahren unter Naturschutz gestellt.

Ganz links:
Die Navajo-Indianer verehren den Antelope Canyon als heiligen Ort. Die verwunschene Schlucht liegt in ihrem Reservat und taucht in den Reiseführern des Weißen Mannes immer noch als Geheimtipp auf.

Links:
Weiße Besucher sollten sich im Antelope Canyon vorsehen. Wenn Old Man Coyote schlechter Laune ist, lässt er es blitzen, donnern und in Strömen regnen – dann fließen wahre Sturzbäche durch den engen Canyon.

Seite 94/95:
Im Monument Valley, dem magischen Felsental an der Grenze zwischen Utah und Arizona, zeigt die urwüchsige Natur ihr fantasievollstes Gesicht. In zahlreichen Westernfilmen bildeten die rotbraunen Tafelberge eine dramatische Kulisse.

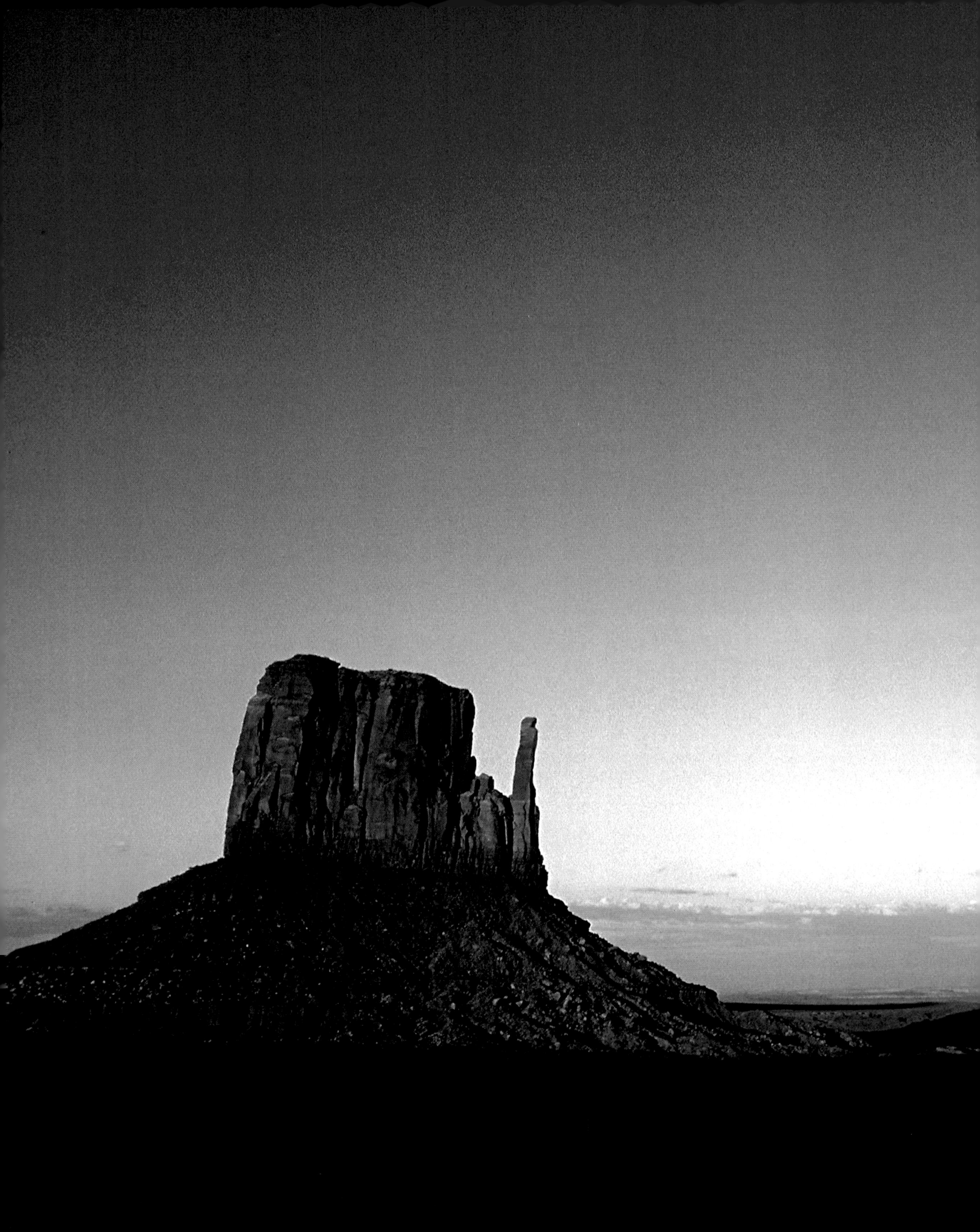

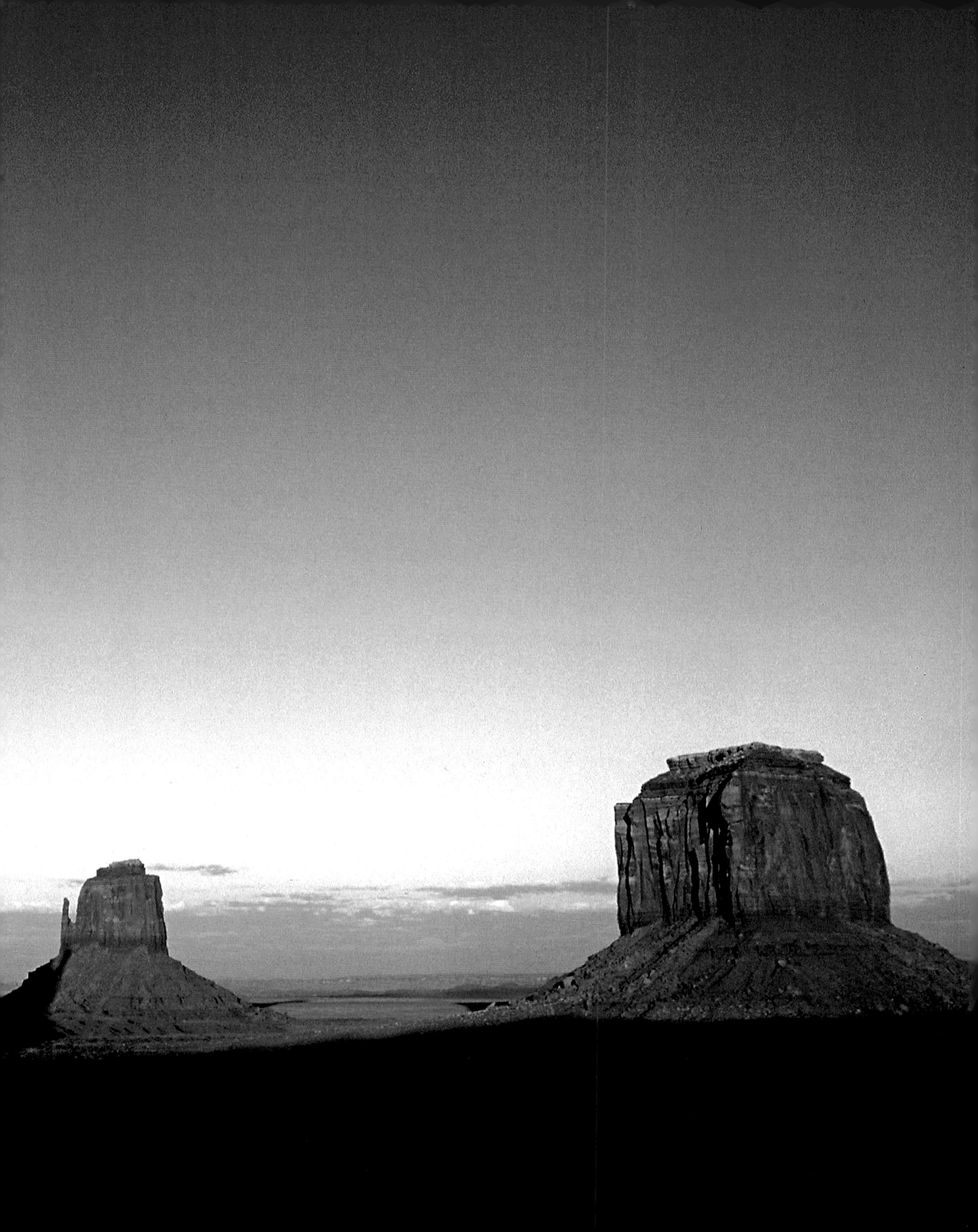

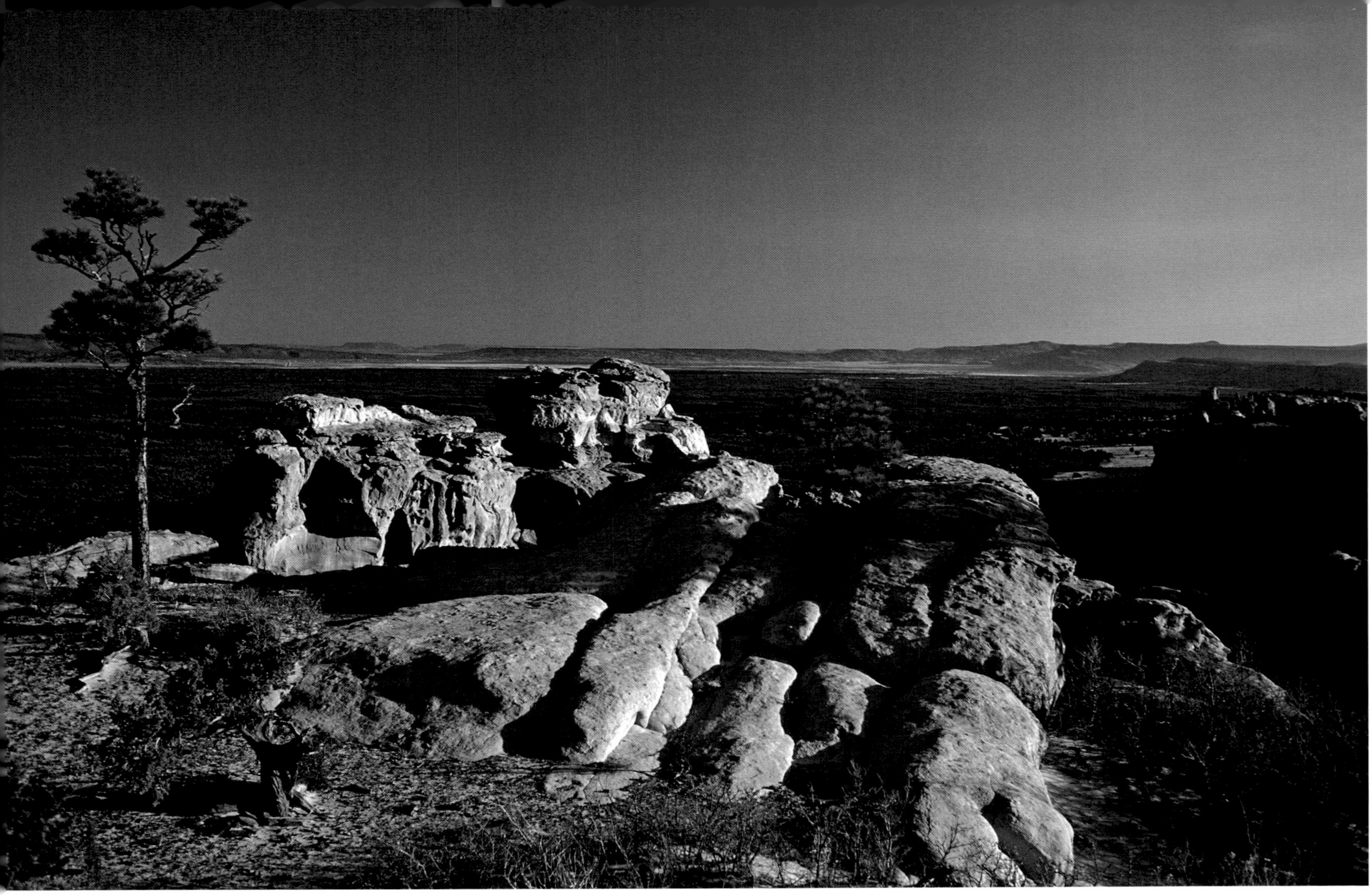

Oben:
Die Sandstone Bluffs im El Malpais National Monument in Utah waren die Heimat prähistorischer Indianervölker, die bis 1300 n. Chr. in der Gegend lebten. Angeblich soll sie eine lang anhaltende Trockenheit vertrieben haben.

Rechts:
In den trockenen Wüstengebieten des amerikanischen Südwestens lebten die Apachen. Anders als bei Karl May, der sie als Übermenschen und Prärieindianer schilderte, führten sie ein trostloses und entbehrungsreiches Leben.

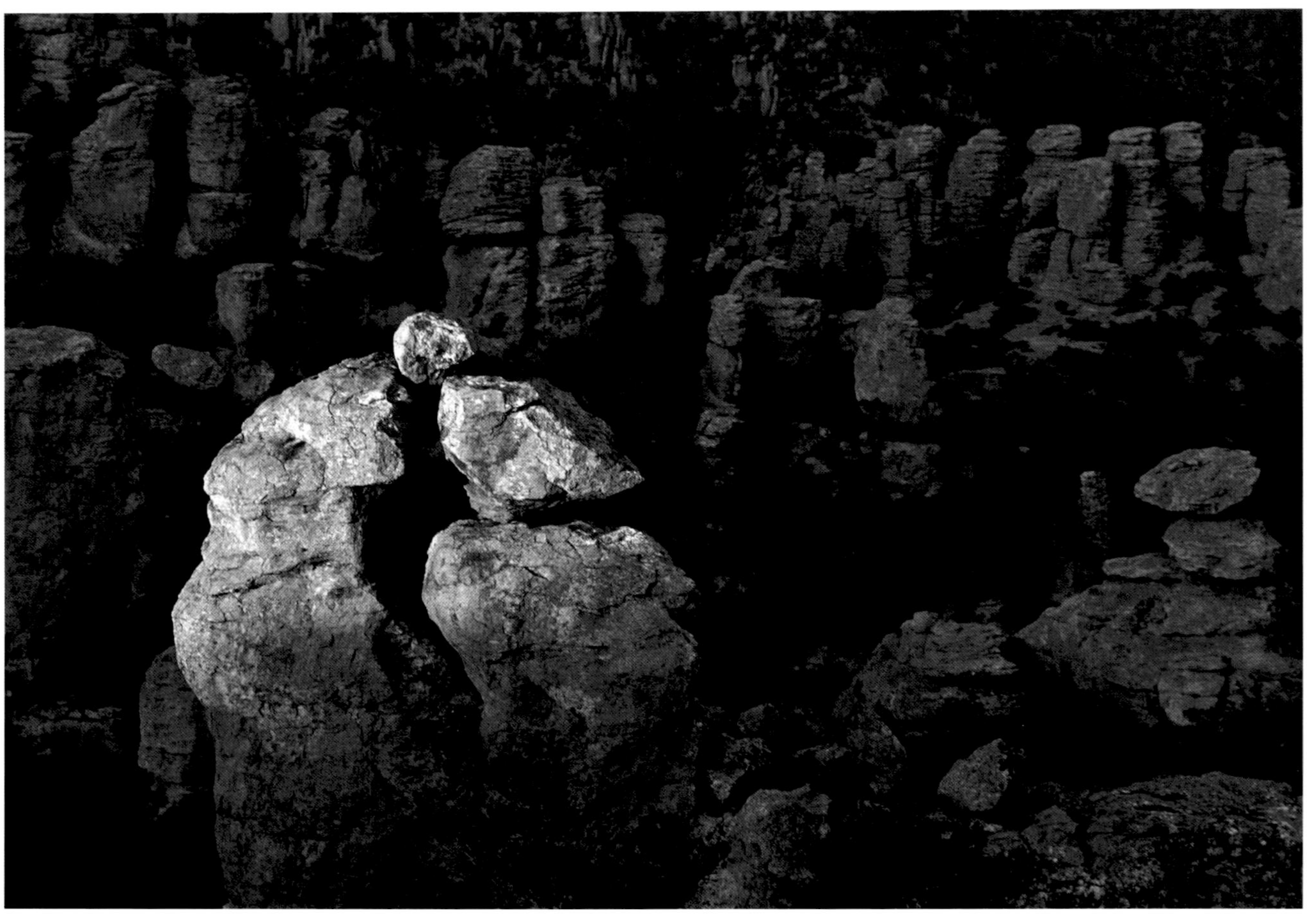

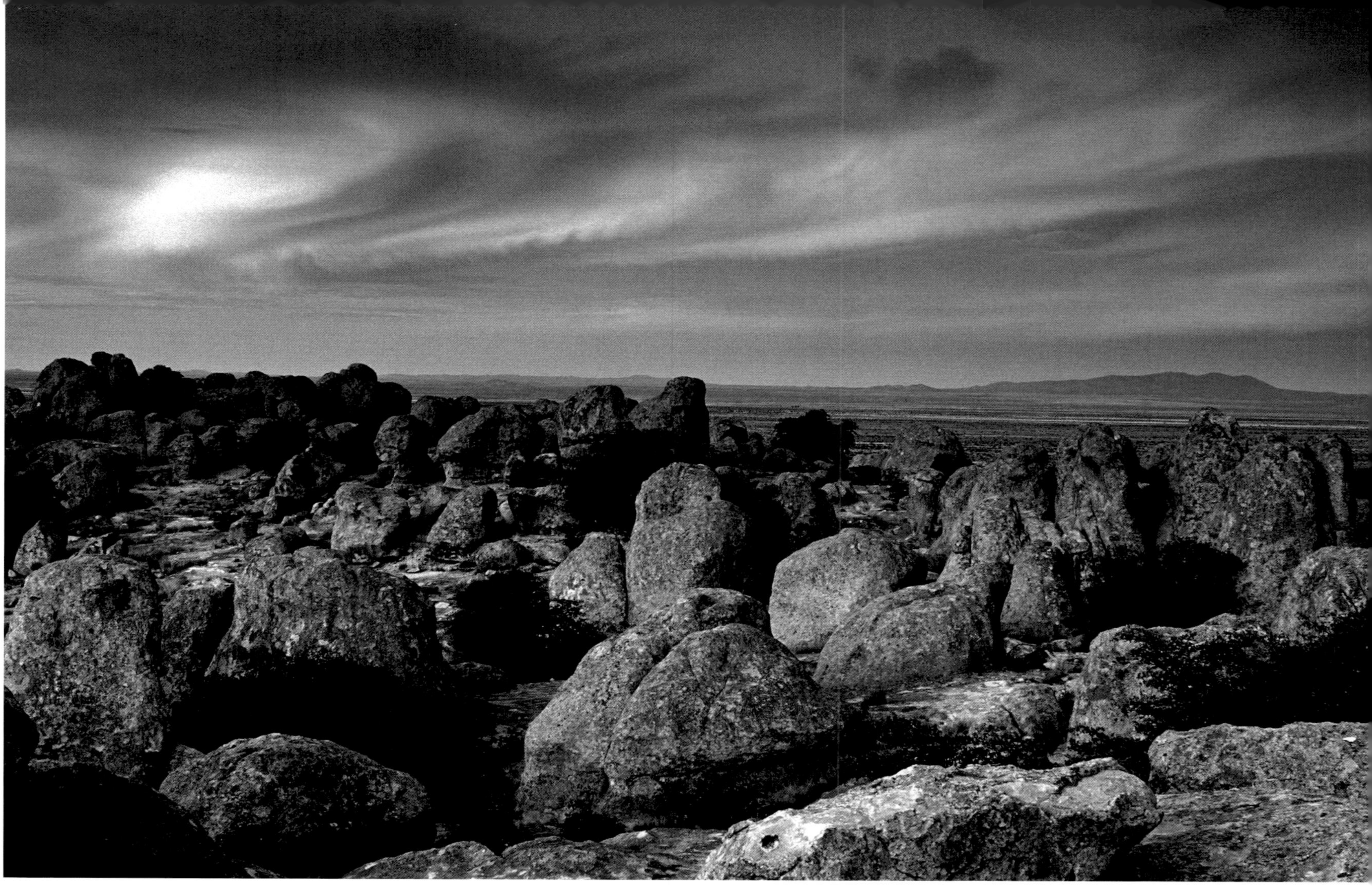

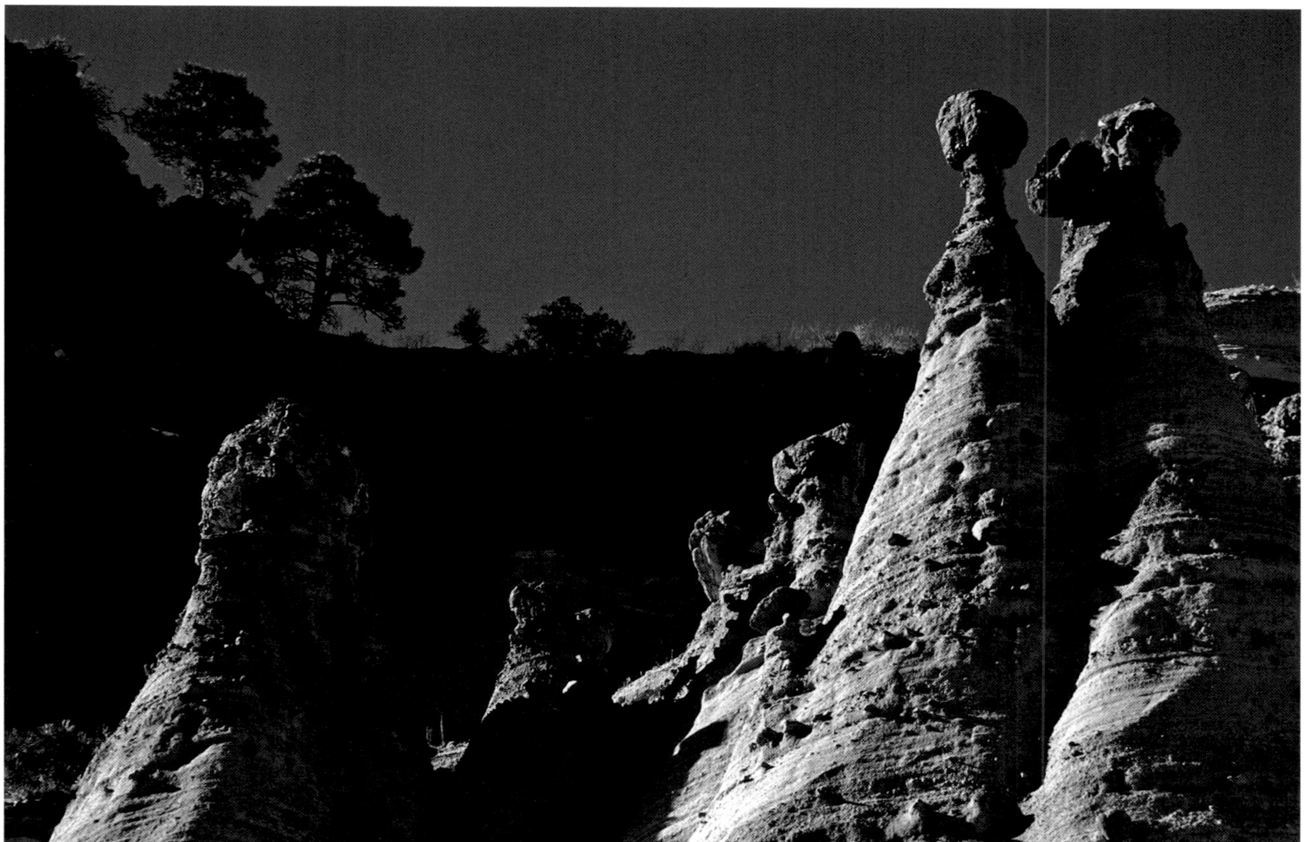

Oben:
Die Felswildnis des Südwestens soll entstanden sein, als Old Man Coyote den Adler überredete, mit seinem schweren Schnabel auf die Steine einzuhacken, so wie im City of Rocks State Park in New Mexico.

Links:
Zahlreiche Indianerpfade führen in die wilden Jemez Mountains von New Mexico. Einst zogen Jäger der Anasazi und später der Apachen über diese einsamen Wege. Old Man Coyote beobachtete sie aus einem sicheren Versteck.

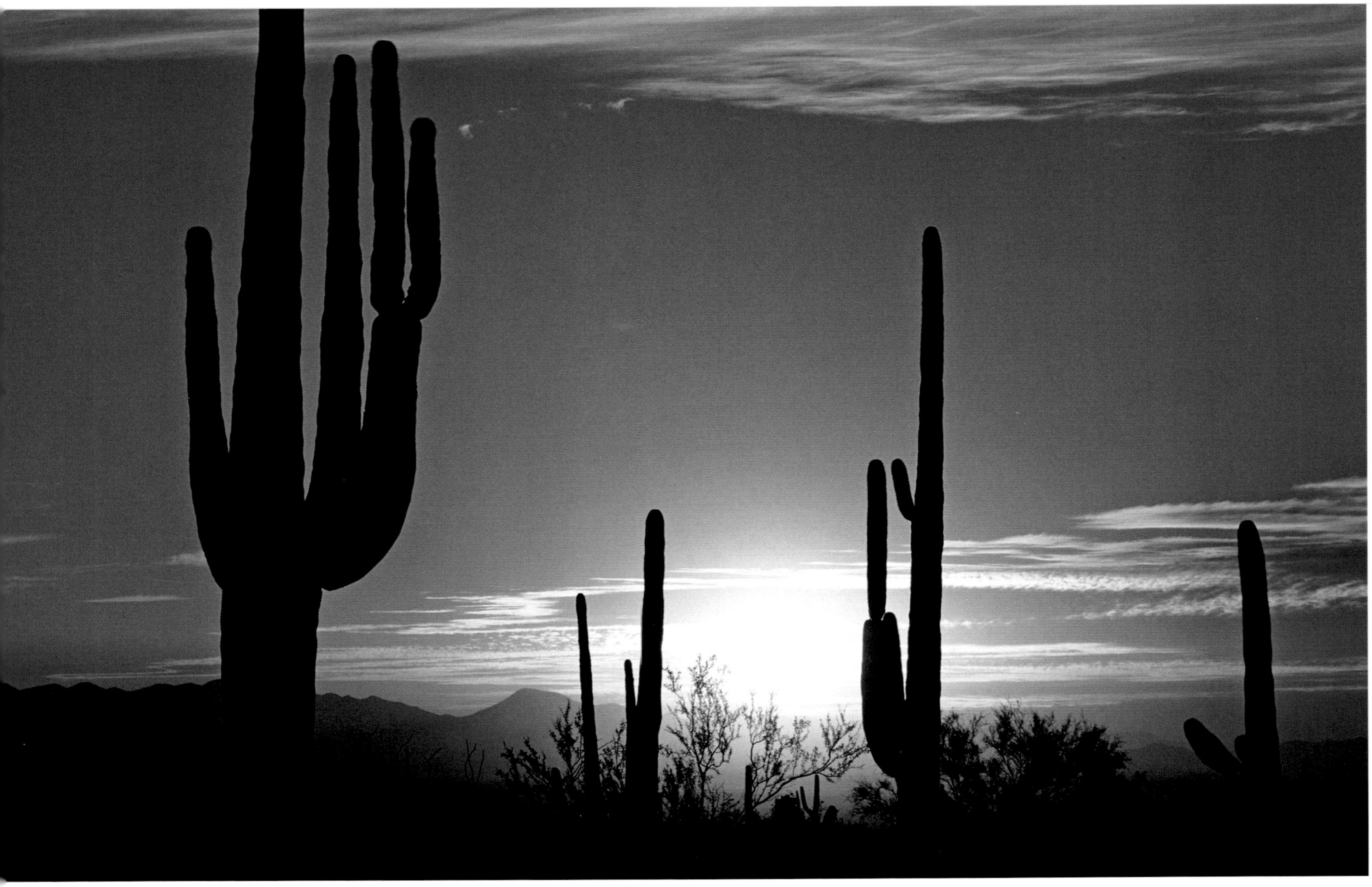

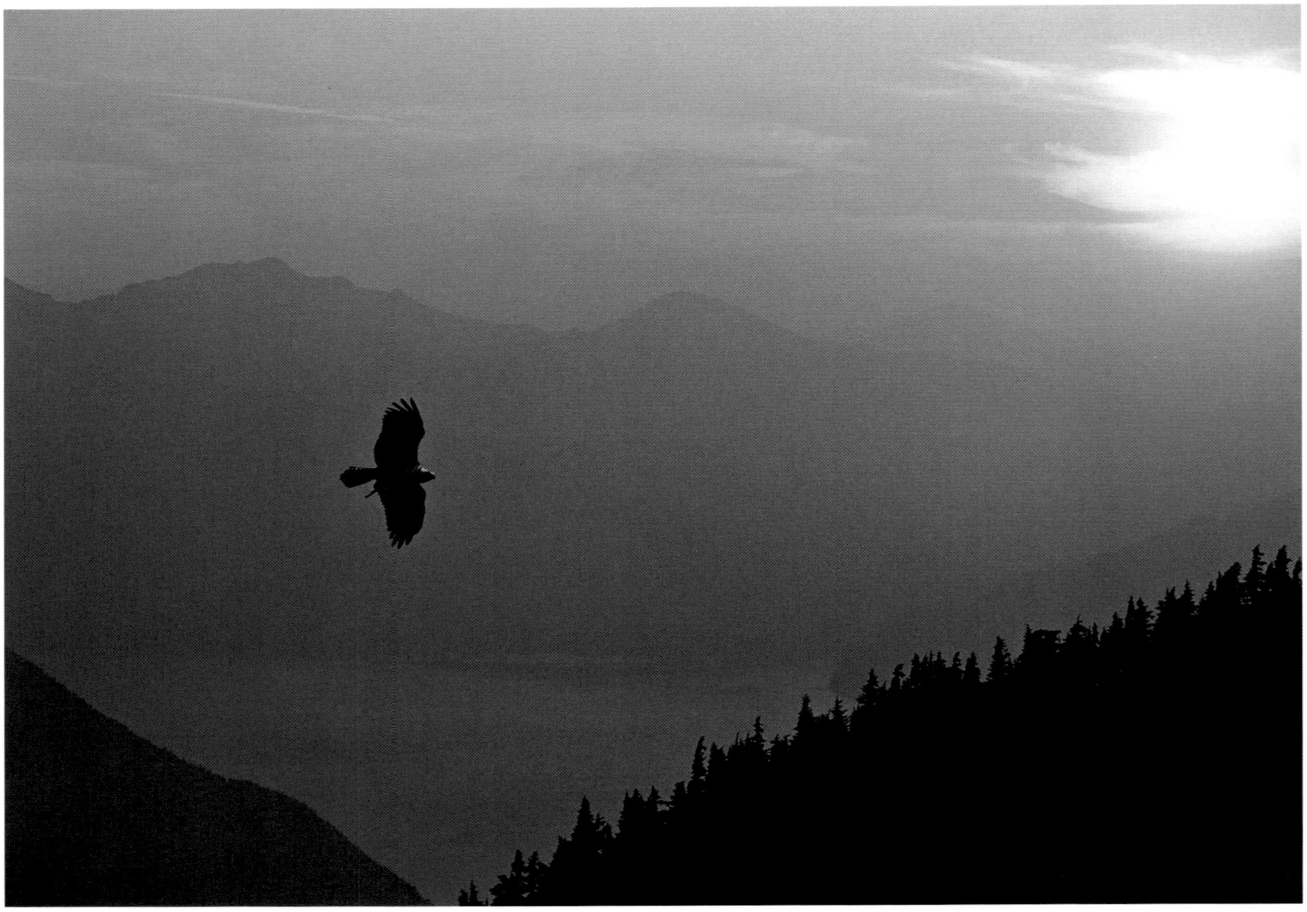

Oben:
Die Apachen, die Bewohner der Saguaro-Wüste an der mexikanischen Grenze, glaubten an übernatürliche Wesen wie Changing Woman, die Quelle der ewigen Jugend, und ihre Zwillinge Slayer of Monsters und Child of Water.

Rechts:
An der Nordwestküste und auf den Queen Charlotte Islands vor Kanada übernahm der Rabe die Rolle von Old Man Coyote. Doch gegen den mächtigen Adler und gegen die Wale im Meer kam selbst er nicht an.

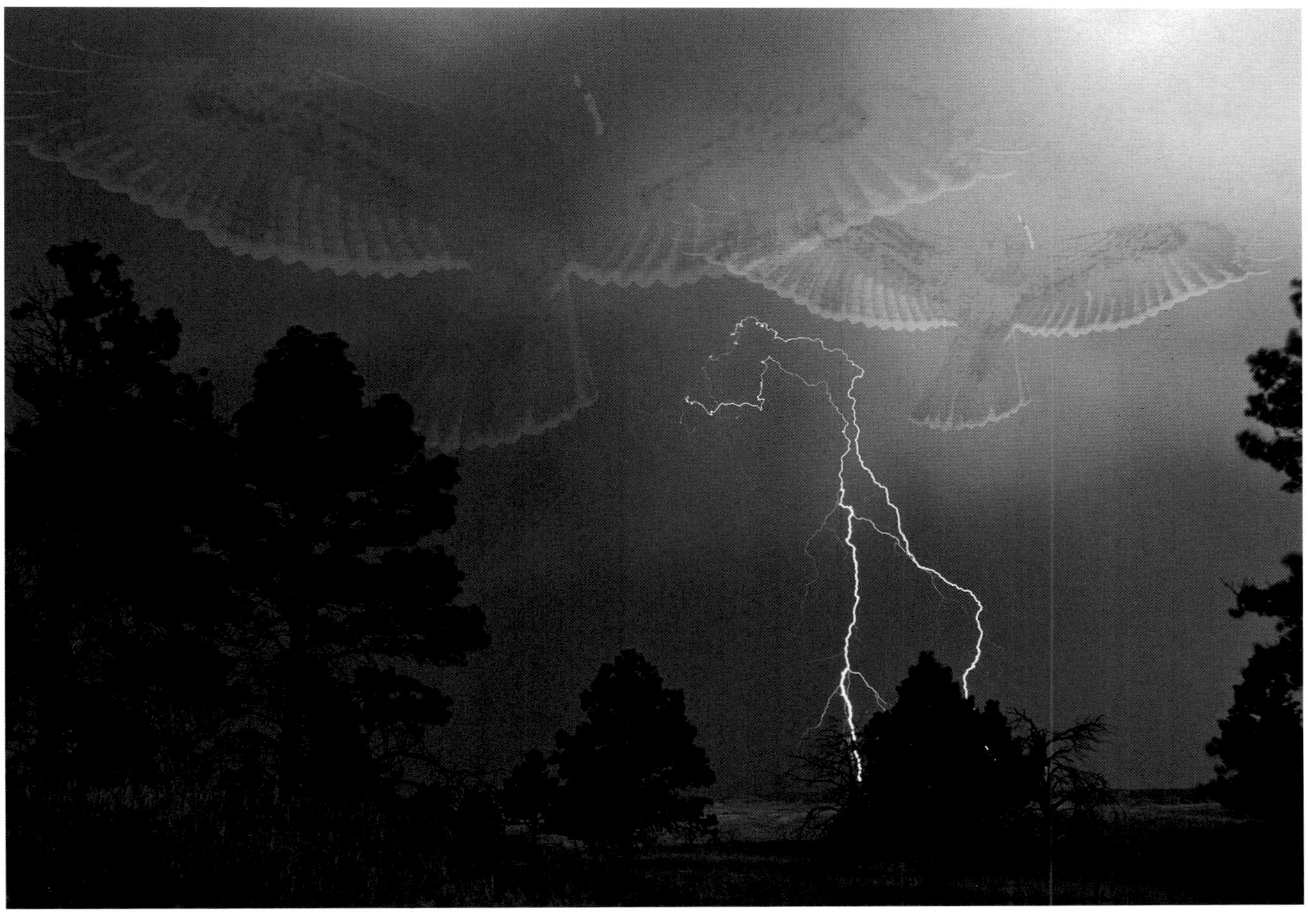

Oben:
Wie in der Mythologie zahlreicher anderer Indianervölker war Coyote auch bei den Apachen ein Trickster oder Clown, dessen Scherze so weit gingen, dass er seine eigene Tochter heiratete.

Links:
Im Medicine Rocks State Park präsentiert sich die Natur noch so unverfälscht wie vor hundertfünfzig Jahren, als Sioux, Cheyenne und Crow über die Prärie ritten. Die Felsen waren ihnen heilig.

Pow-wow – Sehnsucht nach der Vergangenheit

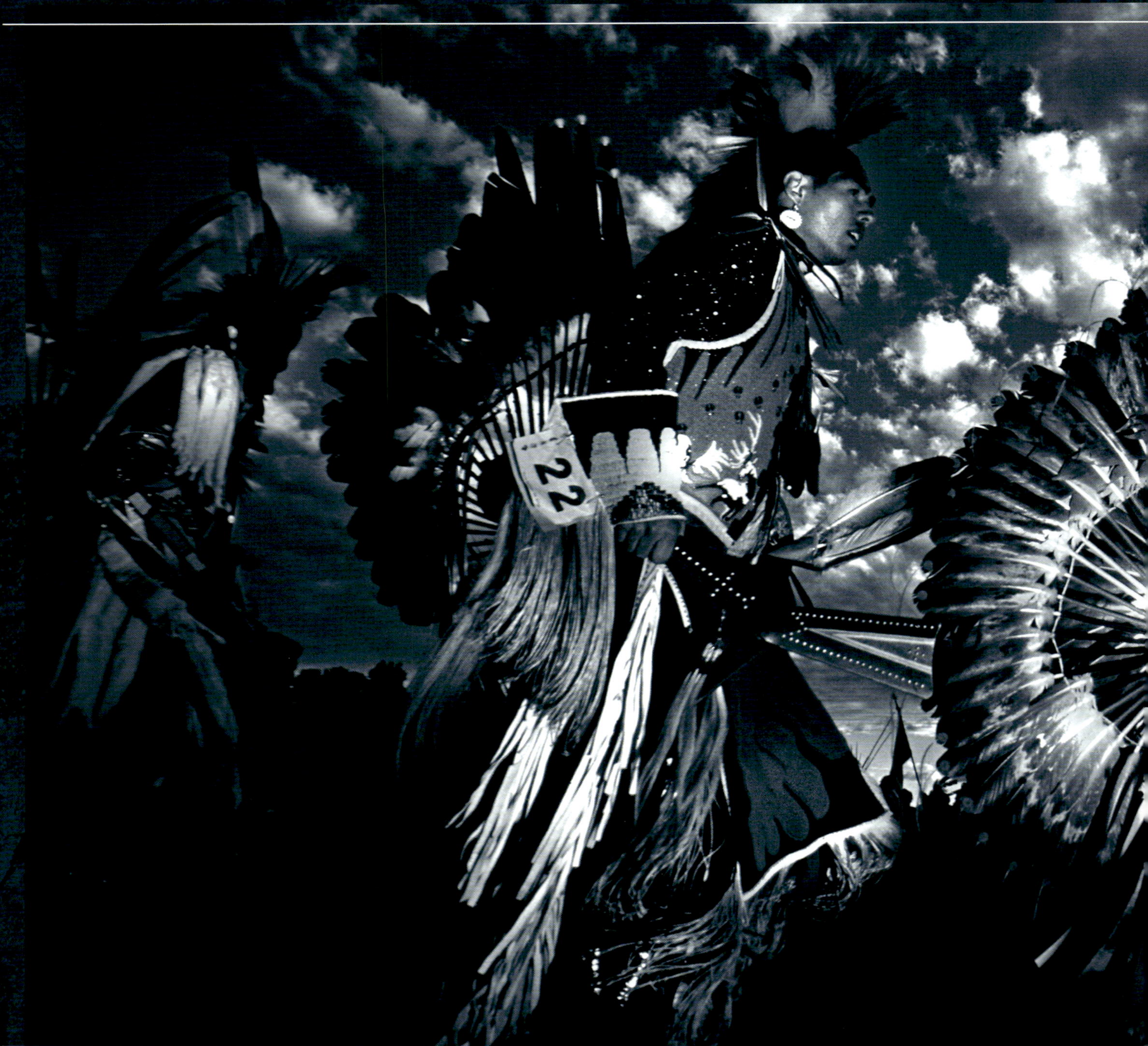

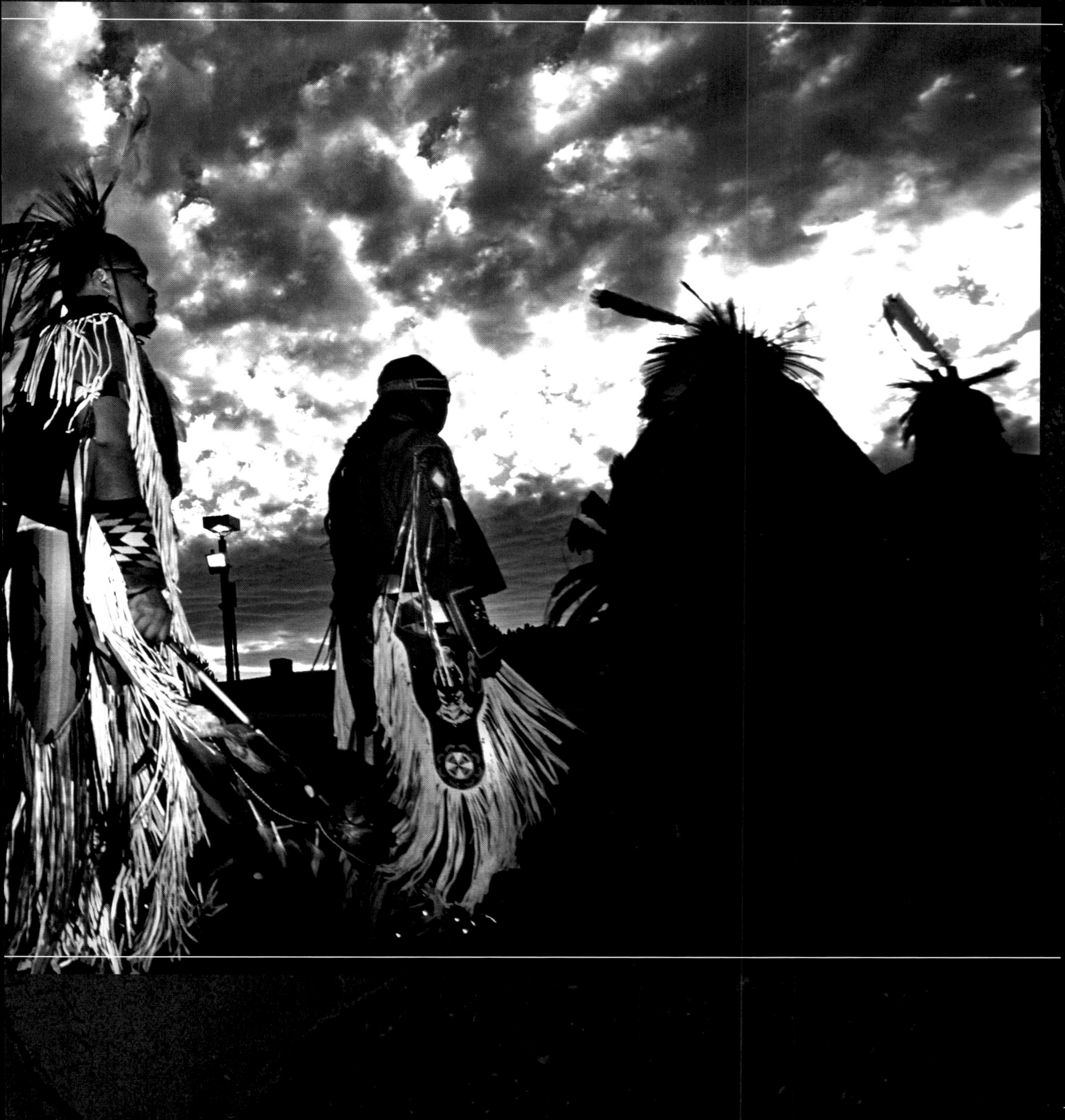

Pow-wow – Sehnsucht nach der Vergangenheit

Seite 102/103: Jedes Pow-wow beginnt mit dem „Grand Entry“, dem Einzug aller Tänzer und Tänzerinnen. Männer, Frauen und Kinder präsentieren sich dem Publikum in farbenprächtigen und teilweise sehr fantasievollen Kostümen.

Eagle-Flies-At-Dawn tanzt in der glühenden Sonne. Seine Mokassins scharren über den staubigen Boden und bewegen sich zum Rhythmus der Trommeln. Sein Blick ist auf die heiligen Berge am Horizont gerichtet. Seine Gebete erheben sich in den Sommerwind und verklingen über den Tipis, die hinter den Wohnmobilen und Pickups emporragen. Der beschwörende Gesang der Trommler beflügelt seine Schritte. Er tanzt nicht für die Zuschauer und auch nicht für die Preisrichter. Das Preisgeld interessiert ihn nicht. Er tanzt für Wakan Tanka und die Geister in den vier Himmelsrichtungen. Er betet für seine Verwandten in Pine Ridge, die nicht genug Geld zum Leben haben, und die jungen Lakota, die Alkohol und Drogen verfallen sind und keine Zukunft mehr haben. Sein Gesicht ist mit roter Farbe bemalt, wie bei einem Krieger, der gegen die Crow oder Pawnee kämpft, und seine Gedanken wandern zu seinen Vorfahren, die nach einem Kriegszug oder einer Jagd am Feuer tanzten und Wakan Tanka ehrten.

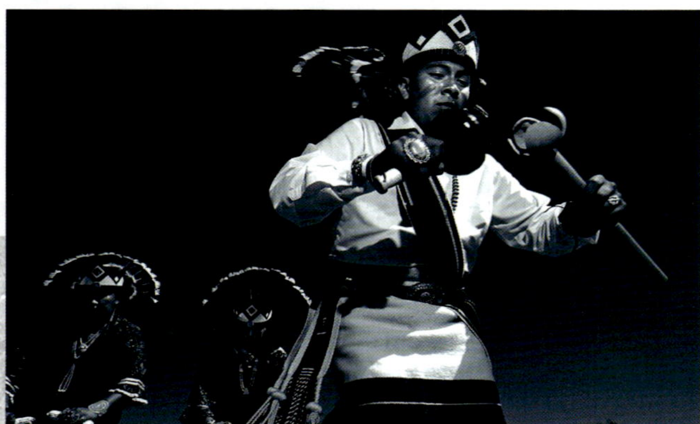

Die Acoma Pueblo Dancers aus dem gleichnamigen Pueblo, der angeblich ältesten Siedlung in Nordamerika, haben sich ihre traditionellen Tänze bewahrt. Bei den Zeremonien sind Weiße nur selten zugelassen.

Auf einem Pow-wow der Northern Cheyenne in Lame Deer, Montana, habe ich Ron Hawks kennen gelernt. So heißt Adler-der-in-der-Dämmerung-fliegt mit seinem amerikanischen Namen. Wir saßen stundenlang im Schatten seines Wohnmobils, knabberten an einer Melone und sprachen über die Vergangenheit seines Volkes. „Ich habe schon als Vierjähriger getanzt“, sagt er, „ich habe die Schritte von meinem Vater und anderen weisen Männern meines Volkes gelernt. Sie haben die alten Geschichten erzählt und mir Gebete und Lieder beigebracht. Wir tanzen nicht wie die Weißen. Wir wollen beim Tanzen unsere Gedanken ausdrücken. Wie bei einem Ballett. Im Tanz finden wir uns selbst. Wenn ich bei einem Pow-wow tanze, sehe ich Geschichten. Ich erlebe Träume. Wie bei einer Vision. An der Wertung nehme ich selten teil. Als guter Tänzer kann man viel Geld verdienen, aber daran bin ich nicht interessiert. Ich tanze auch, wenn ich allein bin und keine Wertungsrichter zuschauen. Dann bin ich allein mit Wakan Tanka.“

Pow-wows sind farbenprächtige Stammestreffen, zu dem auch befreundete Indianer eingeladen sind. Sie gingen aus den religiösen und familiären Zeremonien einzelner Stämme hervor und ent-

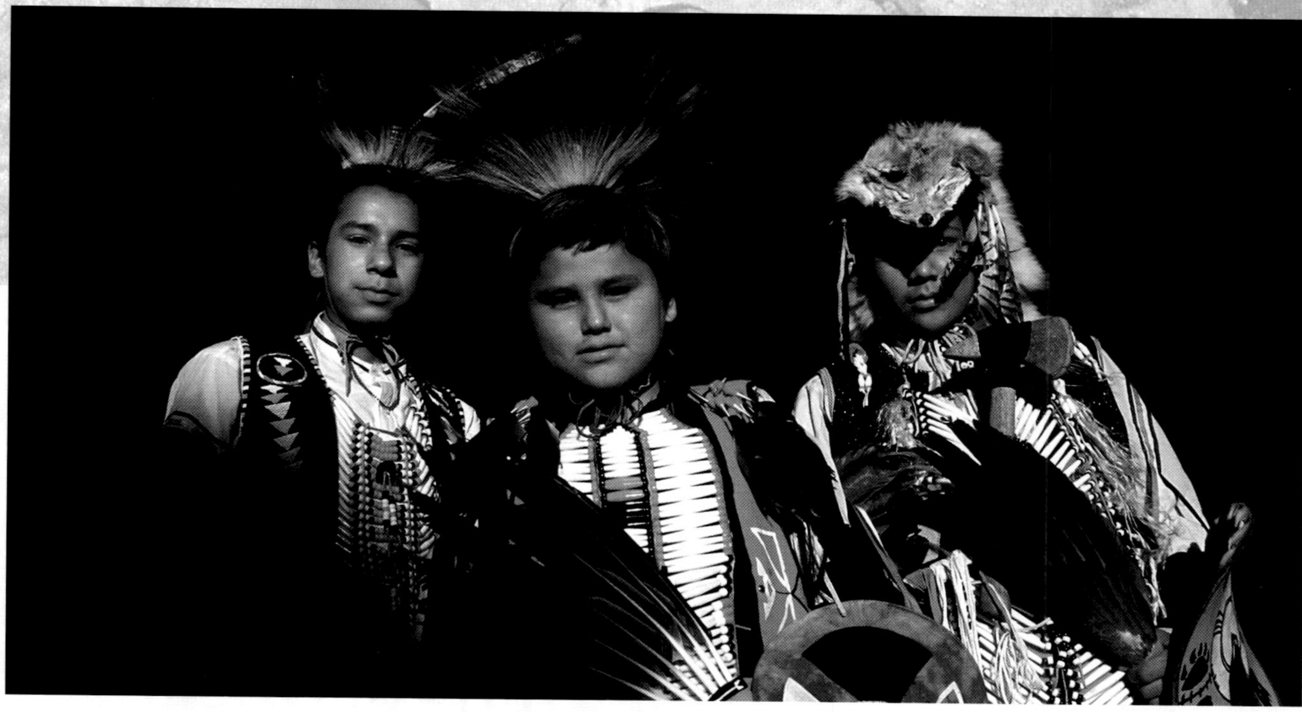

Die Traditional Dancers besinnen sich in ihren Tänzen auf die Zeremonien ihrer Vorfahren und fügen nur wenige moderne Elemente dazu. Auch in ihrer Kleidung präsentieren sie sich eher traditionell.

wickelten sich zu einer Mischung aus Tanzwettbewerb, Familientreffen und heiterem Jahrmarkt. Viele Teilnehmer kommen von weit her. „Einige Männer und Frauen nehmen nur an einem Powwow teil, weil sie hoffen, einen der Geldpreise zu gewinnen", erklärt Ron, „andere Indianer kommen, um Familienangehörige zu treffen und wegen der fröhlichen Atmosphäre." Traditionalisten wie Ron reisen zu einem Pow-wow, um die alten Zeiten wiederzubeleben. Sie wollen singen, tanzen und beten. Die Tanzfeste finden überall in den USA statt, meist über ein Wochenende und auch an der Ostküste. „Ein Pow-wow stärkt die Seele", sagt Ron, „es macht die Menschen glücklich und gibt ihnen Mut. Viele Indianer haben nichts anderes. Sie brauchen ein Pow-wow, um überleben zu können. Die Fröhlichkeit der anderen gibt ihnen Kraft."

Das erste Pow-wow sollen die Poncas schon um 1804 veranstaltet haben. Sie nannten es „Hethuska". Über die Osage, die es „Inlonschka" tauften, kam es zu den Omaha und Lakota. Um 1890 waren Pow-wows in zahlreichen Reservaten verbreitet. Einige Historiker vermuten, dass Pow-wows entstanden, als die Indianer in den Reservaten gezwungen wurden, für weiße Besucher von der Ostküste zu tanzen. Vor jedem Tanz zogen sie wie ein Zirkus durch die Stadt, der Beginn des „Grand Entry". Anfangs tanzten alle Teilnehmer nur aus Vergnügen. Zu Wettbewerben wurden die Pow-wows um 1920, als auch Angehörige anderer Stämme zu einem solchen Fest eingeladen wurden. Erfahrene Männer beurteilten den Tanzstil der Teilnehmer und verteilten Geldpreise. Weil Indianer unterschiedliche Sprachen benutzen, wurden die Lieder in einem wortlosen Singsang vorgetragen, der irrtümlicherweise auch in den meisten Indianerfilmen erklingt. Die wenigsten Weißen wissen, dass es auch gesungene Lieder gibt. „In den alten Zeiten gehörten manche Lieder einer bestimmten Familie, man musste ein Familienmitglied um Erlaubnis fragen, wenn man eines dieser Lieder singen wollte. Heute singt jeder, wie es ihm gefällt."

Das Pow-wow der Northern Cheyenne findet jeden Sommer in einer romantisch gelegenen Senke der Northern Cheyenne Reservation statt. Die Wohnmobile und Camper der Teilnehmer stehen zwischen den kegelförmigen Tipis, die an die Zeltlager im letzten Jahrhundert erinnern sollen. Neben den überdachten Tribünen haben Besucher ihre Klappstühle aufgestellt und Decken ausgebreitet. Ein Pow-wow ist ein Familienfest.

Die Frauen bewegen sich besonders anmutig und scheinen beim Traditional Dance über die Erde zu gleiten. Die Fransen ihrer bestickten Wildlederkleider schwingen im Takt der Trommeln mit.

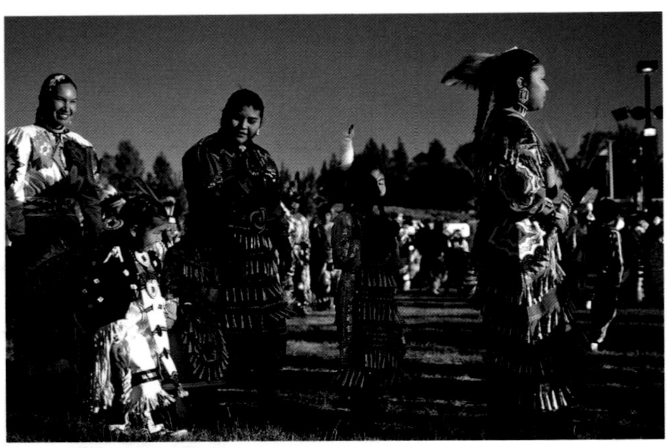

Sogar Weiße sind herzlich eingeladen, vor allem Europäer, „die mehr Respekt vor unserer Vergangenheit haben als die meisten Amerikaner." Das sagt Ron am späten Vormittag, als wir bei Jimmy Little Coyote sitzen und Eistee trinken. Eine Plane schützt uns vor der Sonne. Eine Frau kämmt ihre Tochter für den Junior Dance, nebenan steigt ein Mann aus seinem Camper und legt seinen Federschmuck an. Vor einem Pickup unterhalten sich zwei Cheyenne-Frauen, die eine aus dem Norden, die andere aus dem Süden. Sie haben sich lange nicht gesehen und plappern ohne Unterlass. An den Verkaufsständen werden Hot Dogs und Sandwiches verkauft, auch Indian Fry Bread gibt es, in Schmalz gebackene Fladen. Eiskaltes Pepsi-Cola wird vom Sponsor zu überhöhten Preisen ausgeschenkt.

Mittags kündigt der „Master of Ceremonies" den „Grand Entry" an, den Einzug aller Tänzer und Tänzerinnen. Der Klang ihrer Fußschellen begleitet die bunt gekleideten Indianer auf den Festplatz. Die amerikanische Flagge wird hereingetragen. Dasselbe Sternenbanner, das am Sand Creek und am Washita mit Blut bespritzt wurde, als die US-Kavallerie unschuldige Frauen und Kinder massakrierte. Die Flagge, die zum Symbol des Untergangs für die Indianer wurde. „Wir tanzen zu Ehren der amerikanischen Soldaten, die im Golfkrieg einen heroischen Tod gestorben sind“, erklärt Ron Hawks. „Auch junge Cheyenne und Lakota haben für die amerikanische Armee gekämpft, sie sind im Krieg erwachsen geworden. Sie haben ihren Mut bewiesen, so wie unsere Krieger vor mehr als hundert Jahren.“ Jimmy Little Coyote fügt hinzu: „Aber das Sternenbanner soll auch an unsere Vorfahren erinnern, die im Kampf gegen diese Flagge gestorben sind! Wir haben verziehen, aber nicht vergessen!“ Kriegsveteranen tragen die Stammesabzeichen, das Banner der ehemaligen Kriegsgefangenen und mit Adlerfedern geschmückte Lanzen herein. Es folgen die Stammesführer und Ehrengäste des Pow-wow. Farbenprächtige Federn schmücken ihre Kostüme mit traditionellen und fantasievollen Mustern. Die Trommler schlagen einen monotonen Rhythmus. Männer und Frauen ziehen auf den Festplatz und formieren sich zu einem Round Dance, der auf den Wettbewerb einstimmen soll.

Ron Hawks gehört zu den Traditional Dancers. Würdevoll betritt er den Tanzplatz, einen Federfächer in der linken und die mit Adlerfedern

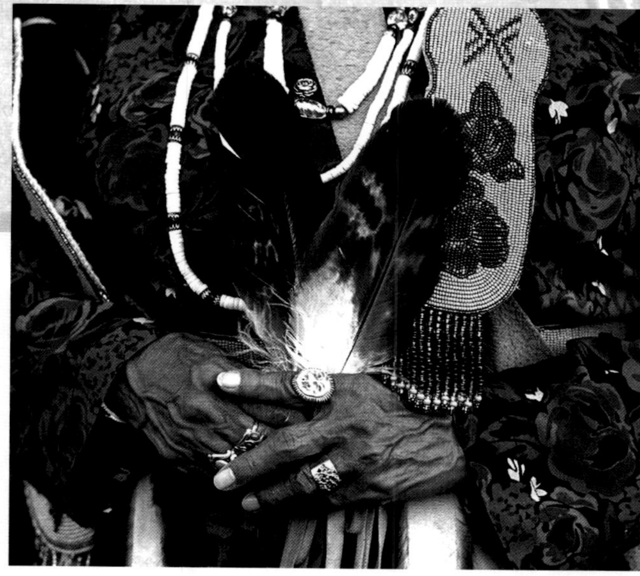

„Einige Tänzer nehmen nur an einem Pow-wow teil, um wertvolle Geldpreise zu gewinnen. Andere Indianer kommen, um Familienangehörige zu treffen und wegen der fröhlichen Atmosphäre.“
Ron Hawks (Sioux)

geschmückte Lanze in der rechten Hand. Es ist dunkel geworden und das Licht der Scheinwerfer liegt auf seinem bronzefarbenen Gesicht. Seine Augen leuchten stolz, blicken in die Vergangenheit, die bei diesem Tanz lebendig wird. So wie Ron Hawks haben auch die Krieger vor zweihundert Jahren getanzt. Seine Bewegungen verschmelzen mit dem Rhythmus der Trommeln, seine Füße gleiten über den Boden. „Ein Tanz ist wie ein Traum“, sagt er später, „ich erfahre die Wahrheit über mich selbst.“ Die Gleichmäßigkeit seiner Bewegungen und seine würdevolle Haltung sind ausschlaggebend für eine gute Wertung, aber Ron denkt nicht an das Preisgeld. Er hört nur die Trommeln und denkt an die Zeit, als seine Vorfahren den Büffel jagten und nach einer erfolgreichen Jagd am großen Feuer feierten und tanzten. „Wenn ich tanze, sehe ich meine Verwandten“, berichtet er stolz, „ich sehe, wie sie lebten, bevor der Weiße Mann kam ...“

Rechts:
„Ein Pow-wow stärkt die Seele, es macht die Menschen glücklich und gibt ihnen Mut. Viele Indianer haben nichts anderes. Sie brauchen ein Pow-wow, um überleben zu können. Die Fröhlichkeit der anderen gibt ihnen Kraft."
Ron Hawks (Sioux)

Ganz rechts:
Auf die besten Tänzer warten bei einem Pow-wow hohe Geldpreise. Erfahrene Männer und Frauen beurteilen den Tanzstil der Teilnehmer und verkünden die Sieger. Bei Gleichstand kommt es zu spannenden Entscheidungstänzen.

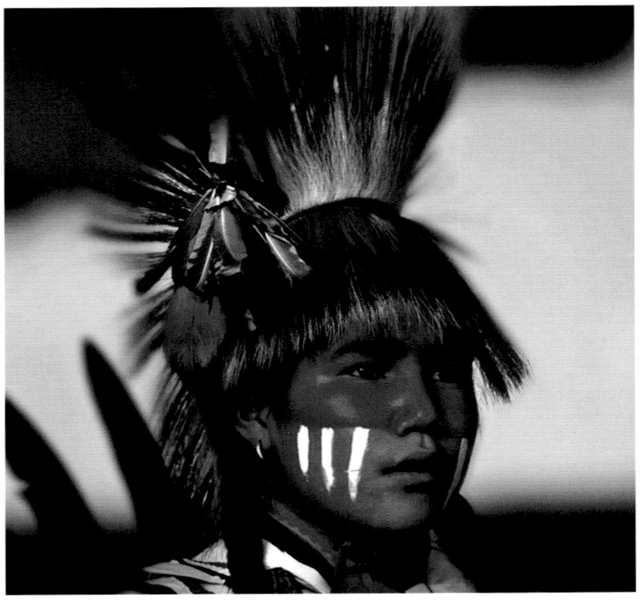

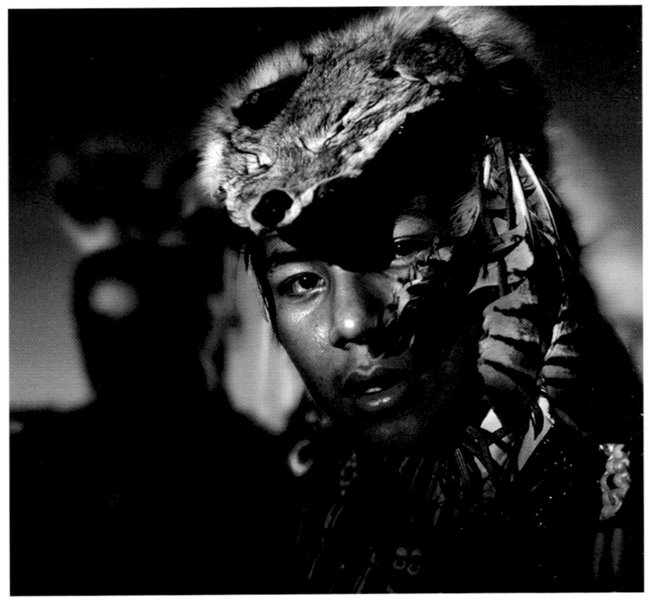

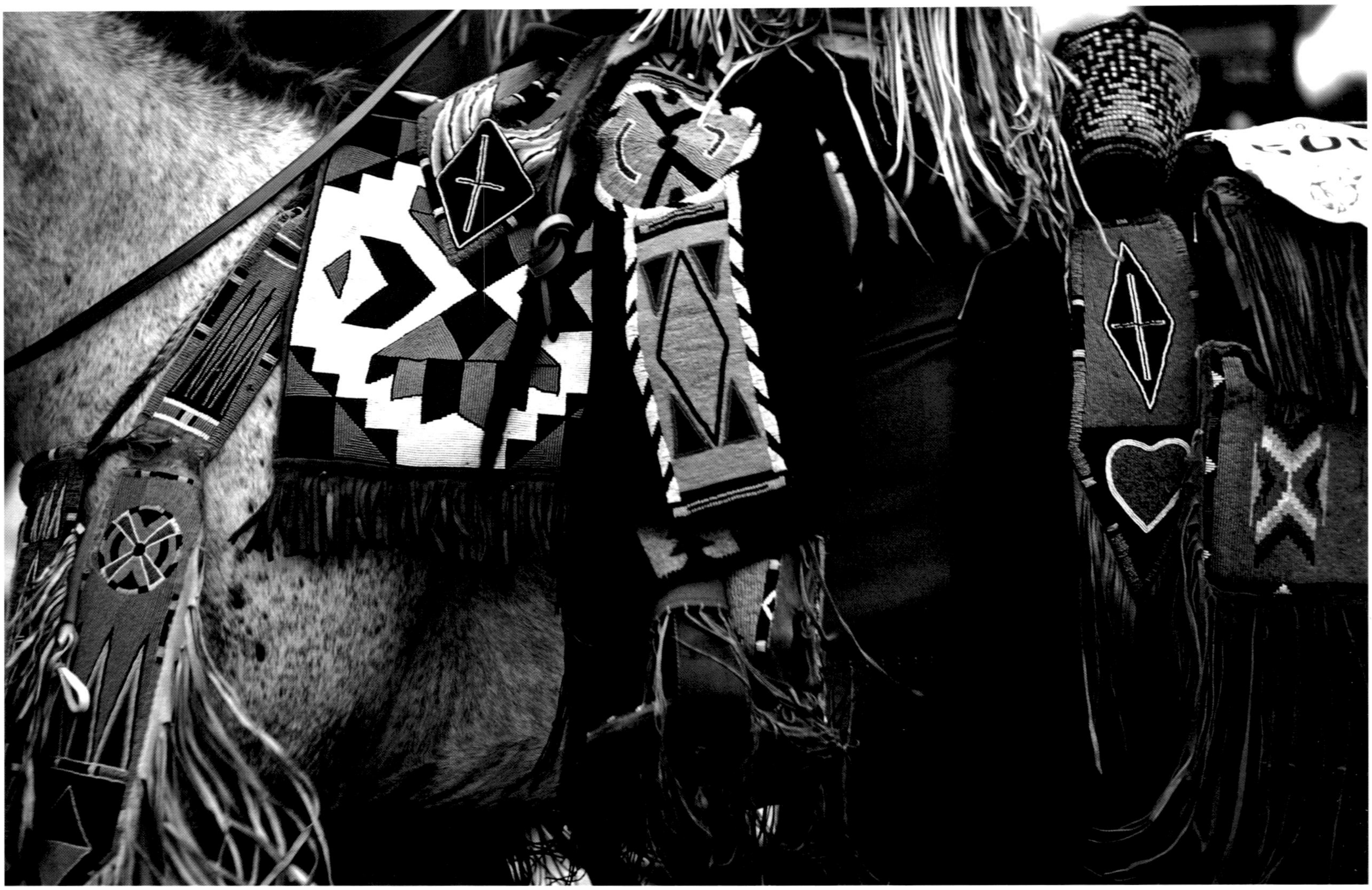

Der Wettbewerb findet in mehreren Kategorien statt. Außer dem Traditional Dance gibt es noch zahlreiche andere Tänze, auch einen „Fancy Dance", bei dem die Tänzer die Choreographie selbst bestimmen.

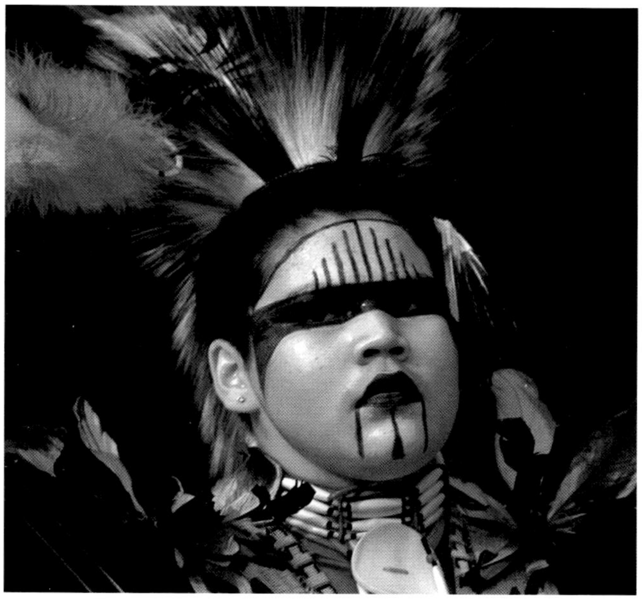

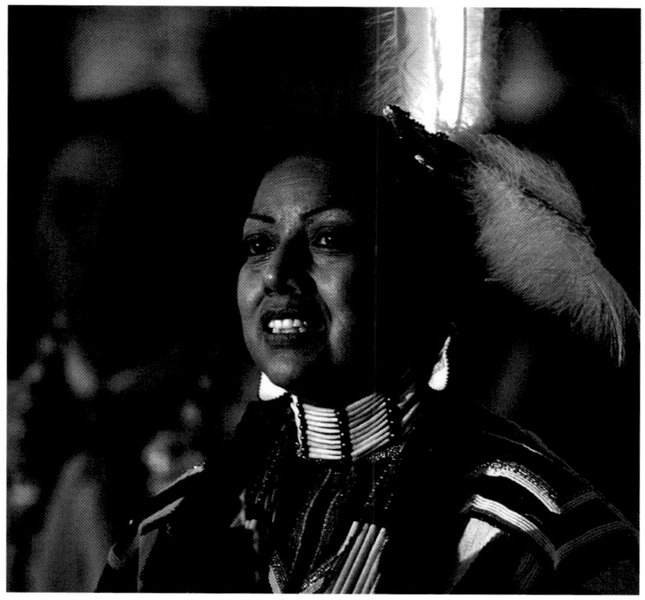

Ganz links:
Kleine Glöckchen erklingen bei den Jingle Dancers, die ihre Kostüme mit kleinen Metalltrichtern verzieren. In der Kostümierung sind den Teilnehmern keine Grenzen gesetzt. An die traditionelle Kleidung erinnert nur wenig.

Links:
Die Fancy Shawl Dancers, anmutige Frauen und Mädchen, schwingen bei ihren Tänzen in leuchtenden Farben bedruckte Schals. Dieser Tanz gehört zu den Höhepunkten eines Pow-wows.

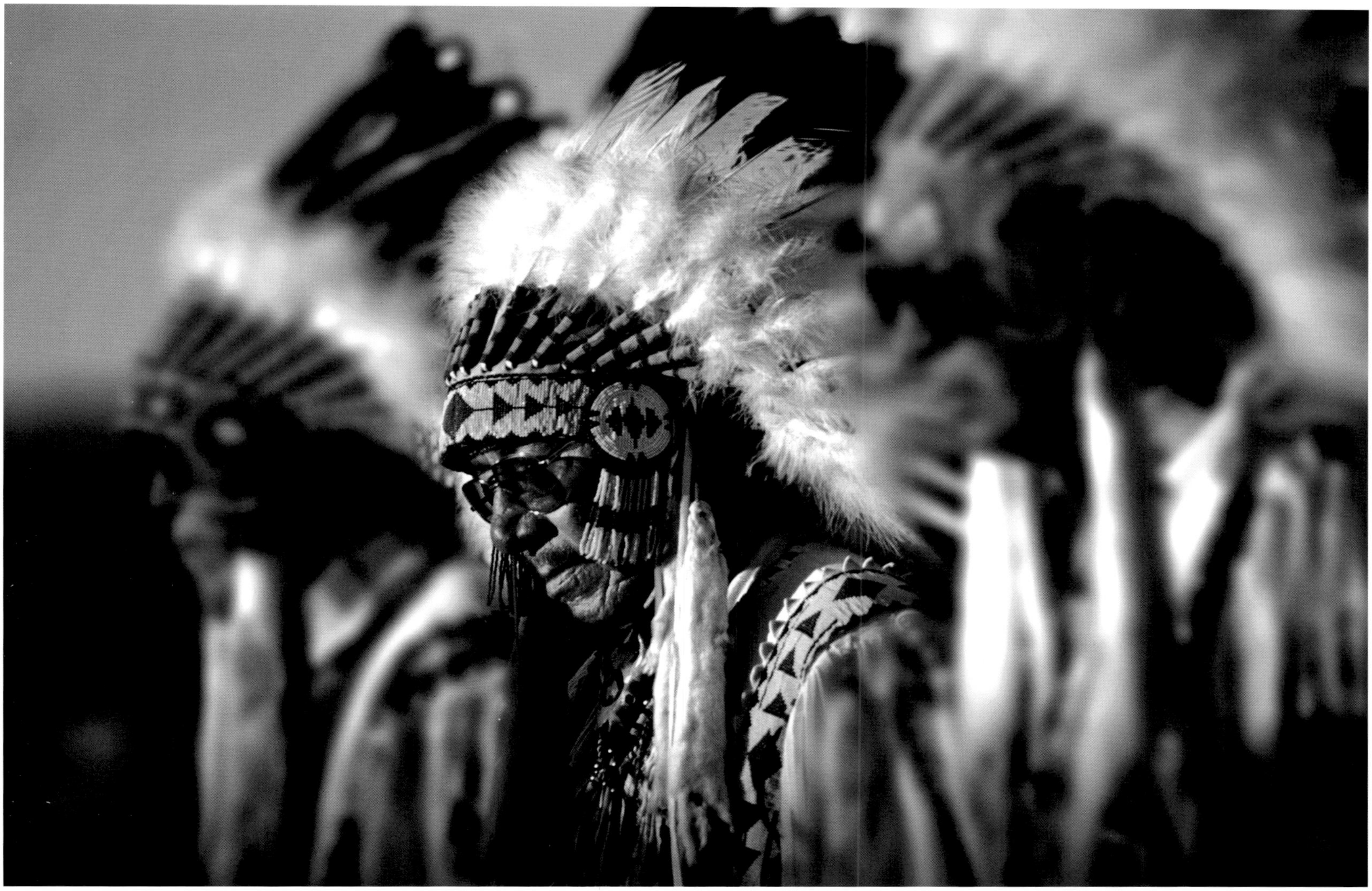

Beim Grand Entry tragen die Teilnehmer ihre schönsten Kostüme. Bunt gefärbte oder Adler- und Truthahnfedern schmücken ihre Wildlederkleider. Nach einem Gebet und der Nationalhymne tanzen alle den Round Dance.

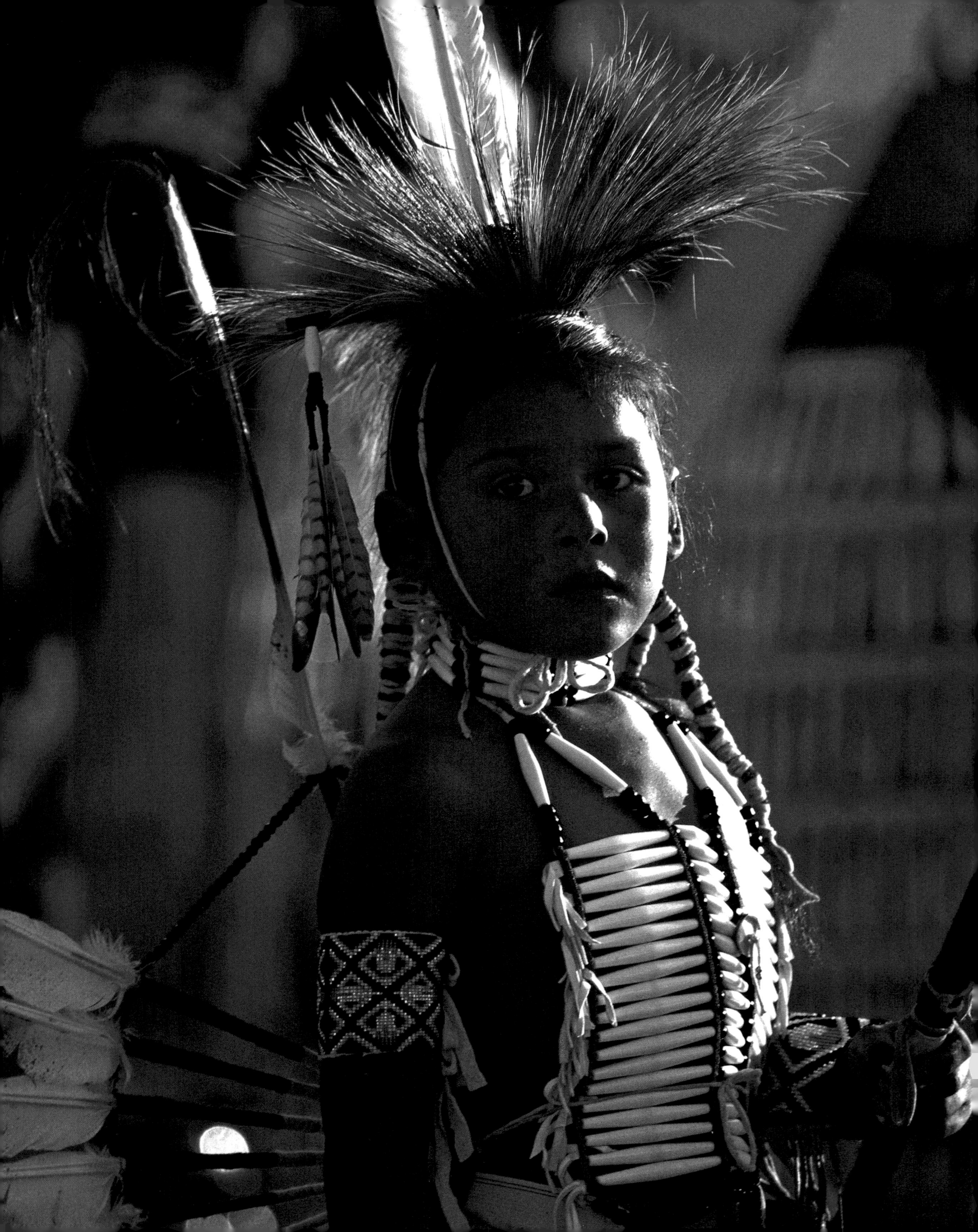

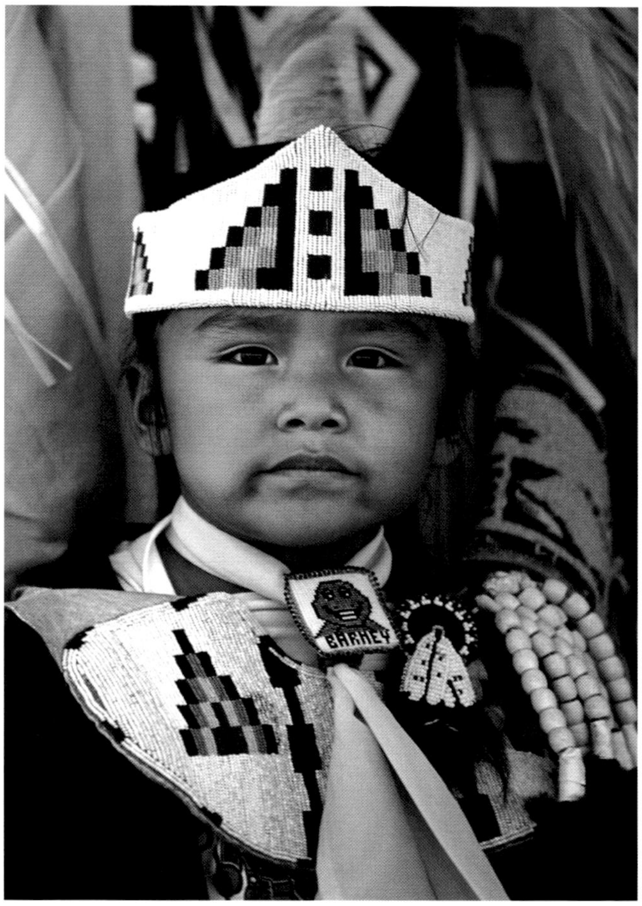

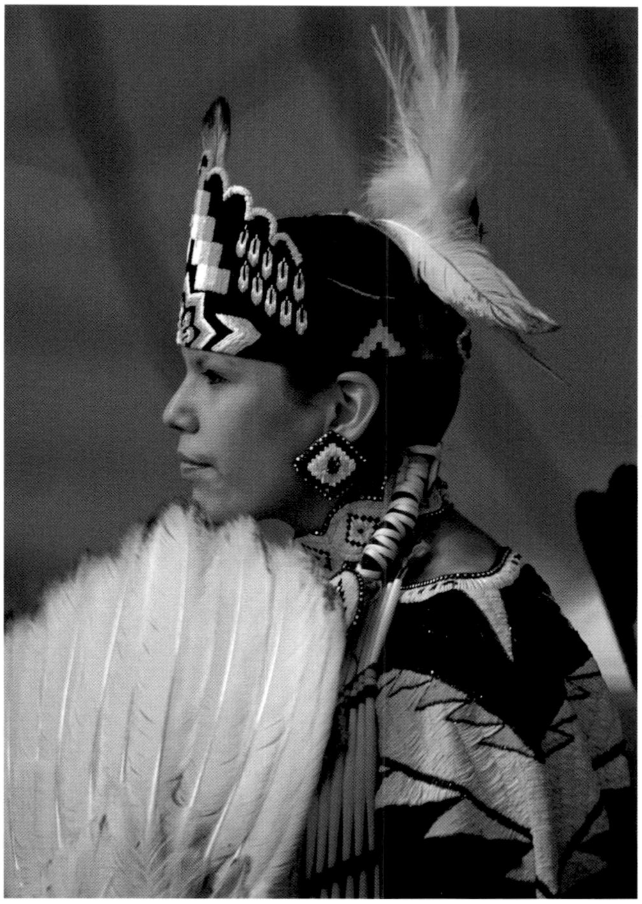

Linke Seite:
Ihre Kostüme stellen die Tänzer und Tänzerinnen selbst her. Oft verbringen sie die meiste Freizeit eines Jahres damit, ihre Kostüme für das entscheidende Wochenende herzustellen.

Ganz links:
Für die Mädchen und Jungen gibt es eigene Wettbewerbe und besondere Preise. Abseits der Tanzarena messen sie sich in traditionellen und modernen Spielen, vor allem beim American Baseball.

Links:
Bei jedem Pow-wow werden mehrere Schönheitsköniginnen gewählt. Sie vertreten den Stamm auf Festen und Versammlungen. Die Preisrichter ehren sie mit einer glitzernden Krone und einer bunten Schärpe.

Links:
Die Crow Fair in Montana, die seit achtzig Jahren stattfindet, ist das größte Pow-wow der Welt. Tausende von Indianern aus allen Teilen der USA tanzen auf dem großen Festplatz im südöstlichen Montana.

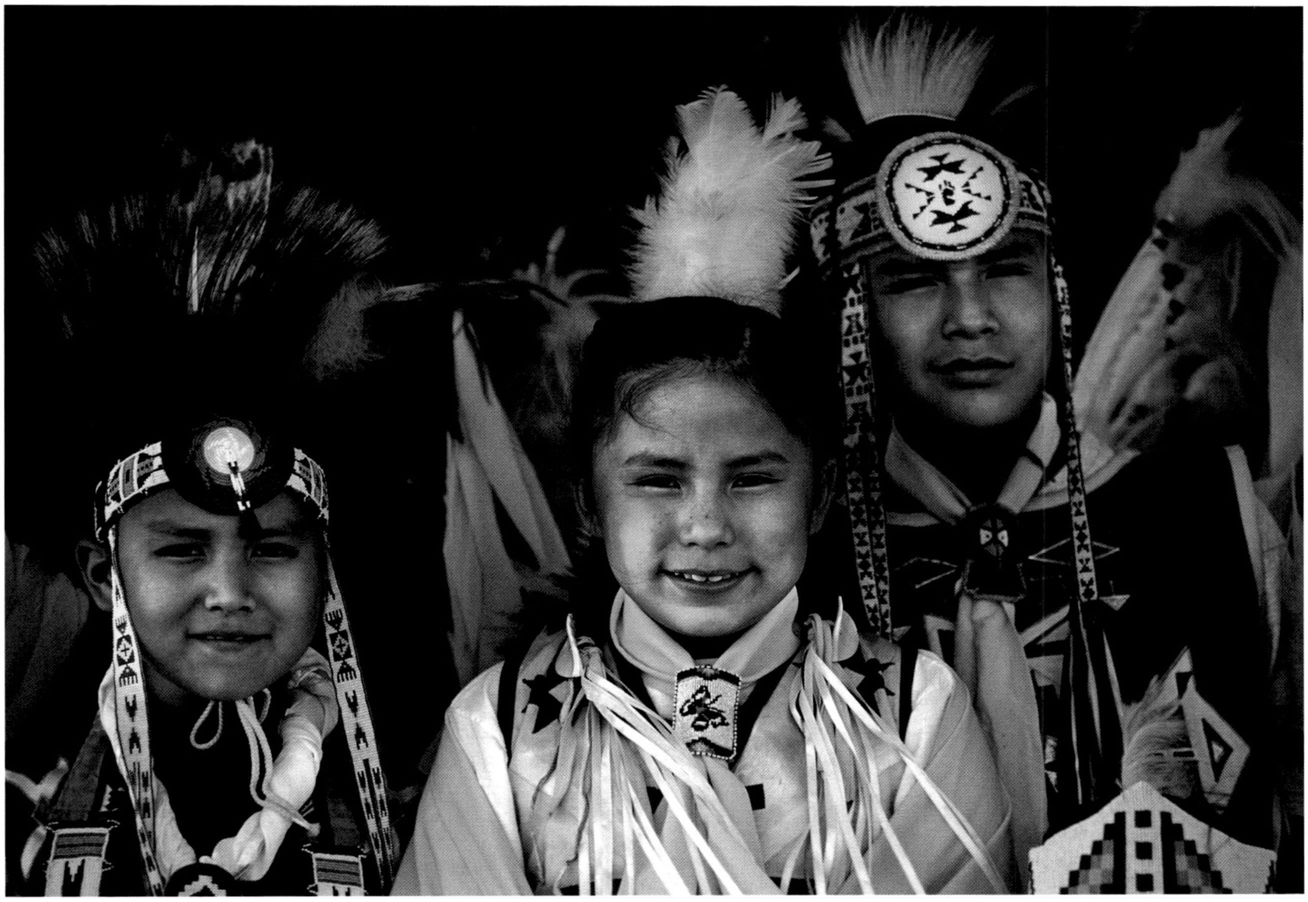

Zu den großen Pow-wows reisen die Teilnehmer selbst aus weit entfernten Staaten an. Sie parken ihre Wohnmobile und Trailer abseits des großen Grasplatzes, der den Mittelpunkt jeder Veranstaltung bildet.

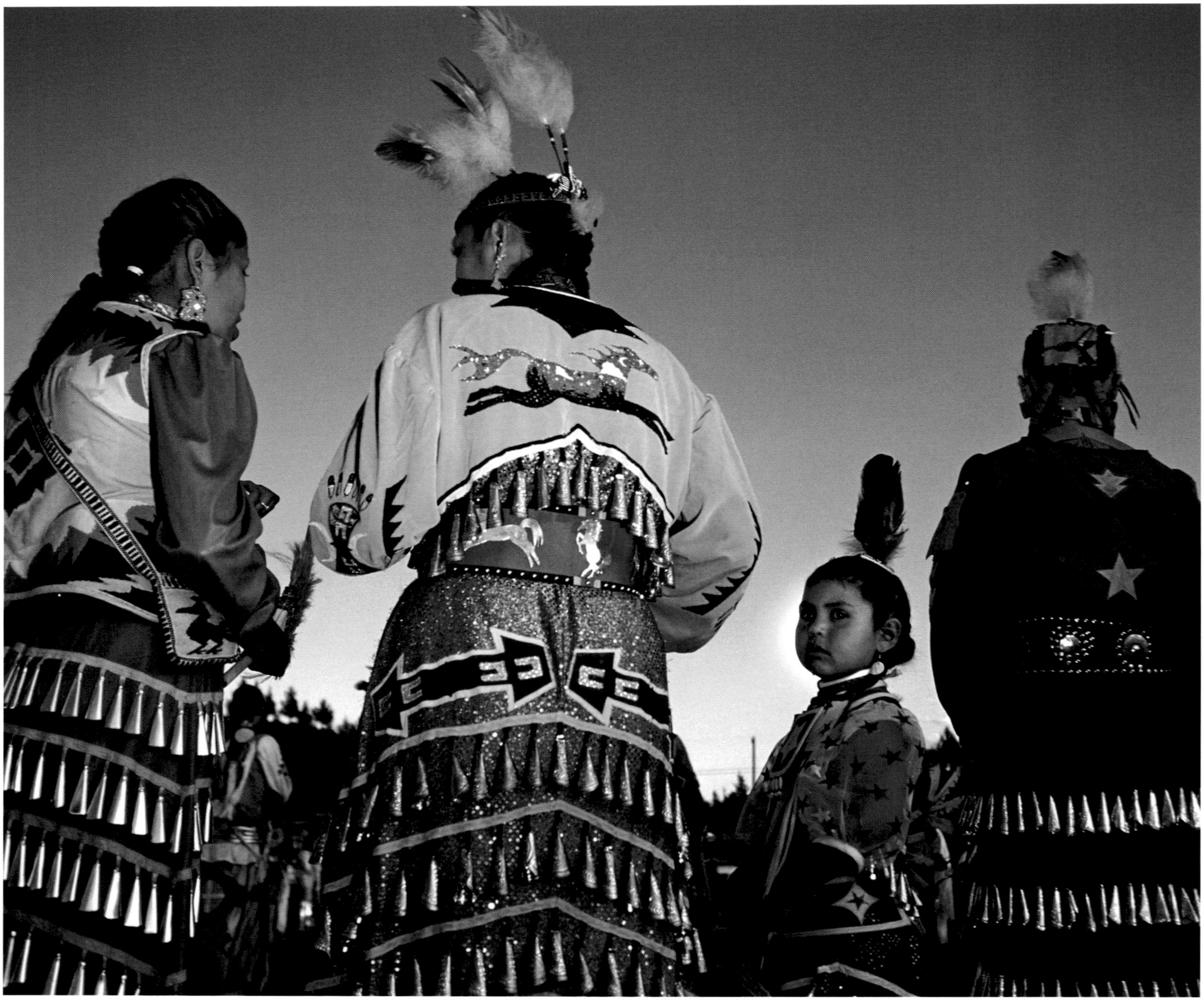

Beim abschließenden Round Dance darf jeder mitmachen, sogar weiße Besucher werden auf den Tanzplatz gebeten. Beim Pow-wow gibt es keine Feindschaft. Zum monotonen Rhythmus der Trommeln bewegen sich die Tänzer im Kreis.

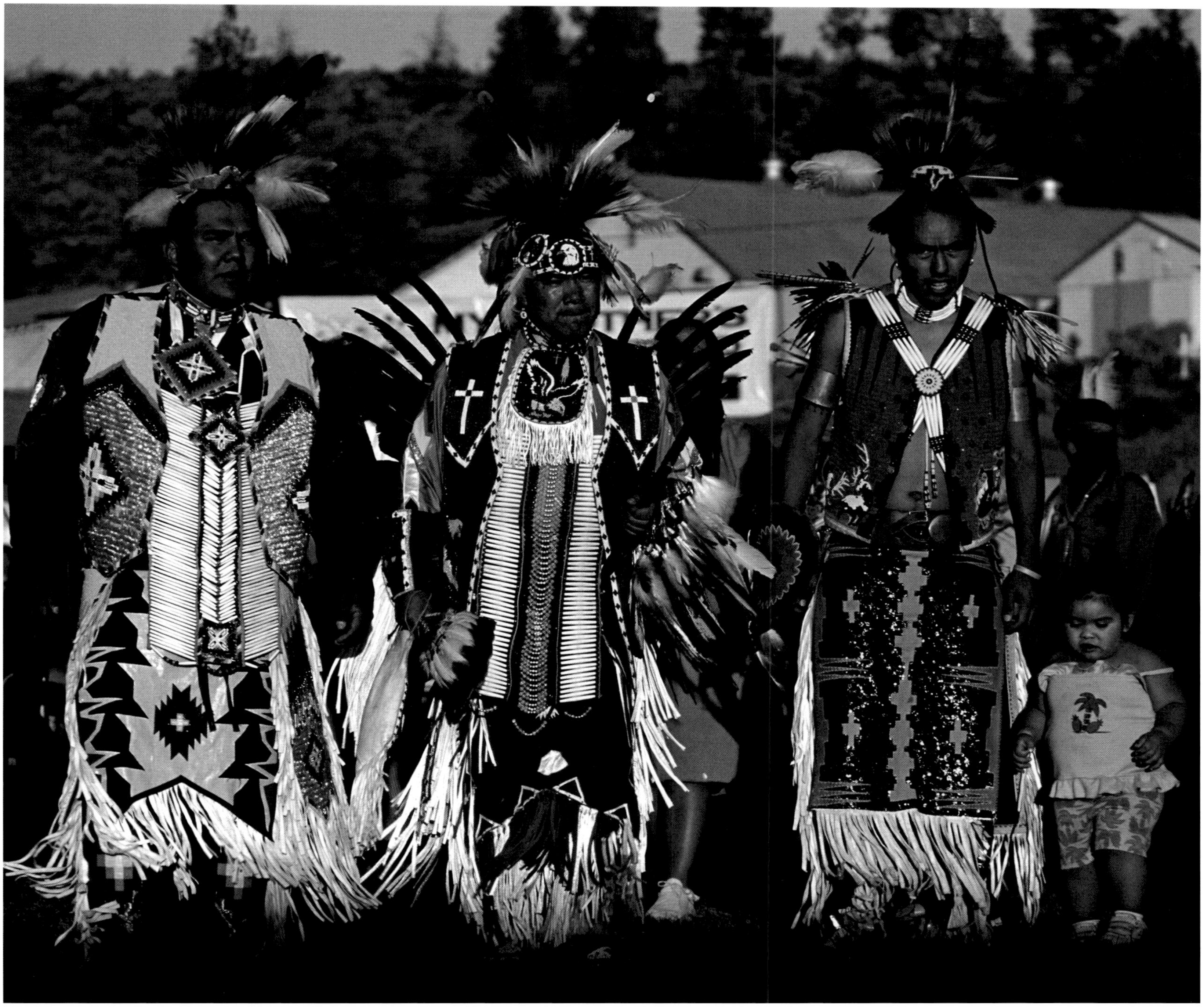

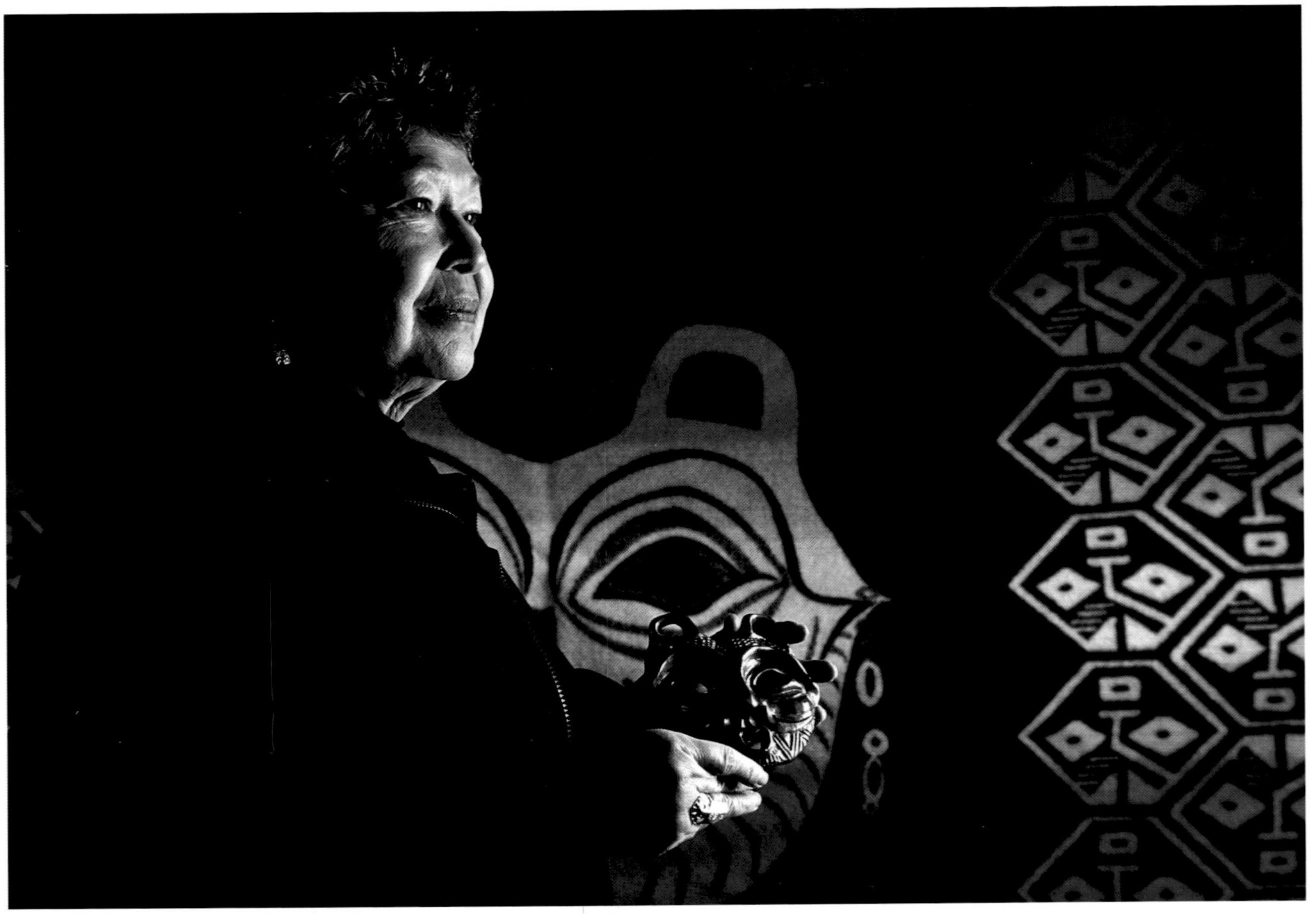

Lilian Pitt, die seit ihrer Geburt auf der Warm Springs Indian Reservation in Oregon lebt, hat sich als traditionelle Künstlerin einen Namen gemacht. Sie ist besonders für ihre fantasievollen Masken bekannt.

Aurolyn Watlamet nimmt seit vielen Jahren am „Pi Ume Sha Treaty Day Pow Wow" auf der Warm Springs Indian Reservation in Oregon teil. Beim Traditional Dance träumt sie von einer besseren Zukunft.

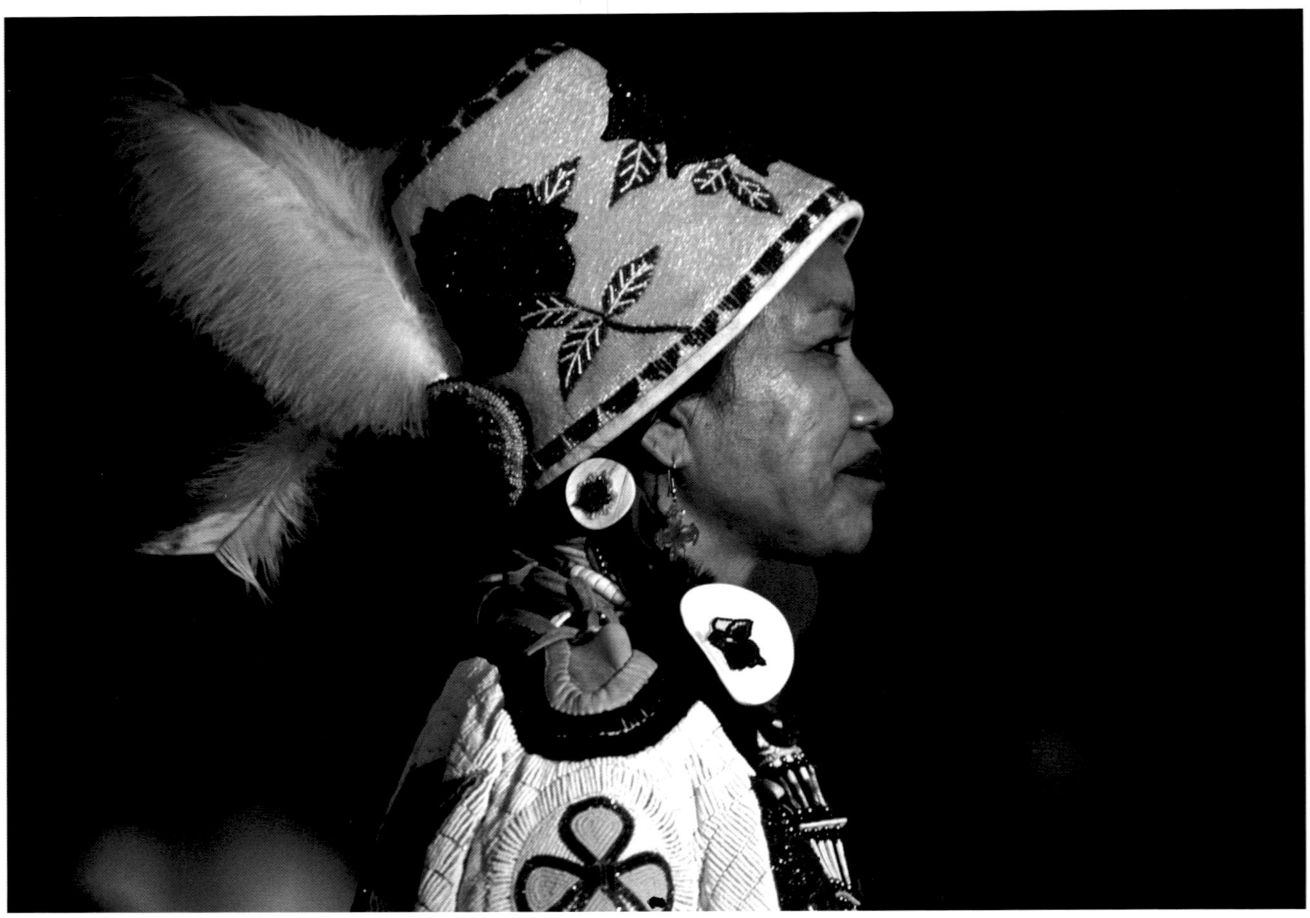

Rechte Seite:
Crissy Kipp, eine Blackfoot-Indianerin aus Montana gehörte zu den schönsten Tänzerinnen beim Pow-wow auf der Warm Springs Reservation in Oregon und schaffte es bis in die Endrunde des Miss-Wettbewerbs.

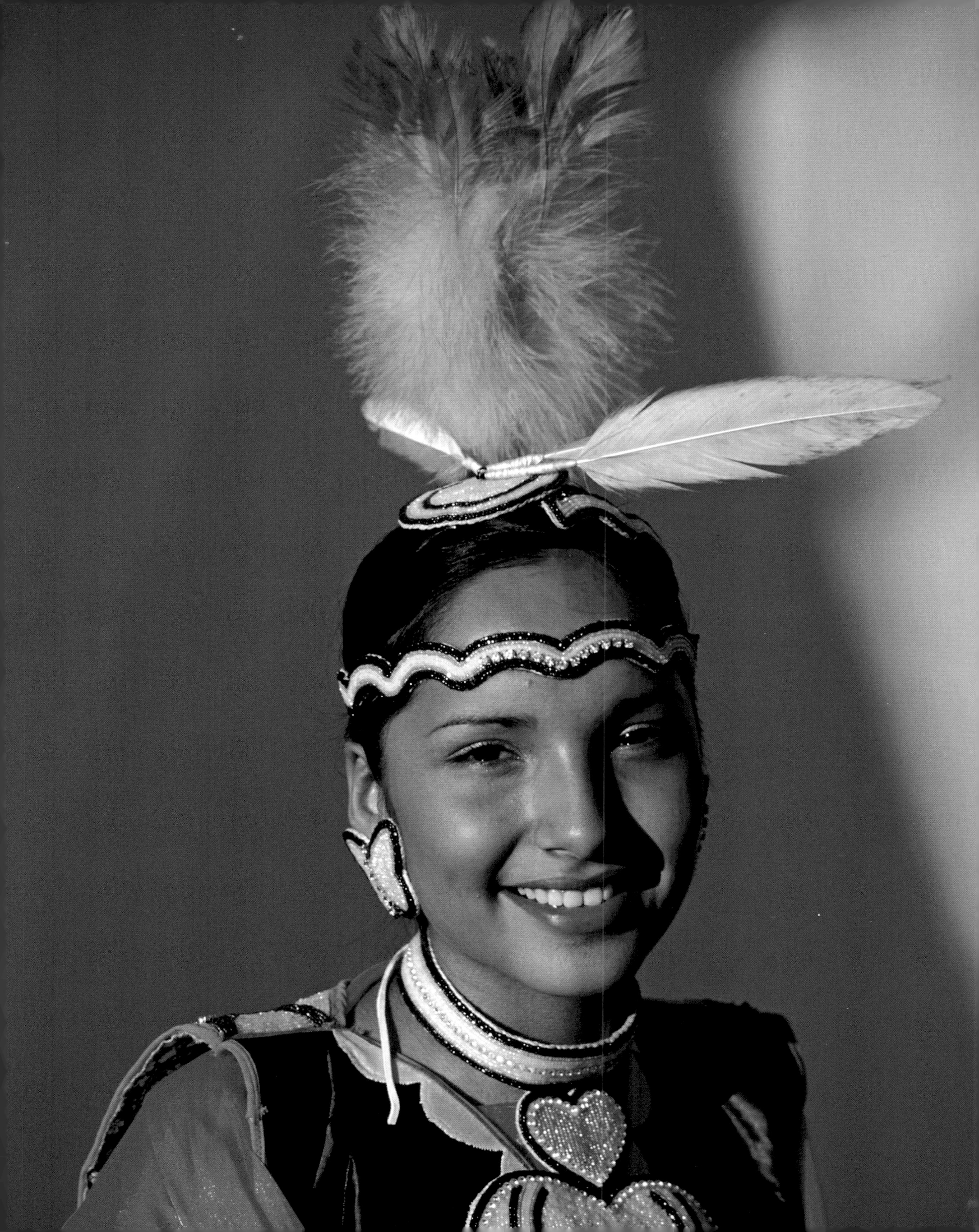

Unten:
Rodeos, eigentlich ein rein amerikanischer Sport, sind auch bei Indianern sehr beliebt. Auf dem Rücken bockender Pferde beweisen die jungen Männer, dass es auch unter den Indianern im 21. Jahrhundert hervorragende Reiter gibt.

Ganz unten:
Wie beim Pow-wow kommen die Teilnehmer auch zum Rodeo, um Verwandte, Freunde und Bekannte zu treffen. Sie tauschen Geschichten aus und vergessen für ein paar Tage ihre Probleme und den Alltag.

Rechts unten:
Die Tiere bei einem Rodeo werden nicht gequält und müssen auch keine Schmerzen ertragen. Im Gegenteil – anders als viele Tierschützer vermuten, genießen diese Tiere eine besondere Pflege und Zuneigung.

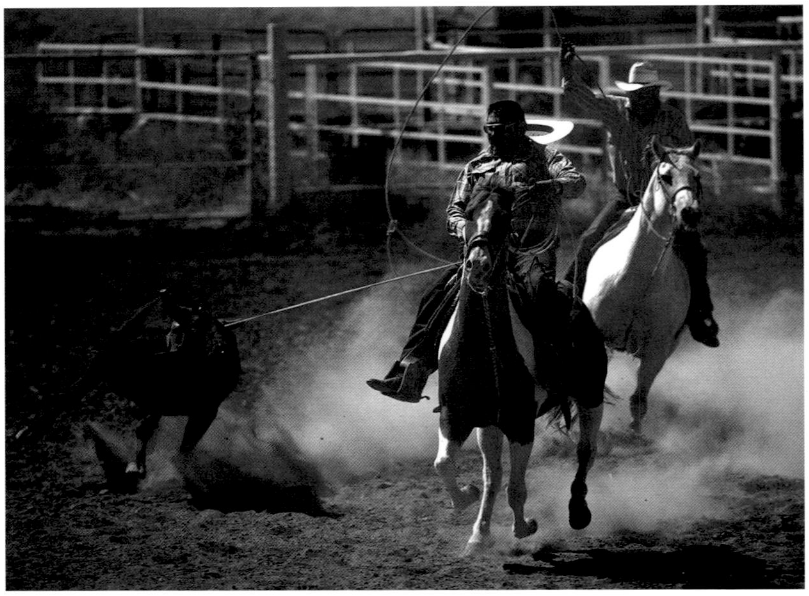

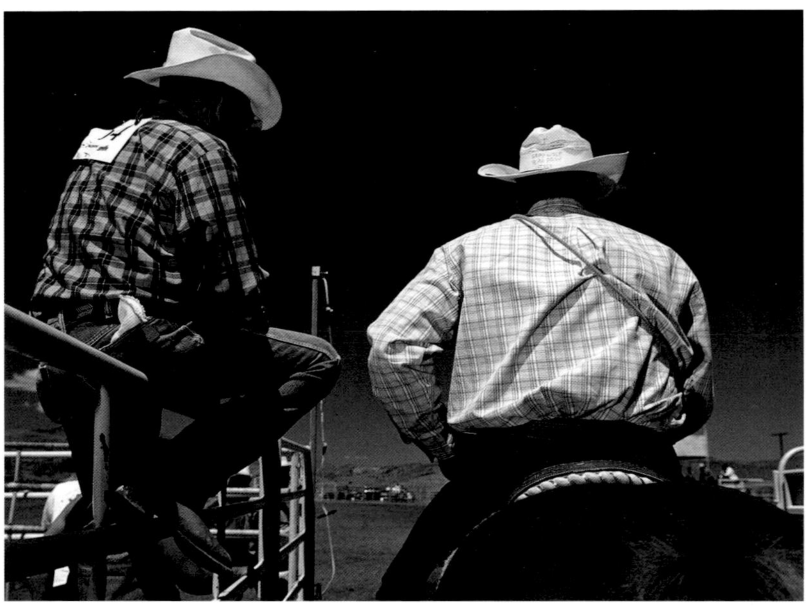

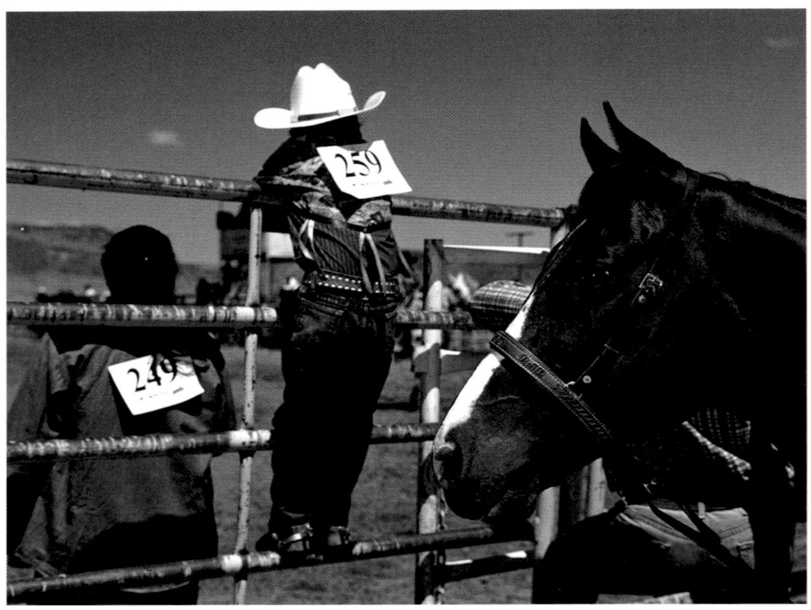

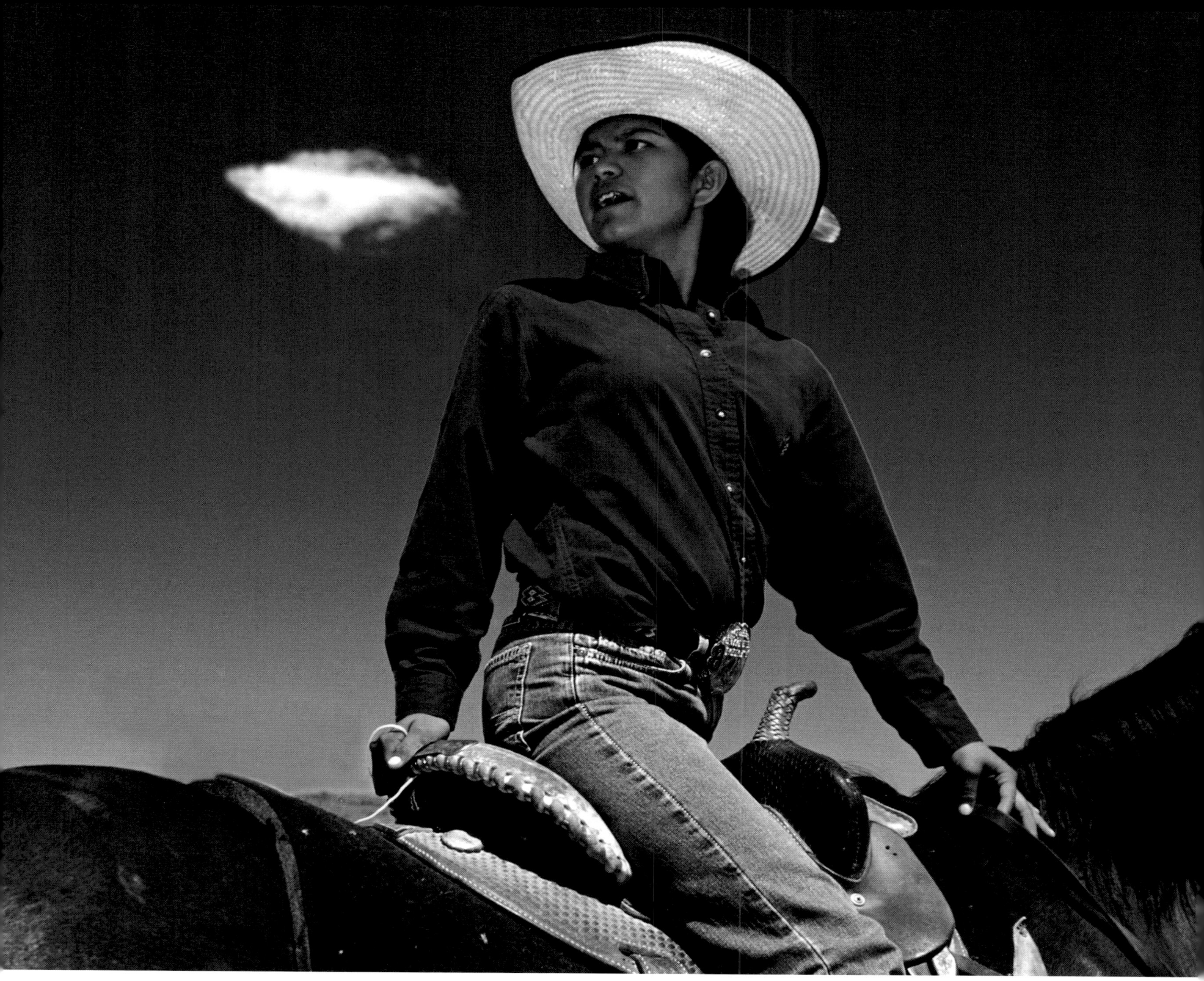

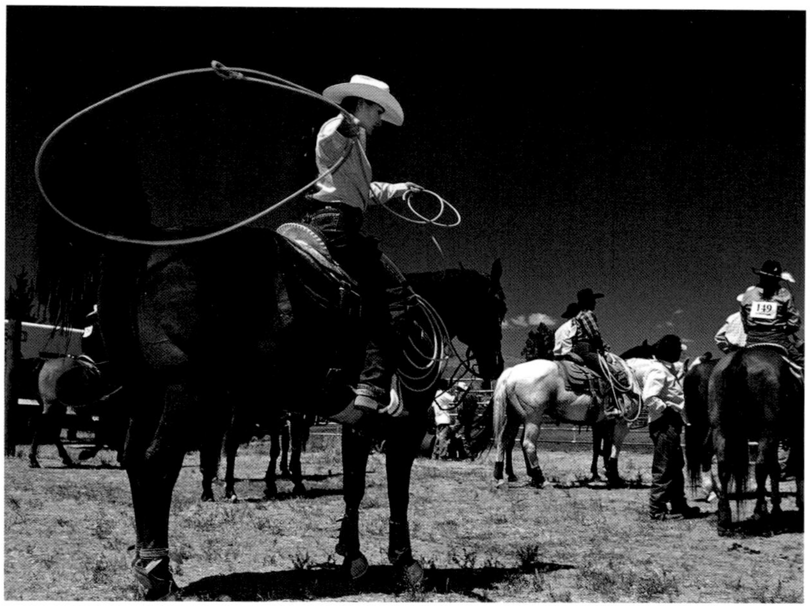

Oben und links:
Auch die Frauen und Mädchen stehen beim Indianerrodeo nicht abseits. Wagemutige Cowgirls wie Ann Howard beweisen beim „Barrel Racing“, einem spannenden Wettreiten um Fässer, ihre Reitkunst.

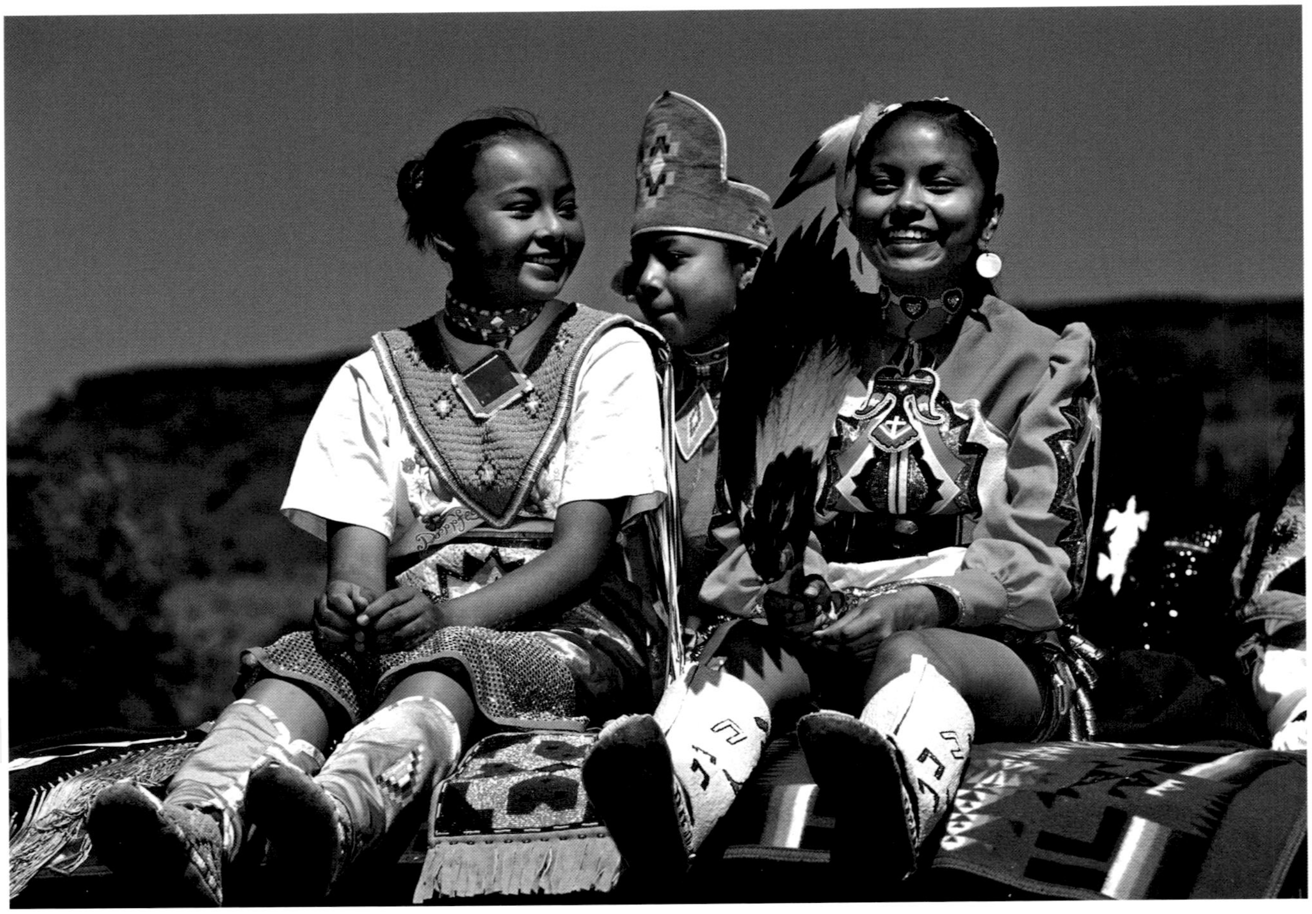

Aufgeregt warten einige Tänzerinnen beim Pow-wow auf der Warm Springs Indian Reservation auf die Entscheidung der Preisrichter. Die wertvollen Geldpreise helfen oft, das Leben einer Familie abzusichern.

Der Grand Entry gehört zu den Höhepunkten eines Pow-wows und wird täglich wiederholt. An der Spitze der Parade marschieren oder reiten die Fahnenträger und die Würdenträger eines Stammes, dann folgen die Kriegsveteranen.

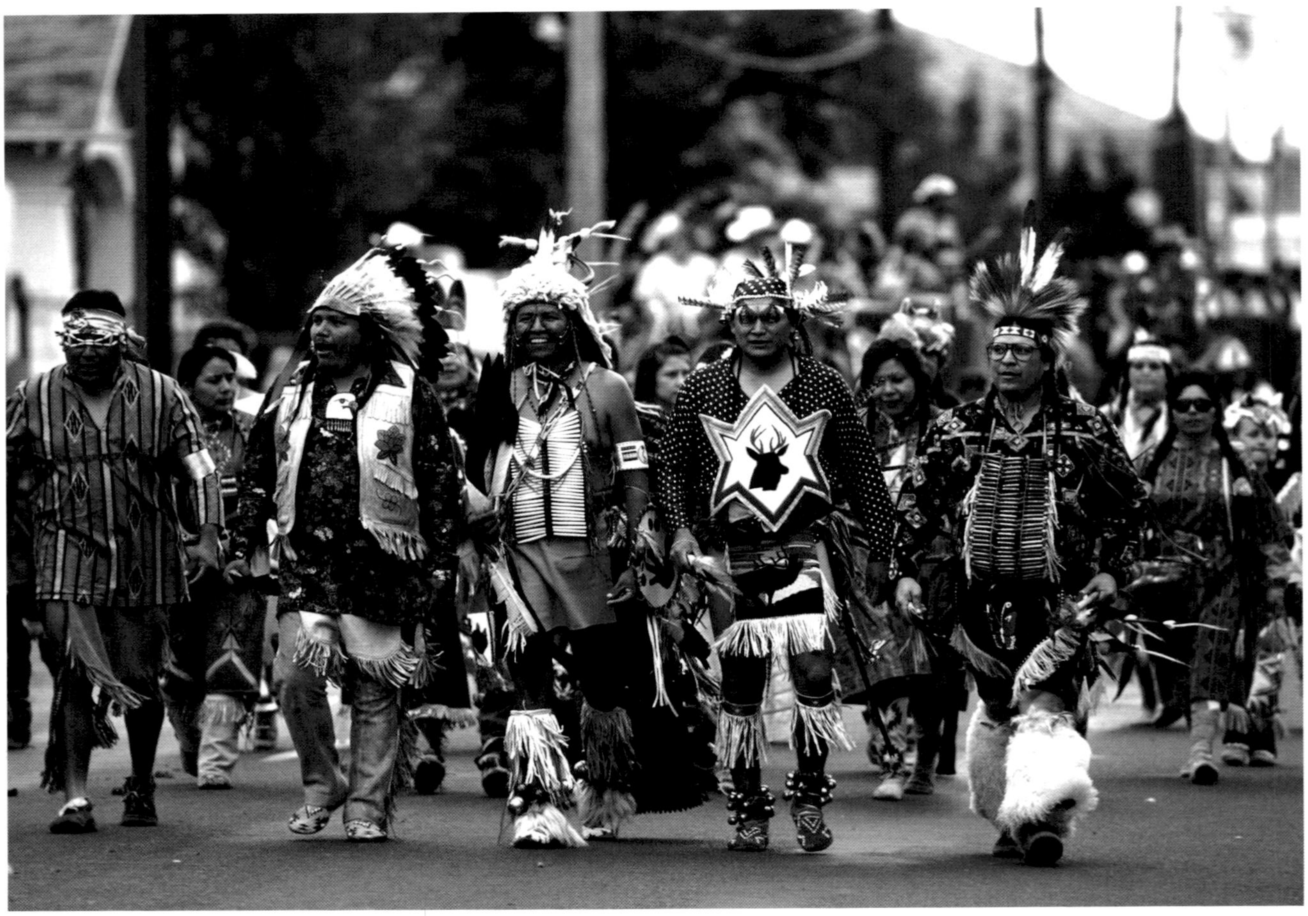

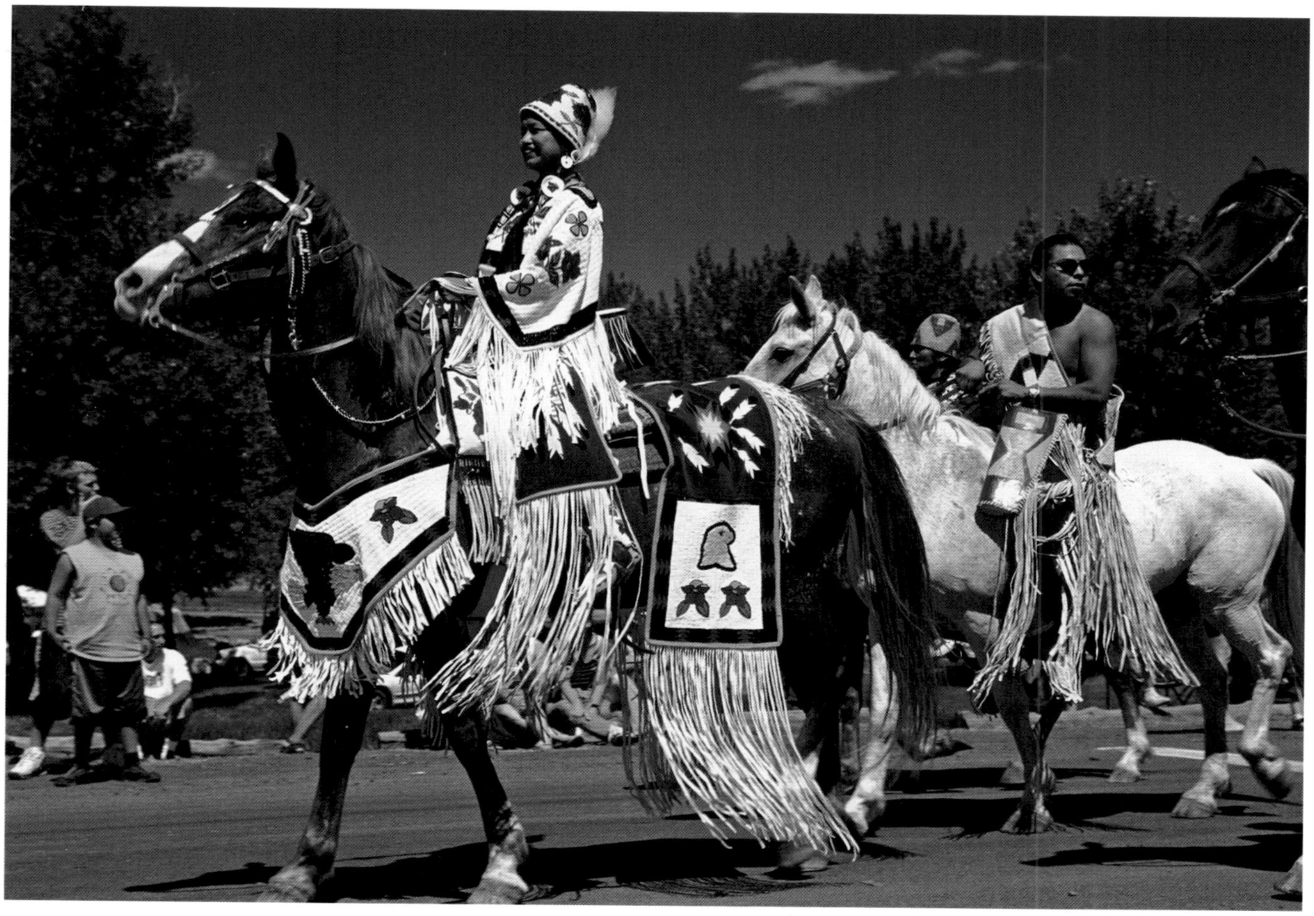

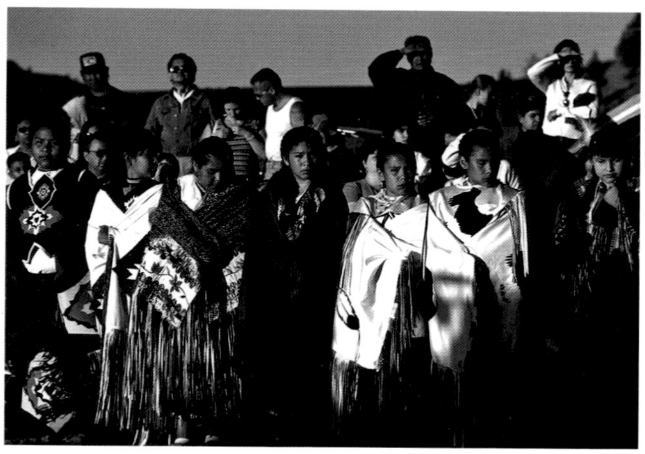

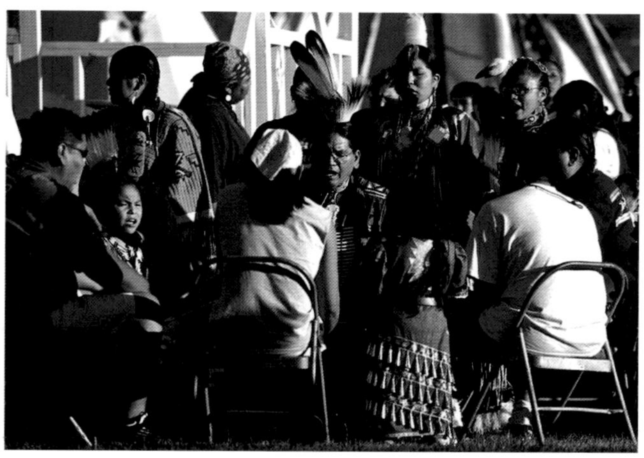

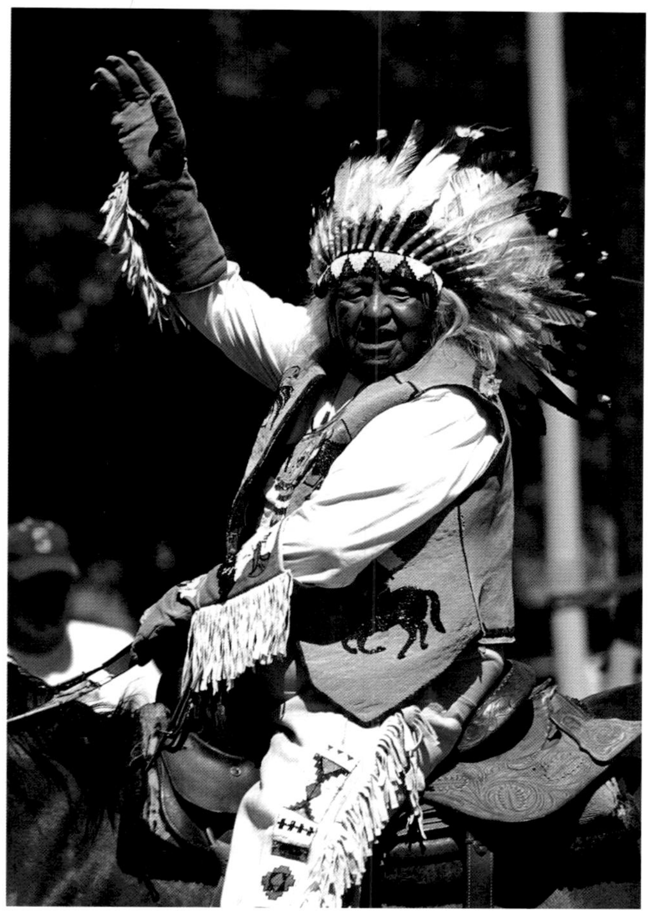

Links:
Aurolyn Watlamet, eine der besten beim Rodeo auf der Warm Springs Reservation, reitet auf den Grasplatz. Auch ihr Pferd trägt bunt bestickte Festtagskleidung.

Ganz links:
Wenn alle Teilnehmer den Grasplatz betreten haben, spricht ein verdienstvolles Stammesmitglied ein Gebet, dann folgt die Nationalhymne. Obwohl sie eigenständige Nationen bilden, fühlen sich auch die meisten Indianer als Amerikaner.

Links:
Delvis Heath Jr., ein Häuptling des Warm-Springs-Stammes, gehörte zu den Würdenträgern beim traditionellen „Pi Ume Sha Treaty Day Pow Wow". Beim Grand Entry ritt er in der ersten Reihe.

Ganz links:
Die Trommler der Drum Group sorgen für den Rhythmus bei einem Pow-wow. Weil die Indianer unterschiedliche Sprachen sprechen, entwickelte sich ein wortloser Singsang, der irrtümlicherweise auch in Indianerfilmen erklingt.

Auch bei einem Pow-wow übernachten die meisten Indianer in Wohnmobilen, Trailern und Zelten. In den Tipis brennen die Feuer nur, wenn einer der Geschichtenerzähler von vergangenen Zeiten berichtet.

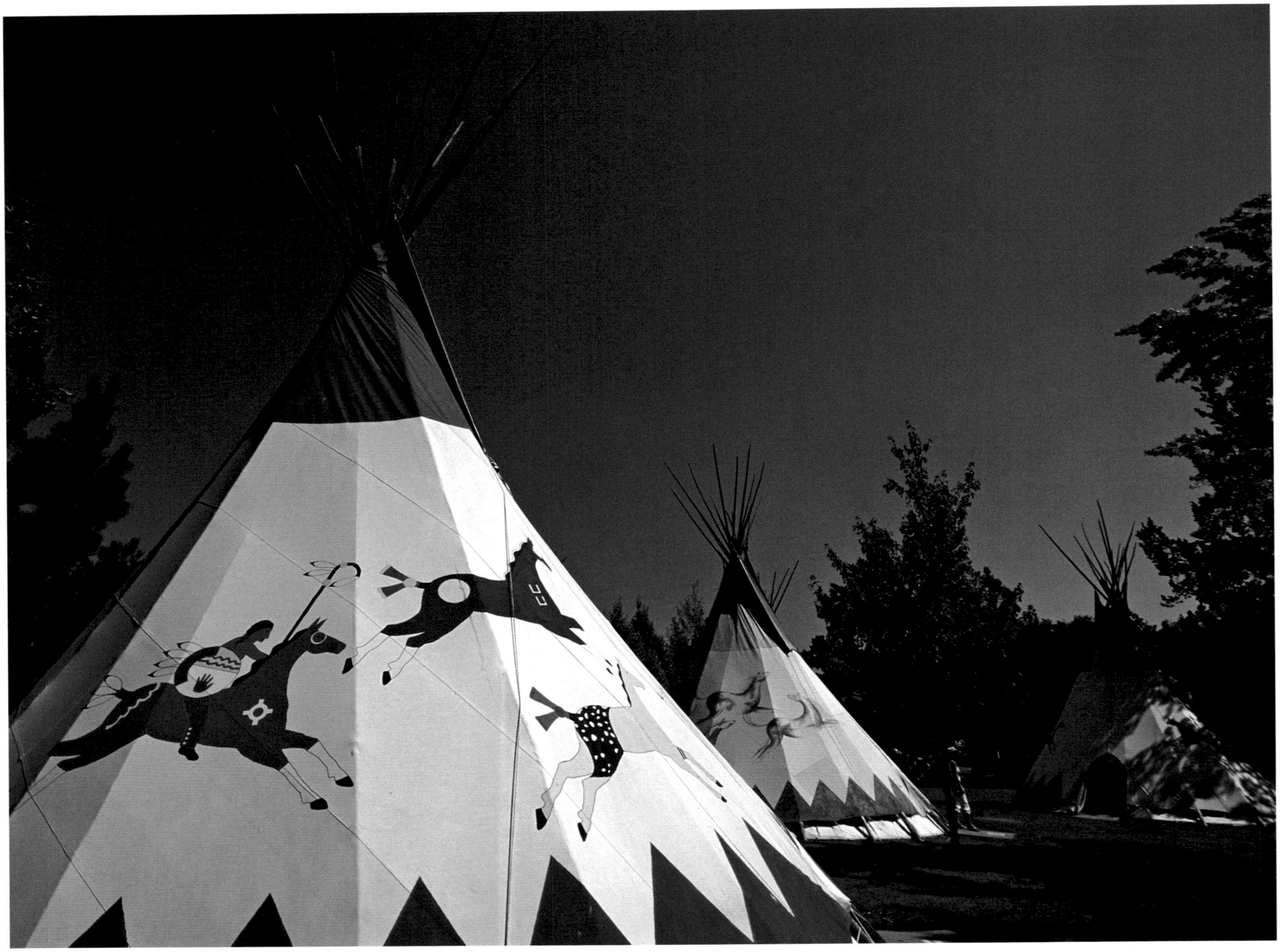

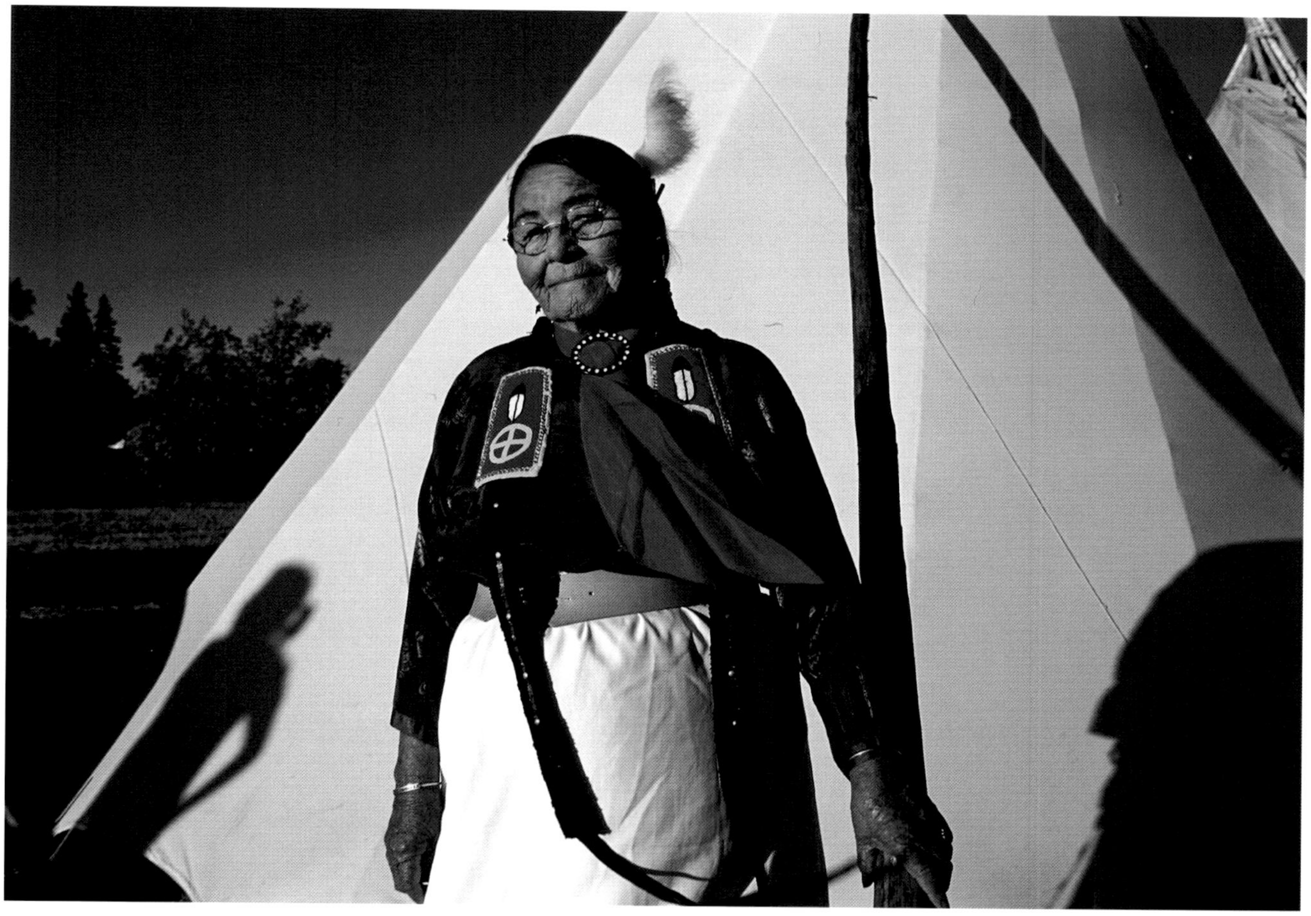

Bertha Wattunee, eine Cree-Indianerin, hat schon zahlreiche Powwows erlebt. Sie schätzt besonders die familiäre Atmosphäre, die sie an ihre Jugend auf dem Cree-Reservat im südlichen Kanada erinnert.

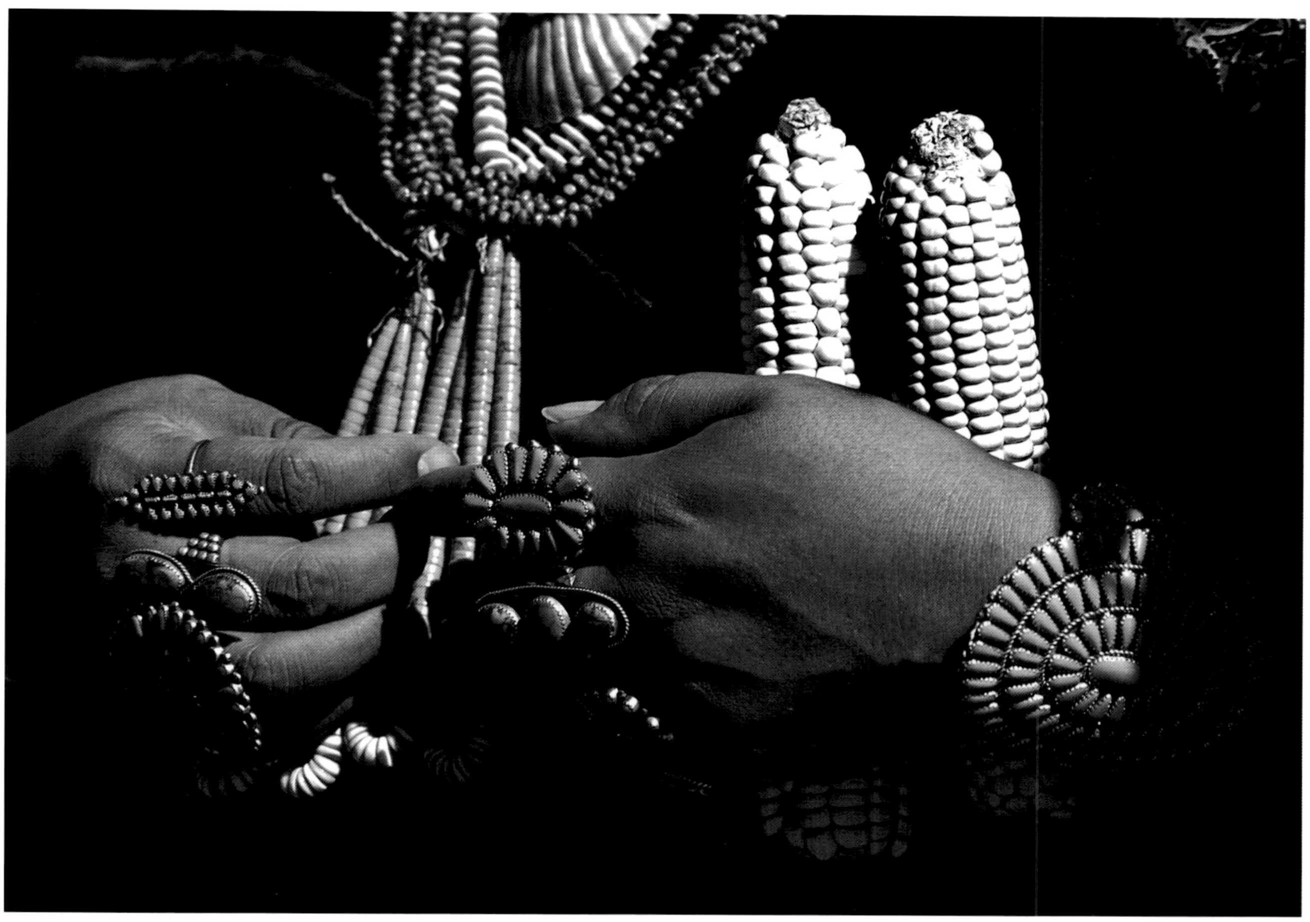

Mit dem Verkauf von Türkisschmuck finanzieren viele Navajos und Pueblos im amerikanischen Südwesten ihren Lebensunterhalt. Die wertvollen blaugrünen Steine werden im Nordosten von Arizona abgebaut.

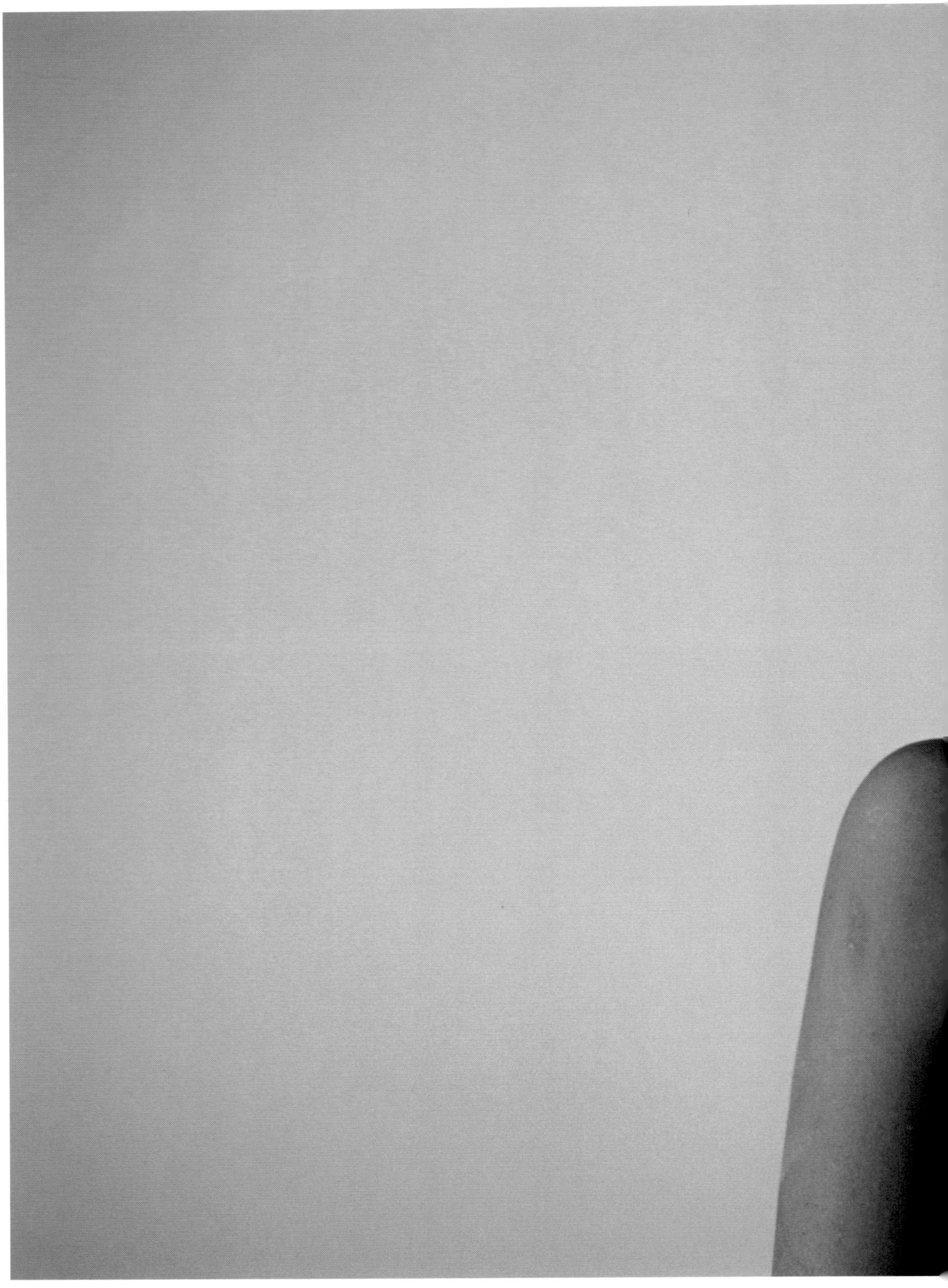

Merevel Yelik, ein junger Crow-Indianer aus Montana, blickt optimistisch in die Zukunft. Seit sein Volk mit dem Tourismus eine zusätzliche Einnahmequelle erschlossen hat, ist er nicht zur Arbeitslosigkeit verdammt.

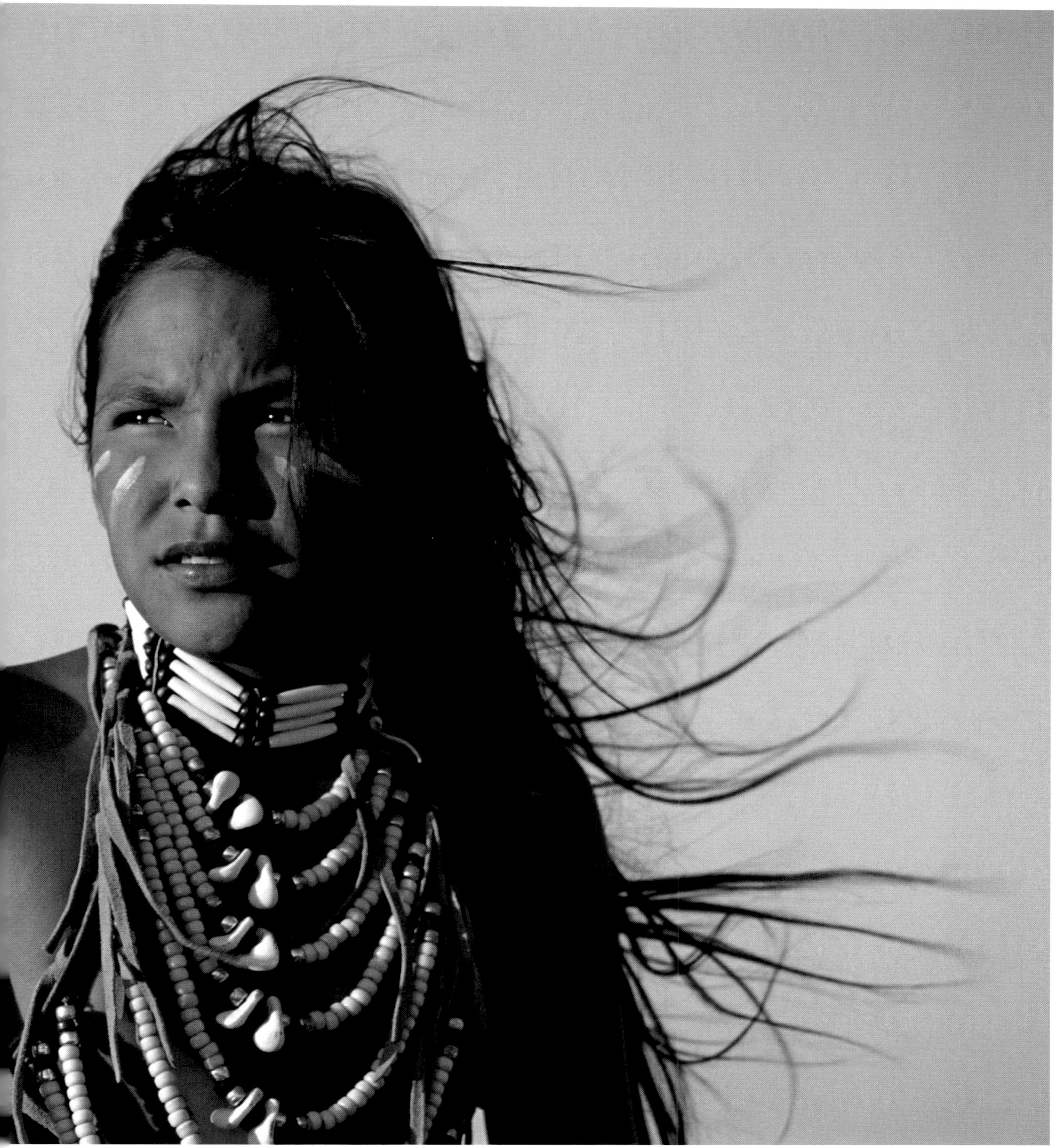

Den Mythen auf der Spur –
Tipps für eine Reise ins Indianerland

Die Weißen haben uns das Land genommen, jetzt versuchen sie, auch unsere Religion zu stehlen.“ Diesen Satz eines spirituellen Führers der Lakota-Indianer sollte man auf einer Reise ins Indianerland beherzigen. Vorsicht ist vor allem bei den immer häufiger angebotenen Pauschalreisen angebracht: Auf keinen Fall buchen, wenn die Teilnahme an einem Sonnentanz oder Schwitzhütten-Aufenthalte angeboten werden. Zu einem echten Sonnentanz sind Weiße niemals zugelassen, auch die seelische Reinigung in einer Schwitzhütte sollte Teil der indianischen Kultur bleiben. Willkommen sind Weiße auf Pow-wows (indianischen Tanzfesten) und in den Reservaten, sofern sie Veranstaltungen nicht mit einem Menschenzoo verwechseln und ungefragt fotografieren. Sobald Indianer merken, dass Sie ernsthaft an ihrer Kultur interessiert sind, sprechen sie gerne mit Ihnen und beantworten auch Fragen.

Zu den wenigen, wirklich empfehlenswerten Pauschalreisen gehören die Angebote des Schweizers Charly Juchler unter dem Namen „Chante wakan“. Zwei- bis vierwöchige Studienreisen in die Black Hills ermöglichen Begegnungen mit indianischen Künstlern und machen mit der Kultur und Religion der Lakota bekannt. Weitere Infos finden Sie auf seiner Website:
www.chanteetan.com.

Zu den besten Pow-wows gehört die „Crow Nation Fair“ an jedem dritten August-Wochenende in der Nähe von Crow Agency, Montana, das größte Indianertreffen des amerikanischen Westens. Einen mehrtägigen Aufenthalt lohnt das United Tribes Pow-wow, das jeden September in Bismarck, North Dakota, stattfindet.

Ganz rechts:
Joe Ann Smith vom Wasco Tribe hat gut lachen: Als mehrfache Schönheitskönigin bei mehreren Pow-wows ist sie besonders angesehen. Beim Traditional Dance gehört sie auch in fortgeschrittenen Jahren noch zu den Besten.

Rechts:
Auf der Plimoth Plantation in Massachusetts demonstrieren Angehörige des Wampanoag-Stammes, wie sie zur Zeit der Ankunft der Pilgerväter um 1620 gelebt haben. Sie halfen den Siedlern, über den ersten Winter zu kommen.

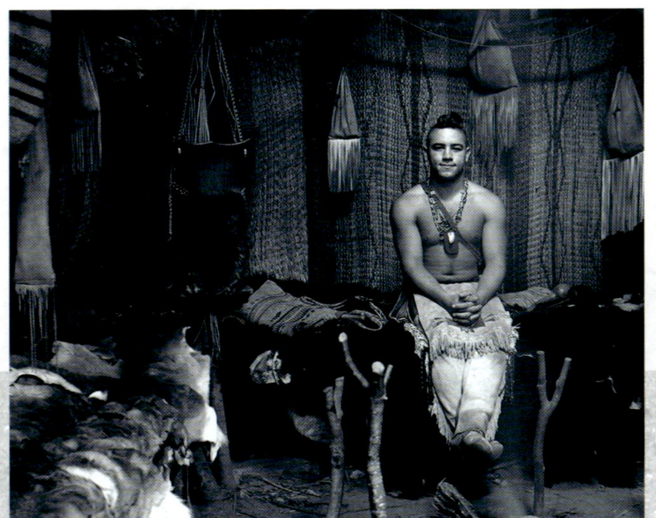

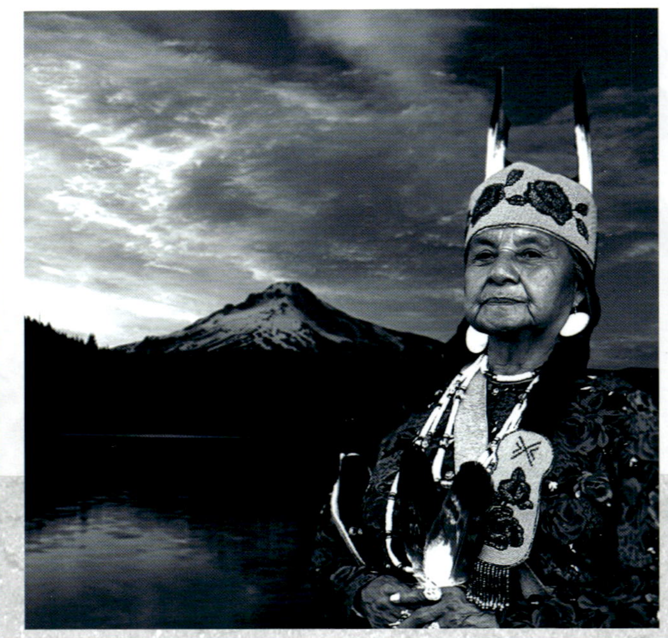

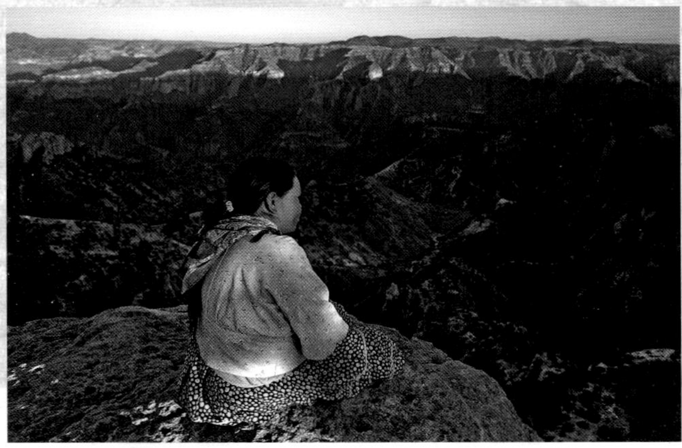

Die Tarahumara-Indianer leben südlich der mexikanischen Grenze im schwer zugänglichen Copper Canyon und haben sich ihre Traditionen bis auf den heutigen Tag bewahrt. In ihren Zeremonien speichern sie die Erinnerung an die Vergangenheit.

Indianisches Essen bekommt man in The Fort (19192 Highway 8, Morrison, Colorado 80465). In dem originalgetreu nachgebauten Bent's Fort wird bestes Büffelfleisch serviert, auch Büffelknochen und Büffelzunge, eine Delikatesse bei den Indianern.

Eine riesige Auswahl indianischer Kunst sowie Bücher, DVDs und CDs über alle Aspekte des indianischen Lebens bietet die Prairie Edge Trading Company (Sixth & Main Streets, Rapid City, South Dakota 57709, www.prairieedge.com), ein mehrstöckiger Indianer-Laden, bei dem man auch online bestellen kann.

Zu den besten Indianermuseen gehören das Heard Museum (2301 N. Central Ave., Phoenix, Arizona 85004, www.heard.org) mit wertvollen Artefakten aus dem amerikanischen Südwesten, das Plains Indian Museum im Buffalo Bill Historical Center (720 Sheridan Avenue, Cody, Wyoming 82414) und das Journey Museum (222 New York Street, Rapid City, South Dakota 57701), das auf fantasievolle Weise über die Kultur der Plains-Indianer informiert.

Empfehlenswerte Hotels im Indianerland sind das historische Alex Johnson Hotel (523 Sixth Street, Rapid City, South Dakota 57709, Tel. (605) 342-1210, www.alexjohnson.com), direkt gegenüber vom Prairie Edge Store; das Sheraton Wild Horse Pass Resort & Spa (5594 W. Wild Horse Pass Blvd., Chandler, Arizona, www.wildhorseresort.com), das in der Gila River Reservation der Pima- und Maricopa-Indianer liegt und mit indianischem Ambiente, Native Wellness und kulturellen Führungen überzeugt; sowie das JW Mariott Star Pass Resort (3800 W. Starr Pass Blvd., Tucson, Arizona 85745, www.jwmarriottstarpass.com) und die Lodge in the Desert (306 N. Alvernon Way, Tucson, Arizona 85711, www.lodgeonthedesert.com), beide im Apachenland gelegen.

Seite 127:
Vom Toroweap Point hat man einen herrlichen Ausblick über den spektakulären Grand Canyon.

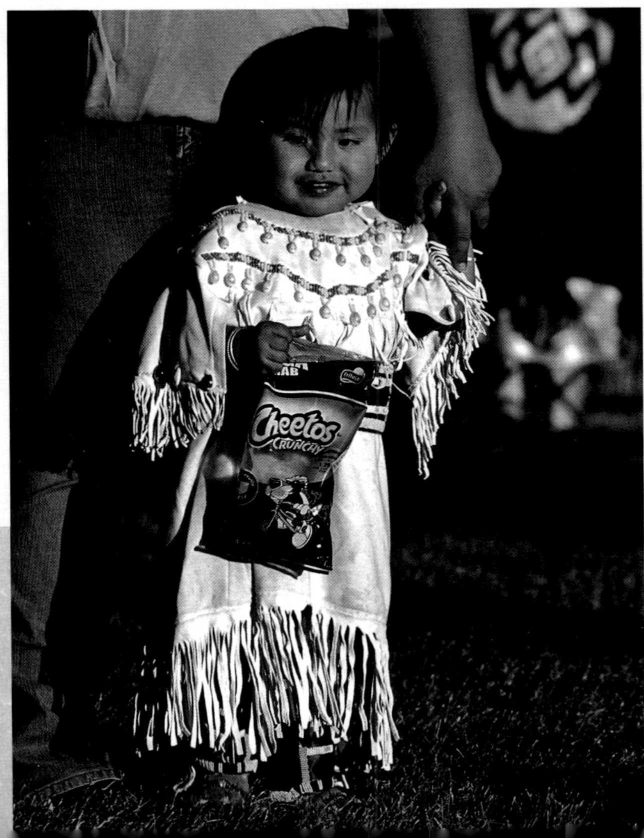

Pow-wows sind eine Mischung aus indianischem Tanzfest und amerikanischem Jahrmarkt. An zahlreichen Buden werden Hot Dogs, Hamburger und Chips, aber auch Indian Fry Bread angeboten.

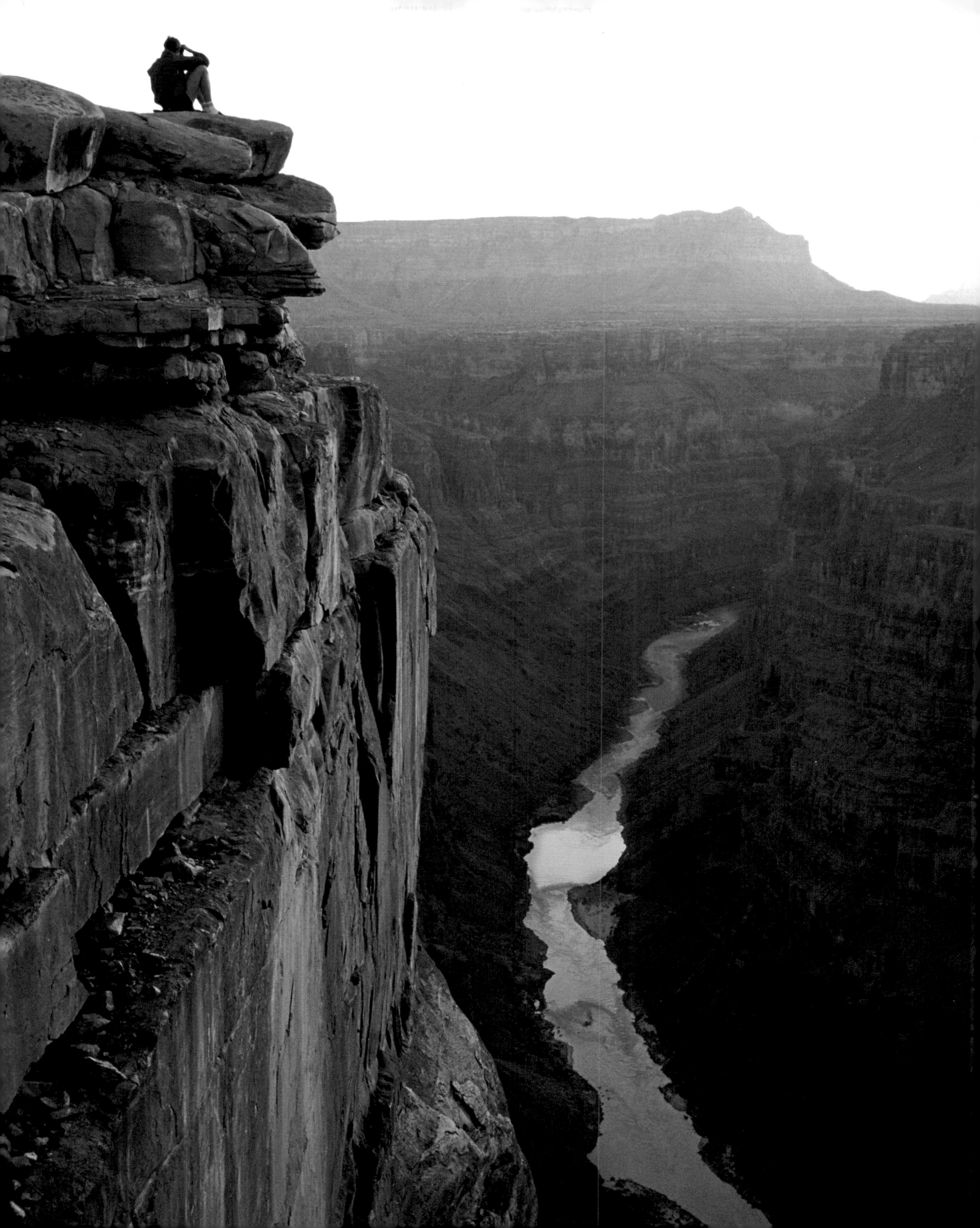

Im Badlands National Park zieht auch heute noch eine riesige Bisonherde über die Prärie. Obwohl die mächtigen Tiere fast vollkommen ausgerottet waren, gehören sie inzwischen nicht mehr zu den gefährdeten Tierarten.

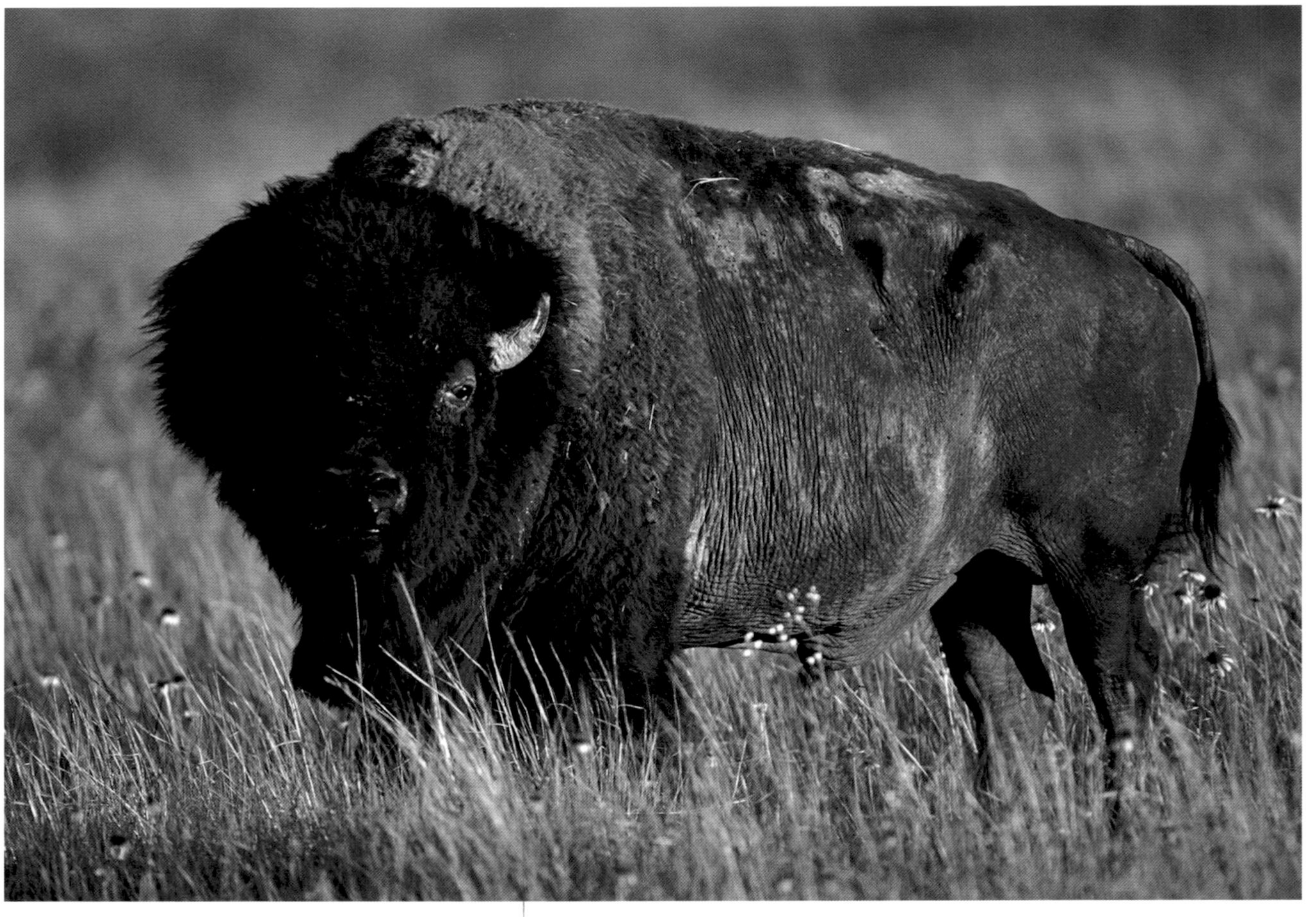

Impressum

Buchgestaltung:
hoyerdesign grafik gmbh, Freiburg

Karte:
Fischer Kartografie, Aichach

Printed in Germany
Repro: Artilitho, Lavis-Trento, Italien – www.artilitho.com
Druck und Verarbeitung: Offizin Andersen Nexö, Leipzig

ISBN 978-3-8003-1894-0

Unser gesamtes Programm finden Sie unter:
www.verlagshaus.com

Fotograf
Christian Heeb zählt mit über achtzig erschienenen Bildbänden zu den erfolgreichsten Reisefotografen der Welt.

Autor
Thomas Jeier lebt als freier Autor bei München und „on the road" in den USA und Kanada. Großen Erfolg hat er unter anderem mit seinen historischen Romanen und Jugendbüchern, die oft um das Thema „Indianer" kreisen.